新　装　復　刻

自民党解体論

責任勢力の再建のために

田中秀征

旬報社

復刊に当たって──私を制約した自民党解体論

私が本書『自民党解体論』を集中的に書いたのは、ちょうど五〇年前の昭和四九（一九七四）年、三三歳のときでした。

その前年四七年の暮れの衆院総選挙に私は長野一区から初出馬して一敗地にまみれました。田中角栄ブーム、日中国交正常化で久しぶりに自民党が勢いを増した年でした。

私の選挙区は三人区で当時二人の自民党の有力政治家が戦後一貫して議席を占め、残る一議席は社会党の指定席。全国一の岩盤選挙区と言われていました。

私は選挙前に長野市民会館で「三時間徹底演説」と称して有料講演会を開きましたが、その聴衆が最後まで私の政治活動の一つの軸となりました。

文字通り徒手空拳の初出馬でしたが、「新しい時代の突破口を開こう」と呼びかける私の街宣車が善光寺に向う中央通りを通ると、両側の歩道からマラソンの応援のように多くの人たちが激励してくれました。挑戦一〇年の苦難に耐えられたのはこの熱気が消えることなく続いたからでしょう。本人はともかく、世間からは善戦と評価されたこの選挙の余勢を駆って私は翌年に本書の執筆に取り組みました。

「自由に書けるように」と同級生や若い同志たちは資金を集めて「田中秀征出版会」を立ち上げ、それが本書の発行元となったのです。

『自民党解体論』という書名はいかにも衝撃的ですが、当初から私は良きにつけ悪しきにつけ本書が生涯の私の政治活動を少なからず制約すると感じていました。

本書は、自民党の解体論であると同時に、それ以上に責任政党の再建論でもあります。

「新人よ自民党解体の斧となれ」と書きました。自民党からできる限り世話を受けないで登場する一群の新人が、自民党の腐敗体質、極右体質を切除して責任政党の再建に取り組むよう呼びかけたものです。

私は無所属で何度も落選しましたが、初当選のときは、入るつもりの宮澤派宏池会から自民党への入党や公認申請を強く指示されます。しかし、結果的に私は公認されず「無所属」立候補となりました。実はこの非公認は私の密かに望むところでした。そして当選と同時に党は私を追加公認としました。

初当選の二年後の昭和六〇年、自民党は結成三〇周年を迎えました。私は当時の金丸信幹事長に本書に書かれた自民党綱領の改定を直談判して取り上げられ、幹事長主導で改定の委員会が設置されました。委員長井出一太郎氏、代行渡辺美智雄氏、委員には後に首相となる海部俊樹氏や小渕恵三氏も加わる強力な布陣でした。私はこの委員会で起草一切を任されて新綱領作成に半年も没頭しました。しかし、「憲法を尊重する」という一項などをめぐり右派宗教団体が私を徹底的に叩き怪文書が舞い、党内の一部がそれに呼応して、綱領改定は不本意な結果となり、私は直後の総選挙でまたもや千票台の僅差での落選の憂き目に遭いました。

四年後に復帰して、待望の宮澤喜一内閣が実現。しかし、自民党は構造汚職にまみれて立ち往生し、せっかくの宮澤内閣も真価を発揮することができませんでした。私は、自民党を離党して新党さきがけを結成して「新しい時代の突破口を開く」行動を起こしました。そのときの私の奥に秘めた基本戦略は、人材を集めて再び自民党に乗り込み自民党を解体・再建することでした。

折から現状の自民党は指導者も指導理念も色あせて呻吟しています。今まで何度かの本書復刊の誘いに応じなかった私も、少しでもこの状況に対して建設的な刺激になればと復刊に同意しました。

さて、本書にはさまざまな思い出がありますが、「男はつらいよ」の渥美清さんが買って読んでくれたことも忘れられない思い出です。

彼は、私が時々執筆の場所にしていた駒沢通りのカフェの常連で、いつも夜に来て半円型のカウンターの隅で一人で本を読んでいました。

その店の二〇代の店主は今は亡き中野仁資（当時は石堂仁資）君で、本書出版後に渥美さんは彼から買って読み、一言「勉強になったよ」と言ったとのことです。彼がその店で本書を読んでいるとき、私と会って遠くから立って頭を下げてくれたのがうれしかった思い出です。

石堂君は東京の本屋を何十軒も歩いて、本書を置くことを頼んでくれ、私が国会に出てからは秘書としても助けてくれましたが若くして亡くなりました。

石堂君をはじめ多くの人の支援で本書は出版されましたが、既に他界した人も少なくありません。とりわけ五〇年前に五明紀春君と共に本書出版を主導した高校同窓の山田亨君、写植印刷を一手に引き受けてくれた小中同窓の小山武君にはあらためて深い感謝の気持ちを禁じ得ません。

最後に、復刊の貴重な機会をいただいた旬報社の木内洋育氏には、心から敬意と感謝を申し上げげます。

令和六（二〇二四）年二月

田中秀征

自民党解体論——責任勢力の再建のために

目次

第2章　自民党の構造と体質――81

写真は共同通信社・時事通信社他より提供

序章

青嵐会のゆくえ

青嵐会は自民党の救世主か、それとも醜悪な末期症状か。いずれにせよそれは、今日の自民党を占う有力な決め手にちがいない。

青嵐会の国民集会で熱弁をふるう浜田幸一氏。

1　青嵐会と血判状

血塗られた儀式

昭和四八年七月、都議選にのぞむ自民党には死を決意して戦場におもむく兵士のようないい知れない悲愴感がただよっていた。この戦いにおける避けえない惨敗が、二〇年にわたってじり貧の後退を続けてきた自民党に対して、致命的な最後のひと押しを与えるはずであった。若手議員三二人による〝青嵐会(せいらんかい)〟は、こうして落城前夜の緊迫感が、党の内外にあまねくゆきわたっている中で生まれたのであった。

しかし、この青嵐会の出現は彼らの思わくに反して、われわれに何らの希望も持たらさなかったばかりか、むしろ落城のいよいよま近いことをはっきりと知らせたのである。なるほど考えてみれば、彼らの出撃は、現在の自民党に残された唯一の切札にはちがいない。しかもそれは、今までさまざまな外郭によって本丸の奥深く格納されていたこの党の、まぎれもない本体でもあった。

こうして、「何かがある」かも知れないというわれわれの一抹の期待が裏切られ、「何もない」ことがとうとう明らかにされたのである。われわれは今や、自民党のすべてを見てしまっている。そしてすべてを見てしまったわれわれには、逃げることのできない〝新しい義務〟が生じている。それは、自民党にかわる新しい責任勢力をつくることであり、新しい自由と責任の体系を築くことである。

むし暑さが、いかにも重苦しく、都心のビル街を覆っていた夏の宵、ダークスーツに身を包んだ男たちが、緊張した面持ちで黒塗りの高級車からつぎつぎと降り立ち、足早やに一流ホテルの奥深く吸いこまれていった。その一室では、押し黙ったくだんの男たちがカミソリで指を切り、一枚の紙に血判を押しつらねてゆく。それは彼らが、「一命を賭して」いるあかしであり、〝男と男の約束〟を確かめ合う厳粛な儀式であった。しかし人々は、皮肉にもこの儀式から、希望ではなく恐怖を、光ではなく影を感じとったのである。

都議選でみずから駅頭でビラ配りをする自民党の橋本幹事長(昭和48年7月)。

それは、三島事件や連合赤軍のリンチから受けた、あの鈍器でふい打ちされたような不気味な衝撃と同質のものであった。この血塗られた儀式は、いかなる説明をも越えて、暗くて古い青嵐会の全貌を、一気に、しかもあますことなく語り尽してしまった。すなわち、われわれは、この会の粗悪な本質と、不毛なゆくえを正確に直感したのである。

われわれの政治への願い——それは、素朴でつつましいものである。確かに「偉大な人が、偉大なことをする」ことを夢見てはいるが、現実には最小限「まともな人が、まともなことをする」のを心から願っている。しかし、われわれのこんなささやかな願いにもかかわらず、またもや「異常な人が、異常なことをした」のである。青嵐会の中には、既成政治の異常さがみごとなまでに濃縮されて表現されているといえよう。

青嵐会の姿勢

青嵐会は、都議選の余熱が、未だに人々の興奮を持続させていた開票日の翌一〇日に、中川一郎（48）、渡辺美智雄（49）、藤尾正行（56）、湊徹郎（53）、玉置和郎（49）の五氏を代表世話人に、石原慎太郎氏（41）を幹事長、浜田幸一氏（44）を事務局長、そして中尾栄一氏（43）を座長に配して発足した。発足時の会員は、衆議院から二六人、参議院から六人の、計三二人の自民党議員であった。

彼らは、都議選の惨敗の中から自民党の救世主として立ち上がるべく極秘のうちに発足準備を進めていた。社共が過半数を制し、〝東京人民共和国〟がついに出現したとき、彼らは打ちひしがれた自民党の期待を一身に集めて、劇的な登場をするはずであった。

しかしこの選挙で自民党は総力をふりしぼり、みごとに持ちこたえたのであった。五一名の当選は過半数にはもちろん満たなくとも、三〇人台に落ちこむという大方の予想を裏切り選挙前の現有勢力を死守したのである。これは共産党のあまりに鮮烈な進撃が、自民党の存在をもぼかしてしまったことが大きく原因していた。すなわち、選挙戦の焦点が、自民党から共産党に移行し、反自民選挙が反共産選挙に様相を変えてしまったからである。自民党執行部は、この意外な戦績に狂喜し、一挙に気力を盛り返し、参院選に向けて新たな闘志を奮いたたせたのであった。舞台の袖でつまづいた青嵐会は、当初の手はずと一変した不幸な事態に直面したのである。しかしそれでも彼らは、ふりあげたこぶしを収めるため、その日ホテル・ニューオータニに集結し、予定通り〝血の儀式〟を決行した。そして、一七日、会の姿勢を表わすつぎのような趣意書を発表したのである。

青嵐会趣意書

自由民主党は、敗戦のドン底から、驚異的な繁栄を築いてきた。

しかしながら、今や歴史の推移とともに、高度成長のもたらした物価、公害などもろもろのヒズミを生じているがわれらはこれを是正し、克服する努力とともに、わが党・立党の精神に立ち返り警鐘を乱打し、政治並びに党の改革を断行せんとするものである。われわれは、いかなる圧力にも屈せず、派閥を超越し、同志的結合を固め国家・民族的視野に立って行動する。

それこそがわれらに与えられた歴史的使命であることを確信する。

記

1. 自由社会を護り、外交は、自由主義国家群との親密なる連繫を堅持する。
2. 国家道義の高揚をはかるため、物質万能の風潮を改め教育の正常化を断行する。
3. 勤労を尊び、恵れぬ人々をいたわり、新しい社会正義確立のために、富の偏在を是正し、不労所得を排除する。
4. 平和国家建設のため、国民に国防と治安の必要性を訴え、この問題と積極的に取り組む。
5. 新しい歴史に於ける日本民族の真の自由・安全・繁栄を期するため、自主独立の憲法を制定する。
6. 党の運営は、安易な妥協・官僚化・日和見化など、旧来の弊習を打破する。

結　び

青嵐会は、いたずらな論議に堕することなく、一命を賭して、右実践することを血盟する。

昭和四八年七月一七日

（全文）

それでは、このように「歴史的使命」を自負して血盟した青嵐会は、いったいどのような時代的意味を持つのであろうか。そのためには、まずその実像を明らかにしていかなければならない。

2　ヤングパワー集団の三つの型

同期会型

自民党内には、今までにも多くの若手議員の集団があった。それは、上から年功序列、横からは派閥という頑丈な枠組みで、身動きがとれないほど強くはさみこまれていた若手議員たちには、欲求不満の格好のはけ口であった。彼らは、このような場を通じて自民党執行部を相手どり、あたりさわりのない提案をびっくりするほど厳しい口調でくり返してきた。党の執行部も派閥の領袖たちも、表面ではそれに激しく応酬しても、しょせん、かりそめの自由に興じているにすぎず、結局は枠組みの中にきちんとおさまってくれる相続者たちの健在に目を細めていたのである。

今までのヤングパワー集団は、大別して三つの型に分けることができる。それらが、重層構造をなして、ヤングパワーの複雑な人間関係を形づくっている。

第一の型は〝同期会型〟である。河野洋平、山下元利、佐藤文生、坂本三十次、塩谷一夫、山口敏夫などの三年生議員の集まりである「拓世会（たくせいかい）」（二六名）がその代表的な存在である。彼らは、昭和四二年のいわゆる〝黒い霧解散〟によって初当選を果したため、ある種の共通の使命感を持ち、またそれなりの人材にも恵まれていたため強固な同期会を維持してきている。

首相に申入れをする昭和会の若手議員たち。

この拓世会にならって、それ以後の新人議員たちは、きまってそれぞれの同期会をつくるようになった。石井一、森喜朗、渡部恒三などの二年生議員による「きさらぎ会」（二五名）、深谷隆司、石原慎太郎、上田茂行、山崎拓らの一年生議員の「こぶし会」（一八名）などがそれである。これらの同期会は年齢的に若い二世議員が中心的な役割を果している。また、昭和生まれの自民党議員が全員参加する「昭和会」は、明治、大正生まれが占有している党の運営に、昭和世代の声を反映しようとするものであり、海部俊樹、西岡武夫などの精力的な活動をえて活発な動きを続けている。この会は、いわば〝世代の会〟であるが、広い意味での同期会型の変型として分類してもよいであろう。

さて、同期会は元来、年功序列制を打破するものではなく、それを一層強化する性格を持っている。したがって、年功序列制の強固な組織や集団ほど、同期会の活動が活発でしかもその団結がかたいのである。

陸軍士官学校や海軍兵学校の同期生は、生涯にわたって信じがたいほど強固な結束力を持ち、入省年度を同じくする官僚同期生も、それに匹敵する同期生意識を持っている。また最近では、巨大企業においても組織が老化し硬直化したため年功序列が厳しくなり、その結果、入社年度を同じくする企業エリートたちは官僚に劣らぬ活発な同期生交流を行なうようになった。そして最後まで上下関係をつくらないということが、同期会の鉄則なのである。

しかし、自民党ヤングの同期会は、いつの日か解体を余儀なくされる不幸な宿命を負っている。彼らはやがて、地位と権力をめぐって雌雄を決しなければならないからである。彼らは、出世の約束を手中にして長い年功の序列をしんぼう強く待つ。互いに待ち時間の長さを嘆き、年長者の無能をののしり、不毛な論争に熱中する。そして内心では、彼らの間にやがて生まれてくるはずの格差について複雑な思わくと憶測をかわし合うのである。

したがって同期会は、申し合わせたように代表者を持たず、役員は持ちまわりの幹事制をとるのである。このような〝完全平等制〟をとるのは、何も民主的に会を運営しようとするからではなく、実は、やがて来たるべき激烈な権力争いを、一日でも一年でも先きに引きのばそうとする奇妙な合意が潜在しているからである。優勝決定をぎりぎりの段階まで順延しようとする同期会のこの特異な性格は、各人に〝大過なくすごす〟という官僚的な行動哲学を押しつける。それは同期会が、落伍者を歓迎し、先行者を拒絶するいまわしい体質を持つからである。かくして、彼らは、〝良いことをする〟ことではなく、〝悪いことをしない〟ことを政治生活の基調にしてしまうのである。そこに政治がなく、そこに政治家がいないことをあらためて述べることはない。

当選三期目ごろ訪れる政務次官人事は、同期会にとっての最初の試練である。〝副大臣〟という格づけにもかかわらず、政府の盲腸、高級接待係と、その無用さを厳しく指摘されている政務次官も、若手議員たちにとっては、待ちに待った初めての官職なのである。

それゆえに、政務次官になるものなれないもの、あるいは政務次官の間の微妙な格差――大蔵省か科学技術庁かという省庁の格の差や利権の多少という実利的な差――が、なごやかな同期会の足並みを乱し、最初の亀裂を生んでしまうのである。

同好会型

第二の型は「同好会型」である。個人的な趣味を共有する議員たちが、その趣味を通して互いに親睦を深めるサロンである。〝政治色ぬき〟が、この種のサロンのおきてであるが、それでも一瞬として政治家であることを忘れない議員たちは、いつの日か、ここではぐくまれた人間関係が、政治的に役立つことをほのかに期待している。実際、総裁選などで他派に斬り込みをかけるときなど、こんな同好のつながりが、思わぬ橋わたしを演ずることもある。

同好会型の議員サロンは、もちろんヤングパワーに固有のものではない。世代、党派を超えてさまざまなサロンが存在し、彼らの〝うさ晴らし〟の場として活用されている。絵画展まで催す芸術議員連盟などはその代表的な存在であり、藤山愛一郎、坂田道太氏らは、くろうとはだしの画才を誇っている。

よど号事件で人質となった山村運輸政務次官（当時）。この事件で政務次官の存在を知った人は多い。

また、最近マスコミをにぎわした〝佐々木姓〟の集まりなどもこの型に属する。この会は、近江源氏の流れをくむ（？）という佐々木姓の議員たちが、同じ家紋を持つというだけで集まった何とも奇妙な集団である。

研究会型

第三の型は、「研究会型」である。この型は、表面では一応政策研究という高い目的を持っているが、実は、ヤングパワー集団の中では、最も政治的な思わくのからんだ集団といえよう。それは、ヤングパワーたちが、不毛な政治技術を競う道場であり、政治的見識を披瀝し合う展覧場でもある。

自民党には現在、大小九つの派閥が割拠しているが、いずれも外見は〝政策研究会〟の体裁を整えている。それは、派閥政治を非難されたときにていの良い仮面となるからである。各派閥は、こぞって、「私のところは派閥ではなく政策集団である」ことを力説する。なかには福田派のように、何と派閥解消を旗印にした「党風刷新連盟」を母体にして生まれた派閥さえある。次頁の似顔絵は、現在の自民党に割拠している八人の領袖たちである（石井派は、四七年の石井光次郎氏の引退いらい集団指導制となっている）。彼らは、ちょうど幕藩体制下の諸大名のように、派閥という領国を経営しつつ将軍の座をねらっている。彼らの実力は、その石高（派閥の人員）によってのみ測られ、石高の増加は、一に資金調達力に依存している。

議員たちは、派閥に属することによって、おびただしい恩恵を受けている。それらは、二四頁の図1のように、有形の供与と無形の供与に分けることができよう。

有形の供与とは、政治資金の供与である。それはモチ代と呼ばれる盆・暮の定期的な支給（定期供与）

と、選挙前や総裁選などの特殊な時期に臨時に支給するもの（臨時供与）、さらには、個人的な事情、——貢献度が高い、選挙に弱い、貧しい、派閥から転出の恐れがあるなど——で特別に支給されるか、または追加されるもの（特別供与）の三つの類型に分類できる。

無形の供与は、資金の供与以外のいっさいを含む。圧力の供与とは、派閥の領袖が、党や行政機関に対して持っている力を無力な議員に貸し与えることである。予算配分に際しての選挙区への利益導入、金融などの日常的な行政機関のさまざまな効果的利用、あるいは選挙違反や交通事故のもみ消しなどである。若手議員や新人議員が、派閥の実力者の力を借りずに、選挙区の世話をすることはほとんどできない。

権威の供与とは、親分の知名度や権威、あるいは、その派閥の持つイメージ——田中派は総裁派閥、三木派は進歩派閥、大平派は実務派閥、中曾根派はヤング派閥など——を借り受けて自己のイメージの向上に利用することである。なかでも親分の選挙応援は最も強力で具体的な権威の供与であろう。

出世の供与は、党、政府人事への派閥の推せんである。組閣前に報道される閣僚予想名簿は、各派からの推せん名簿をもとにつくられる。これは、〝派閥人事〟と呼ばれるように、資金供与と並んで派閥の二大供与となっている。

政策の供与は、政策集団である派閥にとっては、不可欠なものである。これが見せかけであることを述

田中角栄氏

福田赳夫氏

大平正芳氏

三木武夫氏

中曽根康弘氏

水田三喜男氏

椎名悦三郎氏

船田　中氏

図1　派閥からの供与

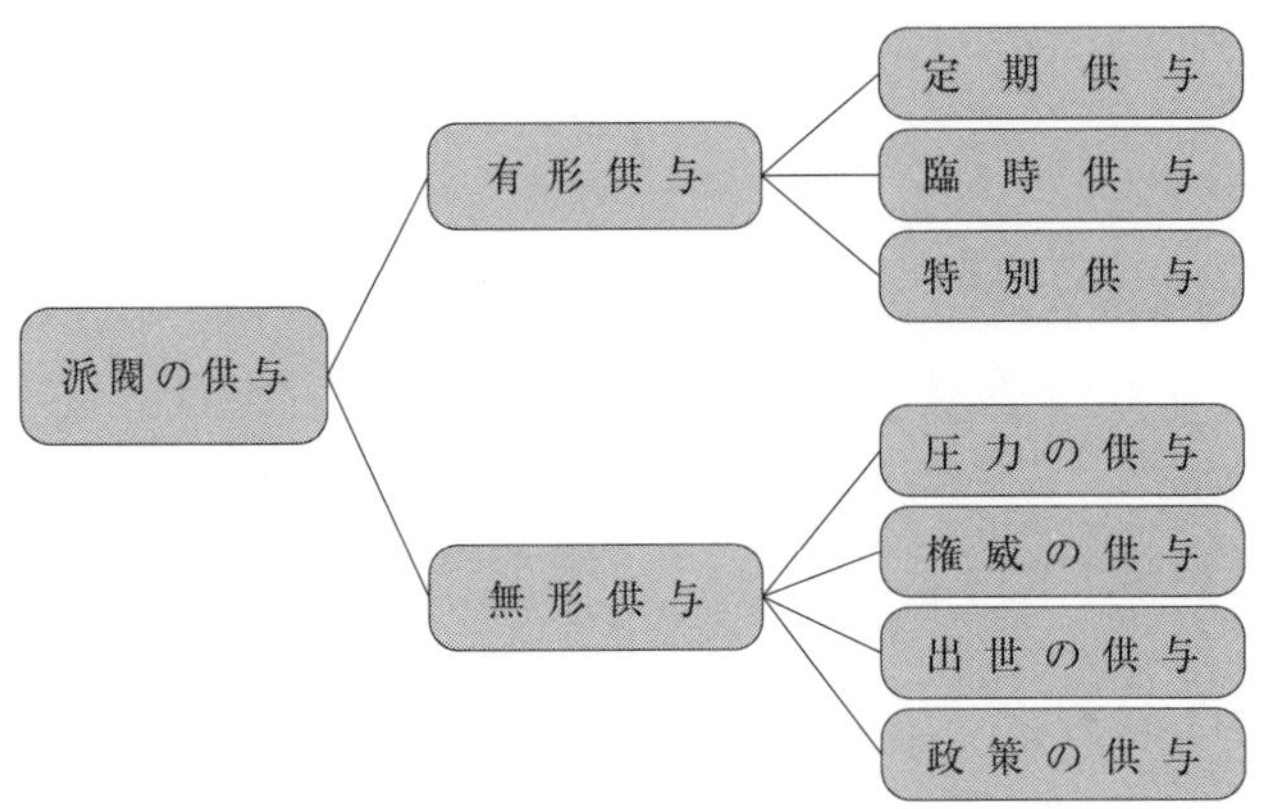

べるのは、おそらく無用であろう。派閥の夏季研修会など、高校生のそれよりも、はるかに不毛である。

さて、あらゆる商取引がそうであるように、派閥の親分は、供与に見合う代価を議員に要求する。それは、全面的忠誠である。親分は、自分が総裁選に立候補するときは投票を強要し、他候補を推すときは、それに同調を求めるのである。

こうして議員たちは、彼らの親分の意に沿わないことには決して手を出さずに、政治行動をほとんど無条件で支持する――見せかけは政策の共鳴という形をとる――よって、丸がかえで面倒をみてもらうのである。そこでは、忠誠心と供与の総体の間に絶妙な取引関係が成立している。

親分たちは、その日のために甚大な供与を惜しまないのであって、割りの合わない奉仕をしているのではないのである。組織形態としては、やくざのそれとほぼ同質のものといって良い。

さて、ヤングパワーの政策研究会は、このような派閥とは、はっきり性格を異にしている。前者が、「義理を生まない」ことを鉄則にするのに反し、後者では「義理を生む」こと自体が目的となっている。かくして両者は、何のさしさわりもなく平和的に共存できるのである。

　この政策研究会は、研究会というより、むしろ勉強会である。彼らは、新しい政策を創るのではなく、既成の政策を学ぶのである。学者、文化人、高級官僚など、権威ある知性を講師に呼び、最新の知識の片りんにふれ、うたかたの勉強に酔いしれる。しかしこの心地よい酔郷も、せいぜい宿酔(ふつか)いに終わってしまう。それは、時おり高原を訪れる都会人に似ている。自然の美しさと雄大さに感動し、自然保護に並々ならない使命感を感じて山を降りる。だが、ほんの二、三日にして都会生活に没頭し、すべてを忘れる。自然は今まで通り着実に破壊されていくのである。

和気あいあいとした総裁選渦中の派閥事務所(昭和47年7月)。

　講師たちは、ちょうど王侯に招かれた宮廷詩人のようである。一場の興趣を盛り上げ、そして一挙に忘れ去られてしまう。王侯たちが、詩の一節を暗誦して教養を装い、人々を驚かすように、議員たちも、講演のほんの一部を自己の薬篭にしまいこむことを忘れない。勉強会の現実的効用は、彼らの〝無内容にして、しかも驚くほど雄弁な演説〟に新たな材料を提供することである。実際彼らは、覚えたてのひとつの数字で三〇分は軽く話しまくるのである。

　都市議員の集まりである「都市青年議員連盟」(一三名)、近藤鉄雄氏などを中心とする「平和政策懇談会」(四一名)、また宮沢喜一氏が主宰し、土地私有制限の大胆な提案で話題になった「平河会」などが、近年発足した研究会である。特に「平河会」は河野洋平、塩谷一夫などの有力なハト派ヤングのサロンとして、青嵐会から敵視されている。いずれも強い派閥の制約が生んだものである。

ポーズとしての研究会

研究会型のヤングパワー集団は、二つのいちじるしい特徴を持っている。まず、この種の政策研究会は、参加者の会費によって運営される。特定の大口スポンサーを持たないのである。派閥は、参加者に資金を与えるが、研究会は逆に取り立てるのである。そして彼らは、「このように明朗で健全な研究会こそ望ましいもの」と得意満面に宣伝する。しかし、実は彼らは、派閥から支給された巨額な資金のほんの一部——月額千円単位——を会費として持ちよっているにすぎない。それはわずかな純金で巨大な鉛を包み隠すことである。健全であればあるほど新しければ新しいほど自民党の本体を隠し、その崩壊を防ぐのである。

この型の第二の特徴は、無難な政策テーマを選ぶことである。「21世紀議員クラブ」や「コンピュートピア議員連盟」あるいは「情報産業振興議員連盟」がみごとに語ってくれるように、彼らは現実の政治課題——すでに具体的な力関係に発展しているもの——を避け、ひたすらより遠くに照準を当て、より広くその視座をすえる。それは、切迫した政治課題をとりあげれば結論が要求され、結論を出せば行動に移す責任を生ずるからである。また、党や派閥——そこでは、その問題についてすでに公式の態度が決定している——の方向と避けがたい抵触を生み出すであろう。彼らが現実的な政治問題で発言し、行動できるのは限られた場合だけである。まず、彼らの意向が、党のそれと一致している場合である。このとき、彼らは、野党やマスコミの反撃にちゅうちょしている政府を背後から突き上げ、強行突破の原動力になる。ヤングの突き上げは、頼もしい援軍となるだろう。つぎに、反主流派がすでに反旗をひるがえしているとき、それに共鳴する行動も可能である。この場合、主流派の心証を害することはあっても、党の構造を揺さぶることはないからである。彼らは断じて、最初に、あるいは単独に、党の路線に挑むことはない。

政治家は、しばしば大言壮語を好み、誇大妄想にとりつかれている。この点では、若手議員も、もう一人前の政治家である。より遠い、より大きいテーマは、彼らを夢の世界にいざないその性向を満足させる。そして、うんざりするほど低俗的で不毛な政治生活から一時的にでも解放してくれる。低次元の政争に明け暮れる市町村議会などで、突然「世界連邦推進決議案」が満場一致で採択されて、野良仕事をする村民をびっくりさせたりすることがあるが、これと趣旨は同じことである。

未来学ブーム

ヤングパワーは、未来学的な政策研究が好きである。それは政治家にとって不可欠な資質とされる先見性、予見能力、洞察力を見せかけてくれるからである。〝先を見る〟、〝先を読む〟ことは、たしかに政治家にとって欠かすことのできない資質である。しかし、それだけなら予言者やSF作家にまかせておけば良い。政治家の先見性とは、未来を語ることによってではなく、未来を行なうことによってはじめて確認されることである。

歴史の奔流は、途方もない勢いを持って未来に流れていく。人々は、その巨流を構成するひとつひとつの水滴にすぎない。流れはそれ自体で流路を予知できない。蛇行点、滝、岩礁、あるいは分流点を知ることができず、それに対する用意もない。未来に流れこむわれわれは、それゆえに常に不安である。流路に立ちはだかる異変を、いち早く察知し人々に警告を与え、用意をうながすこと、先行して岩礁を取り除き滝を埋め流路を整備すること、それが政治家の役割に他ならない。こうして、人々は、無用の不安から解放され、不幸な氾濫を避けることができる。

未来研究をむやみに否定するのではない。ただ、われわれは予言者がいないことにも不安を感ずるが、予言者が多すぎることにより一層困惑してしまうのである。天気予報が、数多く出されたらどうだろう。総合すれば「晴れ、または曇、または雨、ところによっては雪」となるような予報は、すでに予報ではない。天気予報に耳を貸さず、自分で雲行きを見て判断する方が、より正確になってしまうだろう。ヤングパワーが、政策研究をして、それを発表しようとするなら、それに全人格的な責任をかけなければならない。

未来研究は、ヤングパワーたちにとって、意外な——彼らにとっては意外ではない——現実的効用を持っている。それは、選挙民に対して、〝現実の無力さ〟を巧みに弁明するからである。「現在は若いので不遇ですが、自分たちの時代には、どんな日本を創るかという問題を日夜勉強しています」という姿勢である。

さて、未来学的な議員サロンは、この数年来、急激に下火になってきている。それは、他でもないわれわれの現実社会が、無責任な予想屋たちの発言を許さないほど急旋回に直面してきたからである。

ヤングパワーが着目した未来論は、趨勢(すうせい)延長を基軸とする、いわゆる外挿法(がいそうほう)未来論であった。それは、現在の持っている楽観的な要素（たとえば高度成長）をそのまま未来に引き延ばす虫の良い楽観的未来論

バラ色の未来をテーマにした万博の未来館（昭和45年9月）。

であった。ハーマン・カーンが、「二一世紀は日本の世紀である」などと言えば、その論拠を具体的に検討することなぞさし置いて、あたかも天啓を得たように有頂天になってもてはやしたのである。

高度成長が続いて日本はいつの日か米ソを抜き、晴れて世界一の経済大国になる。そしてその巨大な経済力は、われわれの生活と国家に浴びるような恵沢をもたらす。週労働時間が一〇時間を割ったらその余暇をどうするか、コンピュートピアでの生きがいはどうなるか、そんな問題が、きまじめに討議されたのである。大量消費社会、脱工業社会、余暇社会、情報社会、あるいは最適社会、高福祉社会と、われわれの未来社会には、おびただしい華やかな名前が競ってつけられた。このバラ色の未来は、われわれが、今の調子でがんばりさえすれば、そのうちにやってくるはずであった。経済にも政治にも基本的な変更の必要はない。なりゆきの中で手中にできるものであった。そして、この来るべき夢の未来こそ、ヤングパワーたちの〝栄光の出番〟なのである。そのときまで彼らは当選を重ね、未来に

夢を馳せていれば良いのである。マージャンに狂い、クラブに入り浸っていても、それは、偉大な飛翔を待つ潜竜の姿なのであった

しかし、公害、物価高など、あらゆる社会問題が急激に深刻化し、未来への悲観的な要素が楽観的な要素を圧倒し、未来のバラが開花することなく冬に突入する気配を見せると、さすがの彼らも、むやみに甘い見通しを語ることをはばかるようになった。この時代を、なりゆきの中に放置したら分解してしまうかも知れないという不吉な予感が、ヤングの脳裏をいっせいによぎったのかも知れない。未来志向のサロンは、こうして、狂い咲きの未来学者たちとともに、足早やに影をひそめていくことになった。

オリの中の虎児

小坂徳三郎氏が主宰している「新風政治研究会」(一六名)は、派閥と、研究会型の中間に位置するものといえよう。なぜならこの会は、小坂氏自身と会員の間に決定的なすれちがいが見られるからである。小坂氏は会員への資金援助を惜しまず新派閥結成への意図を秘めているようであり、一方会員たちは、それを知りつつ〝単なる政策研究会〟という周知の姿勢を貫ぬいているのである。

もしも、小坂氏が、この会を完全な派閥にしようとするならその方法は一つである。それは各人に〝裏切りの代償と名分〟を与えることである。今まで属してきた派閥から受けた供与を返済し、清算することのできる援助資金を与え、さらに将来的に、あらゆる面で前の派閥を上まわる供与を保証しなければならない。

小坂氏が、いかに卓越した見識を持ち、燃えるような情熱につき動かされてもそれは無意味であり、無

力である。なぜなら見識や使命感などは、まちがっても自民党ヤングを魅きつける決め手にはならないからである。彼らは、おおげさに感銘し、賞讃を惜しまないが、決してそれ以上ではない。

さて、ヤングパワー集団が、自民党の新しい力ではないことが、いよいよ明らかになった。彼らは、しょせんオリの中で暴れ、オリの中で吠える虎児にすぎない。食餌を与えれば静まり、夜が来れば眠る、いたって聞きわけの良い虎児たちである。

彼らは、自民党の変革の旗手ではなく、自民党の古い秩序を側面から補強する遊撃隊である。老化を隠す厚化粧であり、異臭をつつみこむ香料なのである。もしもヤングパワーの見せかけの活躍がなかったら、疑いなく自民党の死期は早まっていたであろう。

こんな自民党、特にヤングのありさまから、忍び足の危機を感じ取ったのが青嵐会に集まった議員たちであった。彼らの野心は、危機の道づれになることを承知させなかったのである。

3　青嵐会の本質

陰性なふんいき

青嵐会は、明らかに今までのヤングパワー集団の限界を突破しようとし、さらには、党内秩序に大きな変革の波を巻き起こそうとする意志と傾向性を持っている。そのためこの会は、次のようないくつかの特徴的な性格を備えている。

この会の第一の特徴は、陰性なふんいきを感じさせることである。

日本武道館に2万人を集めた青嵐会の国民集会（昭和49年1月）。
その威嚇的な姿勢が不気味さを発散させる。

今までのヤングパワー集団はともすれば遊びの域を超えず、それゆえに、きわめてほのぼのとした陽気なふんいきを漂よわせていた。実際、彼らは、ふしぎなほど明るいふんいきを持ち、暗さ、陰気さを感じさせることはなかった。彼らは、自民党の大きな流れの中に身を委ね、いつも最も常識的な道を素直に歩んできたのである。

われわれは、こんなヤングパワーたちを見て、その無害さからある種の安らぎさえ感じていた。そこには確かに政治に期待される何かがあった。

しかし、血判状当夜、ホテルにかけつけた青嵐会の議員たちは、表情をこわばらせ、思いつめた風情であったという。会のふんいきも、今までのヤングパワーの集会のように和気あいあいとしたものではなく、「梅干しを口に含んだような」（週刊読売）表情の居並らぶ重苦しいものであったという。むりやりにも記者たちをかき集めて宣伝に努めた今までのヤング集団とは逆に、彼らは〝関係者以外立入り禁止〟という挙に出て驚ろかせたのである。そして、その後の記者会見においては、ついに報道陣と正面衝突し、

「以後記者会見には応じない」という決裂劇さえ演じたのである。このマスコミとの異和感も、この会の性格を知る上で貴重な資料を提供してくれている。

陰気、野蛮、凶暴——この会の発足過程とメンバー構成がかもし出す、不気味で低俗なふんいきは、正常な感受性から受けつけられない。そこには、闇の暗さがあり、凶器の鈍い光があり、何よりも血の臭いがある。

政治勢力はすべて、独自のふんいきを持つ。ふんいきは本質の香りである。その勢力を組成する人々の体質、人間関係のありさま、真実の目的などが、あますところなく総合されて一つのふんいきをつくりあげる。それは虚飾を厳しく排除し、いかなる封印も寄せつけない。綱領や政策の仮面を突破してにじみ出て直接人々の直感に迫るのである。

悪さ、古さ、甘さ、あるいは弱さや暗さなど、既成政党は、それぞれが独自のふんいきを発散させている。そのふんいきは、政党の本質そのものである。

青嵐会は、これらの既成勢力から感じられるふんいきより、いっそう険悪なそれを感じさせる。今までのヤングパワー集団が、無力で無害であるとしたら、青嵐会は、まさしく有力、有害なイメージで迫ってくるのである。

野心家の群

この会の第二の特徴は、非二世議員が主力となっていることである。二世議員がほとんど参加せず、秘書あがりや地方議員からのたたき上げ、いわば出世型議員が大勢を占めている。発足当時、二世議員は野田毅、綿貫民輔、松永光、中山正暉の四氏であったが、二ヶ月ほど経て、野田、綿貫両氏が脱会し、二世はわずかに二名を数えるだけとなった。そして、今のところ脱会者は、二世であるこの二人のみである。ヤングパワーの中で圧倒的な勢力を誇る二世議員たちが入会しないこと、そして入会しても脱会してしまうことの中に、青嵐会の性格の一面が浮き彫りにされてくるであろう。

青嵐会のメンバーは、一言で言って、〝当選回数の少ない年配議員〟ということができる。事実、タカ派のヤングパワーが結集したといわれるこの会の会員平均年齢は、ちょうど五〇歳に達し、年齢的にはどう見てもヤングではない。だが、年齢的には田中首相とも大差のない彼らも、当選回数では、いちじるしく劣っている。彼らの平均当選回数は、二・三回なのである。

自民党の年功序列制は、年齢ではなく当選回数を基礎として成り立っている。七〇歳の新人議員でも、三〇歳の二年生議員のうしろに並んで順番を待たなければならないのである。佐藤一郎参院議員が、かつて当選一回にして佐藤内閣の経企庁長官に抜擢されたのは、事務次官経験者（佐藤一郎氏は、元大蔵省事務次官）に対する特例の慣習があるからであり、小坂徳三郎氏が衆院当選二回にして総務長官に就任できたのは、彼が〝財界代表〟といわれる特殊な性格を持つからである。

青嵐会の人々は、もちろんこうした特権を持たない。彼らは忍耐強く、ひとつひとつの選挙を勝ちぬき、当選回数を重ねることによって、大臣の椅子を獲得しなければならない。ごく普通の家庭に生まれ、持ち前のたくましい生命力と動物的なカンを武器にして幾多の修羅場をくぐりぬけてきた彼らは、政治的動物としては、すでに完成品に近い仕上りを見せている。そんな彼らも、党内の強固な年功序列秩序の中では、ほんの幼児あつかいを受け、ひたすら委員会の定足を埋める仕事を押しつけられてきたのである。同期会では、大学出たての未熟でヤンチャな二世たちと同格に扱われ、二〇歳も年下の彼らから、クンづけで呼ばれる屈辱に耐えなければならない。同期会の朝食会で議論することなぞ、彼らにしてみれば、大人が幼稚園で園児とともに鳩ポッポを歌わされているようなものである。テレ、屈辱、異和感が、いたたまれない気持を生むだろう。

彼ら――特にその指導的な人々――は、田中角栄、中曾根康弘、石田博英などと比べても、年齢的に同じか、あるいは上の人が目立つ。一方が、終戦の混沌の中から若くして政界のひのき舞台に雄飛し、手づから戦後史を創り上げ、今やさん然たる閲歴を背景に一派の領袖としての地位をものにしているのに反し、彼らは未だにヤングパワーの名に甘んじ、歩兵の待遇に歯ぎしりするのである。それに彼らからすれば、大急ぎで出世しなければならない重大な事情がある。政治的生命はともかく、生物学的生命が終わってしまうのである。彼らは待ちきれないのである。二〇代や三〇代の二世たちと同期会でグチを言いながら順番を待っていても、彼らの出番がやってくる保証は何もない。二世たちは、二〇年後ぐらいに目やすを置いてのんきに構えているが、その頃になると二世が男盛りを迎えるのに反し、自分たちは老境に入ってしまうではないか。それに第一、自民党がそれまでに政権を失なってしまうかも知れない。政権を失なった自民党など、彼らにとっては全く無意味な存在である。そもそも自民党自体がなくなってしまうことだってあり得るのだ。自分の出世に対して、それこそ信じがたいほどの動物的鋭敏さ――彼らは、それだけでここまできた――を備えているこの人たちが、それを知りつつ黙っているはずがない。

歴史はつねに、野心家の不満を初期微動として重い腰を上げる。しかし、彼らは決して野心をあからさまにはしない。彼らの手始めの仕事は、野心をすっぽりと包みこむ手ごろな〝歴史的使命〟を時代の中か

25年勤続の表彰を受ける"花の22年当選組"。
彼らは一様に戦後史の花形であった。

ら探し出すことである。そして、ついに使命を発見し、それと合体するや、野心は何らのためらいもなく公然と暴走を始めるのである。

さて、青嵐会会員の本籍（所属派閥）を調べてみると、福田派が一番多く一五名を数え、中曾根派が九名でこれに続き、椎名派四名、水田派二名、船田、三木派が各一名となっている。

福田派が多数を占め、田中、大平の主流派が加わっていないことを指摘して、福田派の別動隊と速断する向きもあるが、これは当たらない。田中、大平両派にも参加希望者がいたが、しめつけで断念したという話もあり、また、福田派が一五名といっても、なかには派閥色のうすい参議院からの参加者全員（六名）が含まれており、これを除くと九名で中曾根派と並ぶ。

また、役員構成をみても、福田派は決して主力ではない。渡辺、中尾、石原の三氏は中曾根派、中川氏が水田派、浜田氏が椎名派であり、彼らが名実ともに会の主導権を握っている。それに、福田派を除くほとんどの議員が、前回の総裁選で、田中角栄氏に投票しているはずである。

彼らは、田中首相を実現することによって、党・政府の硬直した老人支配を打ち破り、一挙に若手支配に持ちこもうとした。しかし、思わくははずれて自民党は依然として老人天国を続けているのである。彼らの中に、田中首相に裏切られたような心情が流れていることは否定できないだろう。

反共イデオロギー

青嵐会の第三の特徴は、反共イデオロギーを強く打ち出していることである。この反共イデオロギーこそ、彼らの大義なのである。

前掲趣意書の六項目は、昭和三〇年一一月一五日の自民党立党宣言とともに採択された「党の政綱」と驚くほど似かよっている。中川一郎氏も、〃真の体制内革新とは何か〃という小論の中で「これらは、いずれもが、自民党の立党精神をそのまま取りあげたまでであって——」と、これを正面から認めている。

しかし、われわれは現在、昭和三〇年当時とはあまりにも異なる時代に生きている。党の政綱と同時に採択された「党の使命」は、当時の時代背景を、次のように興味深く描き出している。

「経済は自立になお遠く、民生は不安の域を脱せず、独立体制は未だ十分整わず、加えて独裁を目ざす階級斗争は益々熾烈になりつつある——」(原文のまま)

冷戦が終わり、安保、改憲問題も鳴りをひそめ、高度成長が新しい社会問題を量産し、時代はかつてないほどに著しく変貌を遂げている。自民党結成当時の時代感覚が妥当性を持たないことなど論述するまでもない。しかし、「立党の精神に立ち返り」奮起した青嵐会の人々は、この当時の時代認識から一歩も出ていないことは明らかである。彼らは、新しい布をはかるために古いものさしを取り出したのである。

今や自民党においても、結党当時の〃立党の精神〃は、タテマエであるどころかタブーにさえ変質してしまっている。問題は、時代に対応した新しいタテマエを掲げることなしに存続してきたことにある。それは、次章で詳述するように、三〇年代以後ずっと、政治がその役割を停止して、まるで浦島太郎のようになってしまったからである。

中尾栄一氏

中川一郎氏

組織は、それが発足した瞬間から陳腐化をはじめる。タテマエが固定的で、ホンネが流動的であるため、時間の経過とともに、その隔りを広げるのである。そして、良識派はホンネで勝負し、野心家がタテマエを武器にするので、老化した組織ほど野心家がはびこることになるのである。

中川氏は、続けて次のように述べている。

「私たち青嵐会は、むしろ自民党の立党精神を、そのまま、国民と党に向って訴えたまでのことであり、それを〝右傾化集団〟だとか〝タカ派集団〟だと決めつけられるところにこそ、実は自民党の体質に問題があり、自民党の病源があるのではないか。しかも、志を同じくする自民党の仲間達からまでもである。自民党が、こうした反乱分子をかかえたままで、共産党をはじめとする野党に対決できるはずがあろうか？」

この中川氏の論理に、いわゆるハト派は沈黙する以外ない。なぜなら、ハト派といわれる人々も、この立党精神と党綱領を厳然と共有しているからである。もしも、党の公式の顔であるこれらに反対であるとしたら、改正への努力をするか、あるいは脱党することがスジである。

中尾栄一座長は、「われわれには、立党の精神に立ち戻る、という原点があるが、ハト派には何があるのか」（朝日新聞）と厳しくこの点を直撃する。実体がいかに変貌しているにせよ登記簿は依然として〝タカ派名義〟だといってもよい。出て行くのはハト派の方である。青嵐会が、立党精神をふりかざす限り彼らが正統であり、ハト派は反乱分子でしかないのである。

こうして、青嵐会の登場は、一面では、自民党ハト派の真価を厳しく問いただすものといえよう。

二本の鉄鎖

さて、それではこの青嵐会の運命はどのようなものであろうか。彼らが意図するように、自民党の党構造を突き崩し、反共のとりでを築きあげることができるのであろうか。それとも、やはりそれは老化した自民党の末期現象の醜悪な一面として、破滅への道行きを共にするのだろうか。

そのカギは、彼らが〝年功序列と派閥〟という二本の鉄鎖をふりほどき得るかどうかの一点にかかっている。この自民党の基本構造を放置しては、いかなる党改革も決してありえないのである。

中尾座長は「われわれは、全員が対等の立場で結び合っている。だれが偉いということはまったくない。序列なんて問題ではない」と強調し、彼らが年功序列主義を完全に突破していることを高言する。しかし、会員の中の最高当選回数（四回）を持つ人四人をすべて代表世話人に配していることをみると、そこには確固とした年功序列を感じないわけにはいかない。長くて細い序列のうしろの方が結束して、短かくて太いもうひとつの列をつくったと思われても弁明できないであろう。また、三〇人そこそこの会員の中に、長の格を持つ役職が八つもあること、しかも、その上下関係に何らの脈絡もないことなども、この会の正体をいっそう不明瞭なものにしている。

つぎにこの会は、派閥との関係においてもきわめてあいまいである。

たしかに、メンバーを一覧すると、選挙を自前で戦うことのできる人が多い。政治資金の面で、派閥に依存度が小さければそれだけより自由な立場にはある。しかし、派閥がもたらす恩恵は、前述したように、政治資金ばかりではない。それに資金援助が少ない議員は、その分だけ余計に無形の供与を受けている場合が多いのである。

派閥は、いかなる場合でも、議員を除名処分にすることはない。親分たちからすれば、総裁選のときに、頭数が一人でも多いことが唯一の関心事であって、質など二の次である。彼らは、子分たちのあらゆる無法を、そのために耐えてしまうのである。暴れ馬でも駄馬でも馬である。一頭の馬であることでは駿馬と何ら変りはない。要はその数だけである。

したがって、馬自身が手綱をふりきって逃げ出さないかぎり、馬主の方から手綱を手放すことはありえないのである。それに、もしも一頭の馬が首尾よく脱走したにせよ、それを迎える馬主はいないであろう。仮に、そんな不義理をはたらいて馳せ参じた議員を快く迎える親分がいたとしたら、彼は、それによって受ける利益よりも、はるかに大きな不利益を覚悟しなければならない。なぜなら、それは彼の忠実な子分たちにも、派閥の脱会を認めることになるからである。人に対する不義理を許すことによって、自分に対する不義理をも認めなければならないはめに陥ってしまうではないか。

議員が、派閥から受けた有形、無形の供与をすべて清算でき脱会の大義名分も整ったにしても、それで簡単に脱会できるかというとそうではない。なぜなら、親分は子分たちの個人的な弱みを熟知しているからである。政治生命を一挙に絶命に追いこむようなスキャンダルを彼らはぬかりなく手中にしている。もしも、恩や義理でとどめおくことができなかったら、最後には、その弱みを思わせぶりにちらつかせれば良いのである。

こうして、自民党の派閥は、ひとたびそこに身を投じれば、決して脱け出すことのできない泥沼のような恐しさを秘めている。反面、親分に対する一途な忠誠心さえあれば、この上なく居心地の良い場所である。汚職で党から除名されても、落選の不幸にみまわれても、派閥はそれを見捨てない。そこには、義理と恩、涙と笑いの日本的な人間模様が、きまじめに繰り広げられている。自民党内では、派閥を〝ムラ〟と呼ぶ。それは、昔の村落共同体のように、喜怒哀楽を分ち合う強固な人間集団である。

青嵐会の人々は、この派閥を一人として脱会してはいない。いや脱会できないのである。もしも、派閥の脱会を条件にして会員を募ったら、三人と集まらなかったであろう。

しかし、もしも彼らが、真実「派閥を超越し、同志的結合を固める」意志ならば、何よりもまず、派閥を脱会することから始めなければならない。それぞれが、無言のうちに派閥を脱会して集結すれば、「脱党を辞さず」とか「一命を賭して」などと大仰に肩をいからせる必要はない。それだけで、いかなる言葉も演技も及ばないほど決意の固さを示し、自民党の構造を根底から揺さぶることができよう。指を切って血判を押すという蛮勇を誇る彼らが、どうして派閥を脱会するという普通の勇気を持ち合わせないのであろうか。

また、役員を大量生産するのをやめて、代表世話人を一人にすれば、「全員が対等」と叫ぶ必要もない。それに、その代表世話人に一年生議員を選べば、「年功序列制の打破」も口にするには及ばない。われわれは、彼らのものものしい声明からではなく、その実態からすべてを理解するのである。

真夏の夜の夢

〝派閥と年功序列〟、この二つの鎖をふりほどくことはできなくとも、これをふりほどこうとしている点

青嵐会との会談に向う田中首相（昭和48年11月）。表情の厳しさが心境をもの語る。

で、青嵐会は画期的である。今までのヤングパワー集団は、表向きはともかく、実質的には、党の古い構造を補強する役割を果してきたのに反して、青嵐会は、既成の党秩序を崩壊に導く要素を持っている。彼らは、派閥を脱会することはできないが、少なくとも、「できれば派閥を脱会したい」という意志を隠そうとしない。今までのヤングパワー集団が、派閥ときわめて平和的関係にあったのに反して、青嵐会と派閥は厳しい緊張関係に立つのである。だから、青嵐会の言動は、それがいかにささいなものであっても、今まで和気あいあいとしていた党や派閥や同期会のふんいきを一挙にしらけさせずにおかないのである。

青嵐会は、発足以来、そのタカ派的言動で、党の内外に大きな波紋を投げかけている。党が派遣しようとした北朝鮮訪問議員団に対しては、「未承認国へ、与党が議員団を送るのはおかしい」というスジ論で横ヤリを入れ、とうとう中止させてしまったし、金大中事件では世論やマスコミを敵にまわしてまで、反共の鬼神、朴政権の肩を持ったのである。また、台湾を見捨てた対中国外交を批判し、日中国交回復に熱中している政府に冷水を浴びせたかと思えば、田中首相とは再三にわたって激論をたたかわせ、罵倒し合い、世間のどぎもをぬいてきたのであった。

しかし、彼らは、心ならずも（?）多くの点で結果的に田中首相に利益を与えてきている。

それは、彼らの骨董的古さによって田中内閣の古さを隠し、その強引さによって田中内閣の穏健さを擬装させ、さらに極右的な言動によって、それを左に押しやったのである。彼らは、より古く、より悪い印象を与えることによって田中首相の権力主義的な政治運営に拍車をかける役割を果してしまう。首相は、いかに強硬な政治姿勢を打ち出しても、「それでも生ぬるい」という党の、しかも若手の突き上げがある限り風当たりを避けることができるのである。

愛知蔵相の急死によって成立した改造内閣では、青嵐会の会員が五人も政務次官に任命されて話題になった。意図はともかく、青嵐会を意識した人事であることはだれの目にも明らかであった。一部では、これをみて、彼らの行動が猟官運動にすぎなかったことの証拠とした。しかし、これは決して賢明な洞察ではない。彼らは、おそらく異常事態でこぞって辞職することだろう。その「官職を投げうって」スジを通す彼らをみて、人々は、青嵐会がケチな目的を持つものではないこと、「国家、民族的視野に立つ」集

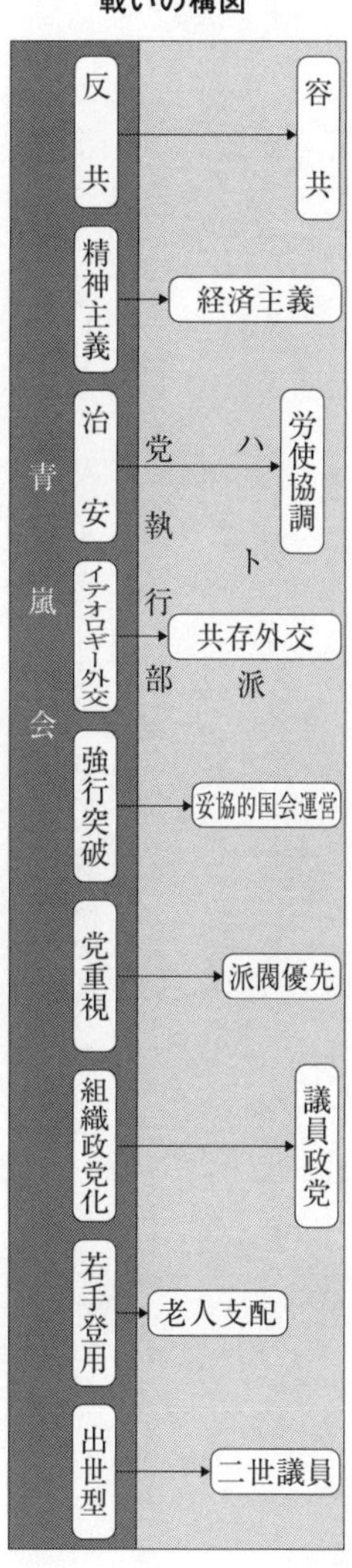

図２　青嵐会の体質と戦いの構図

団であることを感じるかも知れない。

しかし、青嵐会に所属する五人の政務次官は、すでに政務次官の経験がある人々である。彼らは、それによって出世の階段を一段たりとも昇るわけではなく、むしろ降りるか踏みとどまることを強いられたのである。彼らからすれば、大学生になって高校の教科書を読まされているような、「いまさら」という感じをいなめないはずである。この人事が、彼らの暴走を封じこめるために仕組んだ党の稚拙な策であることぐらい、青嵐会の人々はもとより、われわれの目にも疑う余地がない。彼らは首相のその意図を察知して、むしろそれを青嵐会のために逆用しようとほくそ笑んだのかも知れない。

党内からみれば、青嵐会は存在するだけですでに反社会的である。なぜなら、それはタテマエを武器に、公然と秩序の破壊を表明しているからである。したがって青嵐会は、絶えず既成の党秩序と緊張関係にあり、しかもますますそれを深める傾向を持っている。それはもちろん、この会に秩序を破壊する力があるかどうかとは別の問題である。

このような青嵐会のなりゆきは、大半の会員にとって、決して好ましいものではなく、そして予定したものでもなかった。彼らはむしろ不本意に派閥との緊張を招き、マスコミや世論から袋だたきにされたのである。集結したほとんどの議員は、ことの思わぬ波及に当惑し、その不評に呻吟しているはずである。

この傾向がさらに深まって、党と真正面から対立し、派閥との不和が昂進し、選挙区の不評が拡大したとき、青嵐会はぎりぎりの正念場に立たされるであろう。おそらく、このぎりぎりの段階で、あえて派閥を脱会できる人は数人に満たない。そして、その数人でさえ、疑心暗鬼と責任問題でののしり合い、空中分解を遂げることになろう。こうして、週刊紙は、いっせいに〝男のあり方〟について特集を組み、露出趣味の俗悪な論争に場所を貸すのである。

青嵐会は結局、〝真夏の夜の夢〟でしかない。それが何ヶ月何年続くかは別として、彼らが党の秩序を変革することもありえないし、新右翼の潮流として党内に定着することもないだろう。彼らの中途半端な態度で崩壊するほど自民党の秩序は軟弱ではないのである。彼らは、やがてくる自民党の右傾化の単なる予震に終わることだろう。

青嵐会に結集した人々は、何かしなければならないと感じながら、何をすべきかを知らない人々である。彼らは思いあまって、古びた立党精神で間に合わせてしまったのである。いわば現代戦争に思わずヨロイ・カブトで飛び出したようなものである。彼らの動物的な嗅覚は、自民党の危機が彼らの存在をも一掃してしまうことを鋭く感じとっている。何もしなければ葬られることを知ったからには、何かしなければおれなかったのである。正直な石原慎太郎氏は、いみじくも「レーゾン・デートル（存在理由）を賭けている」と述べ、彼らの真意を告白している。

青嵐会は時代のあだ花である。それは危機を乗りきる力ではなく危機そのものであり、末期現象を収束させる力ではなく、それ自体、末期現象の最終局面なのである。自民党にとって問題なのは、青嵐会が出てきたことではなく、青嵐会しか出てこなかったことである。

それでは、この青嵐会を産み落とすに至った現在の自民党は、一体どのような実態を持つのであろうか。自民党の危機の本質は何であり、どうして招かれたものだろうか。それは戦後政治史の展開過程と切り離して考えることはできない。

第1章

戦後政治史と自民党

自民党はすでに時代的役割を終えている。今はただ過去の業績にすがって生き長らえているにすぎない。

ありし日の吉田首相、戦後史も戦後保守党史も彼から始められる。

1　戦後史の三段階

戦後史のうねり

戦争、恐慌、内乱、革命――国家と個人の存在そのものを容赦なく問いつめるこれらの社会的異変は、われわれに限りない不幸をもたらすとともに歴史に対しては、装いを一新する絶好の機会を提供してきた。二九年におよぶわれわれの戦後史は、これらの異変と直接かかわらなかったという点で、疑いなく画期的な史実として、人々の記憶の中にとどめられることだろう。

しかし、この長期にわたる〝安定と平和〟は、われわれを、〝いわれなき不幸〟から解放するとともに、反面、われわれに〝新たな不幸〟をもたらすこととなった。それは、今までのように外からの不幸ではなく、内からの不幸であり、敗残の不幸ではなく自壊の不幸である。とりとめもなく膨張を続けるわれわれの怠惰、欲求、退廃、利己心が、せきを切って氾濫し、ついにわれわれ自身を呑み尽してしまうことである。

戦後史は、惰性の編年史であった。われわれは、終戦直後の情熱、価値、制度、人間関係で組み立てた〝戦後体制〟で、何から何までまかなってきた。古くて小さな器に、新しくて大きな時代の営みをすべて封じこめようとしてきた。そして、器に盛りきれないもの、器から溢れ出たものが無視しがたい量に達するや、この器は不安定な浮遊を始めるようになったのである。

こうして戦後史は、次第に破綻の拡大の歴史に変り、危機への接近の歴史に変った。実際この時代は、分解の終局に向かって、なすところなく突き進んでいる。

さて戦後史は、いくつかの激しいうねりを経てきている。それは大別して後のページに示すような三つの段階に分けることができるであろう。すなわち、復興の時代（昭和二〇年代）、成長の時代（三〇年代）、そして調整の時代（四〇年代）である。調整の時代とは、われわれの心と利益が調整を迫られている時代である。しかし、その名にふさわしい待遇を受けていないこの時代は、現実には〝混沌の時代〟という不幸な様相を呈している。そして今では、単なる要求の調整ではすまされないまでに時代の混沌は深まってきた。おそらくこれから、時代はわれわれに、心と利益の調整ではなく、心と利益の抑制をも迫ってくるであろう。われわれは、調整を怠ることによって混沌という応報を受けたが、抑制を拒否することによって危機という応報を避けることができない。すなわち、抑制の時代と危機の時代は二者択一なのである。

これらの時代は、そもそも時代区分というものが常にそうであるように、決して明瞭に、だしぬけに変転したものではない。次第に、しかも不明瞭に、いつの間にか変ったのである。拡大する新しい要素が、縮小する古い要素を圧倒し、時代の新しい局面をつくると、時代の重心は明らかに移転し、われわれに自覚される。歴史の渦中にあるわれわれは時代の重心のありかを察知することができず、つねに時代の後から及び腰でついていく。図3は、時代とその重心を図示したものである。時代が、上から下へ（矢印）と移り、新しい要素が古い要素を圧倒していくにつれて、時代の真の重心（A）は旧から新へ移転する。しかし、時代の全貌をうかがい知ることのできない

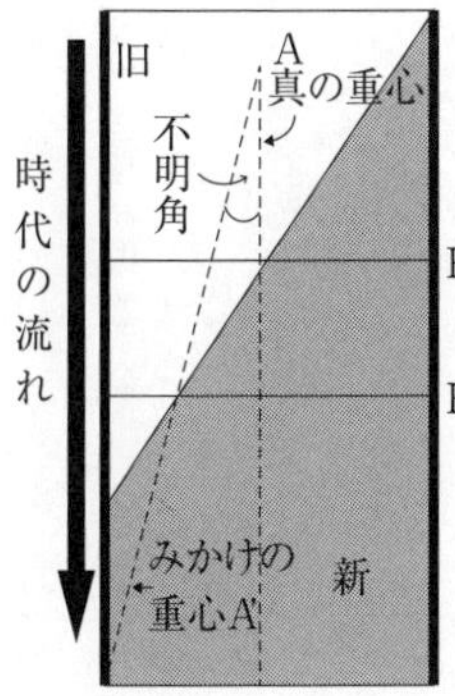

図3　時代の重心

われわれは、つねに重心を旧に据え置く宿命を持っている。見かけの重心（A'）は、われわれがその時点で認識する重心である。AとA'の間の誤差は、そのまま、われわれの洞察力の不足を意味し、その角度を〝不明角〟と呼ぶならば、不明角の大きさは、意識の時代遅れをまざまざと表わす。われわれが、政治家を選び、政治の存在を許すのは、この不明角を縮めることによって、円滑な時代運営を期待するからである。したがって、われわれと同じ不明角を示す政治は無意味であり、われわれ以上の不明角を示す政治は有害なのである。

たとえば、P_1を昭和三〇年とするならば、このとき新（成長の時代）は、旧（復興の時代）にとって代りつつある。しかし、政治が、明らかに重心の転換を認知するのは、三五年の安保紛争（P_2）を経てからである。青嵐会や一部の革新政党のように、古いイデオロギーから脱出できない人々は、不明角が極大で、未だに二〇年代の重心感覚から覚めないのかも知れない。

復興の時代

復興の時代は、昭和二〇年八月一五日の終戦の詔勅に明快な起点を持っている。しかもそれは、戦後復興という論議の余地のない時代の目標を備えていた。「とにかく力を回復すること」に強固な国民的合意が成立し、対立はその主体と方法をめぐる副次的なものであった。戦後復興を達成するために、われわれは三つの基本的課題——国家目標と呼ぶこともできよう——を設定した。それは、経済復興、戦後処理、民主化である。

戦争を起こした日本を、火事を起こした家に例えることができよう。まず何よりも生活能力を回復する

図４　戦後史の諸段階

時期	年	経済	外交	政治対立	日米関係	核共同体	時代の個性
復興の時代	昭20	経済復興	自由陣営外交 戦後処理外交	体制対立	(政)従属 (経)保護	農村共同体	自立・自制・連帯 建設的・活動的・意志的
成長の時代	30	高度成長	平和共存外交 経済優先外交	階級対立	追随 協調	職場共同体	競争的・発展的 合理性・実利性 非政治性・開放的
混沌の時代↓危機の時代 調整の時代↓抑制の時代	40	(社会的不均衡の調整)	(対外膨張の抑制)	企業対個人	協調 競争	共同体の不在・生活共同体	虚無的・懐疑的・衝動的 不信・射倖心・退廃・疲労 好奇・露悪・暴力・デマ宣伝 放恣・要求・郷愁
	50						

終戦時の隅田川付近。東京は荒涼とした廃墟であった。

こと、社会的責任を果すこと、火事を起こさないような家庭づくりをすることが、この家の存立にとって緊急の仕事である。すなわち、経済復興とは、焼け出された家族が、なりふり構わず働くことによって、家を再建し、家財を整え、食糧を確保して、生きるための基礎条件を整えることである。また戦後処理外交とは、火事によって近隣に与えたさまざまな被害に対して誠意を持って応ずることである。これは再び社会復帰するための条件を整えることでもある。火事の原因の追及と除去、類焼や消火活動に伴なう損害などの賠償、反省と陳謝の表明などが一体となって新たな信頼を蓄積し、社会参加のための貴重な認可基準となるのである。

また、民主化とは、再び火事を起こさないことを決意した家族たちの、家庭づくり、家庭運営の哲学に他ならない。火事という最大の犠牲をはらってもたらされた〝古い家庭の崩壊〟という好機を逃がすことなく、意志決定権の所在や家族関係のあり方、それぞれの生きがいなどを徹底的に再検討し、より良い家庭づくりに取り組むことである。

経済復興や戦後処理が、あくまでも取り戻すという消極的性

昭和40年当時の隅田川付近。左の写真と同一場所とは信じられないほどの復興ぶり。

格をぬぐいきれないのに反し、民主化は、新しい国家像、新しい人間像を追求することによって人類史の未踏に踏み入ろうとする積極的意図をも秘めていた。

さて、昭和三〇年度は、日本の経済力（工業生産）が、ようやく戦前の最高水準を回復し、実質的に〝復興経済〟に訣別を告げた記念すべき年である。この年の経済白書は、これをとらえて、経済における「戦後は終わった」ことを誇らしげに宣言したのであった。

それは、当時大きな論議を巻き起こしたように、決して経済復興の完成を意味するものではなかった。深刻な食糧難、地下道に横臥する浮浪者たち、こごえながら袖を引く娼婦の群、そしてバラックの街並――戦争の爪痕（つめあと）は、未だ至るところに、さまざまな形で残されていた。特に、国民生活の水準と、国家資産の蓄積という点からみれば、復興とはほど遠いありさまであった。稼ぎが多くなったといっても、貯えがあるわけではなく、またそれを生活の向上のために支出できるものでもなかったのである。

しかし、この生産力の回復を足がかりとして、日本経済は一

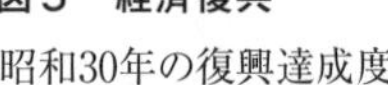
図5　経済復興

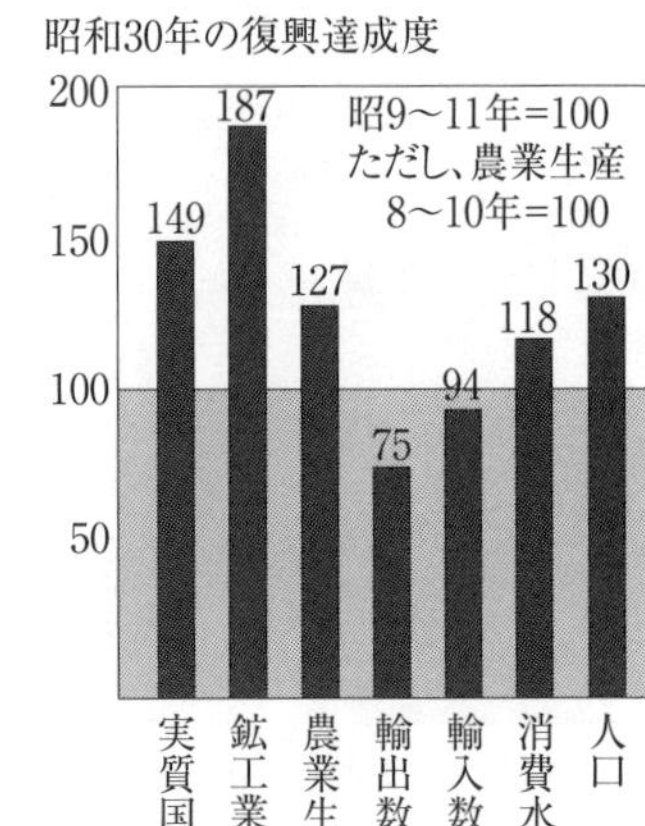

挙に経済復興の完成に向って前進することになった。

工業生産は、昭和三三年まで平均して二〇%近い増加率を示し、足早やに〝成長経済〟に突入し、輸出も三三年には、二八億七五〇〇万ドルと待望の戦前水準を回復したのである。

また、戦前の価格で測ると八八億円（昭和一一年）のどん底に落ちこんでいた実質国民所得も、二七年にはすでに一七二億円と戦前水準（一四四億円）を二〇%近くも突破し、三二年には、二三九億円と六六%も上まわるようになった。ただしその間の人口の急増によって人口ひとり当たりの実質国民所得は、二七年には二〇一円（戦前価格）で、未だ戦前水準（二一〇円）には及ばなかったが、これも三二年になると二六五円と、たちまち二六%も上まわるに至ったのである。（資料：経済企画庁『昭和三二年度の国民所得』）

こうして、国民の生活水準が目に見えて回復するや、人々は〝生活の立て直し〟から、〝より豊かな生活〟に向けて、新たな情熱をかきたてるようになった。復興経済は、いよいよ成長経済に巨歩を進め始めたのである。

さて、昭和二〇年九月二日のミズーリ号艦上での無条件降伏文書調印以来、占領軍の統治下に置かれていた日本も、二七年四月二八日に再び独立国として門出することとなった。前年の九月には、サンフランシスコにて平和会議が開かれ、日本は、参加五二ヶ国のうち、ソ連、チェコスロヴァキア、ルーマニアの三国を除く、四九ヶ国との間に講和を成立させ戦争状態を終結させた。このいわゆるサンフランシスコ体制は、〝片面講和〟である点、日米安保条約と抱き合わせである点をめぐって、国内に大きな政治対立を巻き起こすものとなった。しかし、その後二〇年余を経た今日、結果的にみれば、当時の日本の外交姿勢が基本的には妥当なものであったということができる。

日本は、その後サンフランシスコ平和会議から、さまざまな事情で漏れた諸国と、個別に平和条約の締結、国交回復への努力を積み重ねていく。中華民国、インド、ビルマと次々に平和条約を結び、昭和三一年には鳩山内閣の手によって待望の日ソ共同宣言が発せられることになった。

国会前もイモ畑に使われた（昭和21年）。

そして、昭和三一年一二月一八日、ついに国連総会は満場一致で、日本の国連加盟決議を採択し、国際社会への復帰を正式に承諾することになったのである。このとき、日本は一義的な外交目標を達成し、戦後処理外交は、ようやくその最高の頂き（いただ）に登りつめていたのである。そしてそれ以後日本は、国際社会人としての義務と責任を忠実に果しつつ、残された個別関係の調整に専念すればよいことになった。日韓条約の締結も、沖縄返還も、日中国交回復も、冗長に引きのばされてきた戦後処理外交史の末章にすぎないのである。サンフランシスコで多数の味方をつくり、独立によってその存在を認められた日本は国連加盟で、晴れて社会参加を許されたということができよう。

戦後の民主化目標は、破壊と創造の二面的性格を持っていた。すなわち、終戦直後、占領軍の強圧によって断行された一連のいわゆる民主化政策は、戦前の日本の統治構造とその哲学を解体し、破壊する意図を持っていた。軍隊の解散、財閥解体、農地改革、そして公職追放令は、戦前の日本の最高指導に当たった軍人、財界人、大地主、政治家をことごとく一掃する役割を果した。彼らは、これによって住家(すみか)を追われたのではなく、住家を焼かれてしまったのである。

図6　戦後処理外交の展開

昭20.8	終戦
26.9	サンフランシスコ平和条約
27.4	日台平和条約
6	日印平和条約
28.4	独立
29.11	対ビルマ平和条約
31.5	日比賠償協定
10	日ソ国交回復
12	国連加盟
33.1	対インドネシア平和条約 賠償協定
40.6	日韓条約
46.6	沖縄返還協定
47.9	日中国交回復

また、治安維持法の廃止、思想警察の廃止は、人々をサーベルの不気味な音から解放し、華族制度や貴族院の廃止、民法の家族制度の廃止、あるいは刑法からの姦通罪の排除は、身分制度を徹底的にたたきのめしたのである。

これらの一連の民主化政策が、旧体制の破壊と一掃を意味するものであるとしたら、新憲法を基軸とするその後の民主化過程は、建設と創造の積極的な性格を持つものであった。労働三法、教育二法の制定、選挙法の大改革と婦人参政権の実現などひとつひとつが、新憲法が掲げる平和主義、基本的人権、主権在民の具体的な表現であった。かくして戦前の〝天皇〟という言葉にかわって、〝民主主義〟という言葉が、神聖不可侵な絶対価値として登場したのである。

国連加盟が決定した歴史的瞬間。前列左が重光代表(昭和31年12月)。

しかし、日本の民主化は、よくいわれるように横から(かか)の革命によってもたらされたものであった。それは獲(か)ち取ったものではなく、あくまでも与えられたものでしかなかった。ミルクを欲していたにすぎない幼児に、乳牛を与えたに等しいものであった。民主主義制度は、何よりも民主主義によって獲ち取られなければならないものである。こうして日本の民主主義は、どことなくぎこちないものになり以後の変則的な過程を余儀なくされることになった。

民主化の達成度を測定する基本的な指標はない。それは今もっ

新憲法公布を祝う人々（昭和21年11月）。

て論議が展開されている極めて抽象的な目標である。しかし民主化の最小限の目やすが、反動勢力——戦前の国体に復活させようとする勢力——を圧倒することにあるとしたら、三〇年代初期には、おおむねその段階に到達していたということができよう。日の丸をなびかせ、軍艦マーチをがなり立てて街を行く極右の遊説カーに出会っても、人々は恐怖よりもむしろそのこっけいさに苦笑するようになり、今ではチンドン屋と同質のもの珍しさで通行人の好奇心の対象になり下ってしまった。子供たちは、日の丸はＮＨＫテレビの終わりの印であり、君が代は大相撲の千秋楽の歌であり、軍艦マーチは、パチンコ屋の歌であると真剣に思いこむのである。〝復古主義者の制圧〟は、復興の時代を通して民主化目標の実質的な最大の試練であったといえる。

しかし、民主主義制度は、一時代の目標ではあっても永遠の目標ではない。**民主主義を使って何を創るのか**という、より根本的な課題が、いよいよわれわれに提示されてきているのである。

運命の選択

復興の時代はまた、個人、国家、世界の運命が断ち難く連結されていた優れて政治的な時代でもあった。人々は、復興作業に汗を流すかたわらで、きびしく〝体制の選択〟を迫られたのである。

米ソは、自由主義と社会主義という思想的対立を背景にして銃口を向け合ったままのぎりぎりのにらみ合いを続けていた。両者は、どちらが勝つかはともかくとして、必らずやいつかけりをつけねばならない宿命を持つのであった。そして、その勝者こそ、おそらくは幾百年にわたって、一元的な世界経営を担当するはずであった。いずれこの地球は、赤旗か星条旗か、どちらかの旗によってくまなく占拠され、中小国はその支配に服さなければならない。この戦いは、人類に測り知れない犠牲と不幸をもたらすであろうが、しかし、それは決して避けて通ることのできない〝世界史の日程〟であることを人々は信じた。そしてこの日本も、世界史の力動から自由ではなかった。あいまいな態度はいっさい許されず、どちらか一方にはっきりと与しなければならない。そうでなければ世界が承知しないという厳しい選択を迫られたのである。

こうして、世界も、国家も、地域社会も、すべてが両陣営に二分され、人々は、〝体制の選択〟を通じて自己の〝運命の選択〟まで強いられたのである。内では、下山、三鷹、松川事件と不気味な事件があいつぎ、外では中華人民共和国が成立し朝鮮戦争が勃発すると、人々の緊張は最高潮に達した。

しかし、この冷戦、両極化、封じ込めと一触即発の域に達した冷戦構造も、いつしか氷解に向う。人類の英知と信頼が、この不毛なイデオロギー抗争の仲介役をかって出たからであった。

一九五四年（昭和二九年）に行なわれたアメリカの水爆実験は、すべての人類に向けて深刻な衝撃を与えずにおかなかった。その爆発力は広島の原爆の何と二五〇倍に当たり、その散布する死の灰は、われわれの世代だけではなく、のちのちの世代に至るまでいまわしい傷跡を刻みつけるであろう。こうして人類は、掛値なしのぎりぎりの真価を問われることとなった。

葉巻をくゆらせながら歴史を手玉にとったチャーチルは、いち早くこの不幸を指摘した。彼は、原爆は支配し得ても、水爆は支配し得ないことを警告したのである。彼は「まさにわれわれは安全が恐怖の丈夫な子であり、生存が全滅と双子の兄弟であるという歴史の段階に達した」と力説し、全人類に向かって出直しの心要を説いたのである。

社会主義の勝利は歴史の必然過程であり、それはひとえに社会的、経済的基礎条件によって決定されると信じるマルクス主義者たちにとっては、「核兵器が勝敗を決定する」という認識なぞはもっての他であった。しかしスターリン体制で教義であったこの歴史観も、彼の死（一九五三年三月）を契機に微妙な変貌を遂げて行く。

ジュネーブに会した四大国首脳（昭和30年7月）。
左から、ブルガーニン（ソ）、アイゼンハウアー（米）、フォール（仏）、イーデン（英）。

一九五五年七月、ジュネーブにおける頂上会談は、この人類の新しい可能性について確認した。いわゆる核の手詰りと競争的共存の不可避性について、暗黙の合意を形成したのである。

フルシチョフは、その九月、ついに次のような声明を発した。

「われわれは和解に賛成である。しかし、そのためにわれわれが、マルクスやレーニンを忘れたと考えるならば、それは誤りである。そのようなことは、エビが口笛を吹くことを覚えるまで起こるまい。……われわれは、あくまでも社会主義の建設を捨てない。……われわれは、そのために戦争が必要である、とは思わない。平和的競争で十分である」

この声明は、社会主義の教義さえも揺さぶる画期的なものであった。今のところ、エビが口笛を吹く事態が訪れていないので社会主義という言葉は、依然として羽振り(はぶ)りをきかせてはいるものの、その教義は、決定的な修正を余儀なくされたのである。それは、イデオロギーより人類の方が大切であるというきわめて単純な命題の帰結なのであった。

こうして、一九五五年(昭和三〇年)ごろを境にして戦後世界史は大きく変容を始める。競争的共存、そして平和的共存、さらに現在の米ソ協調に向けて抗しがたい勢いで流れはじめたのである。

それは、チャーチルの童心、アイゼンハウアーの誠実、フルシチョフの陽気、そしてドゴールの尊大など、歴史の手綱をとる個性が演出したこの上なく緊迫した史劇でもあった。

一方、国内では、改憲、勤評、警職法、安保と長い助走を経た政治対立は、昭和三五年の安保改定に至って、いよいよ土壇場の決戦を迎えた。このとき日本は、自社両党によってほぼ完全なまでに二分され、保守、革新ともに、持てる術と力のすべてを出し尽し、その鮮烈な個性を存分に競ったのであった。それはまさしく、引き延ばされてきた第一段階の総決算であり、一時代の厳粛な終幕を告げる壮大なフィナーレに他ならなかった。

六月一八日、安保条約の自然承認に抗議して国会を取り巻いた三三万の大群集が、敗北のくやしさに耐

安保紛争は戦後史の満潮であった（昭和35年6月）。

える中で、復興の時代は、ようやく閉じられていったのである。

　こうして実り多き復興の時代は終わる。それは、激しい政争を表面で演じながらも、深層では、たくましい再建のツチ音が列島にこだました感動的な時代であった。人々は、絶えず、肉体に労苦を、精神に緊張を強いたが、それはまた、個人の役割が国家の動向をも左右するかけがえのないものであることを感じさせた。平和である故に明るく、目標を共にする故に充実し、そして青年が背負う故に、すこぶるたくましい時代であった。すべての人が、戦災の哀しみと生活の貧しさに耐え、自己の弱音を頑固に封じこめて生きた雄々しく男性的な時代であった。りんごの歌が、フジヤマの飛魚や川上の強打が、のど自慢や湯川博士のノーベル賞が、人々に暗い世相を忘れさせてくれた。楽しいこと、明るいこと、美しいことに、人々は何のためらいもなく素直に溶けこむのであった。汗と笑いと童謡がいかにもふさわしく、健康と陽気さがこの時

NHKの素人のど自慢風景、復興の忙中におけるささやかな楽しみであった(昭和23年)。

代の素顔なのであった。一片の砂糖塊が、大きな歓喜の対象であり、一時の休息が限りないくつろぎを提供した。

成長の時代

戦後史の第二段階は、「成長の時代」である。経済成長と輸出振興が、内外の実質的な国家目標として採択され、ひたすら豊かさを追求することに国民的な合意が成立していた時代である。国家も個人も、ただただより多くの富を求めてすべてを忘れたのである。

成長の時代は、復興の時代が実質的に終了した昭和三〇年代初期にすでに静かに、しかし止めがたい勢いで始まっていた。三五年、岸内閣に代って登場した池田内閣は、所得倍増計画と開放経済化に踏み切ることによって、この方向を公式に採択したのである。

こうして、国も、地域も、そして個人も、〝より豊かになるためにより多くを生産する〟ことに関心を集中し、経済至上主義の時代を現出したのであった。

「経済のことは私におまかせ下さい」と高言した池田勇人首相

図7　成長の時代の成果

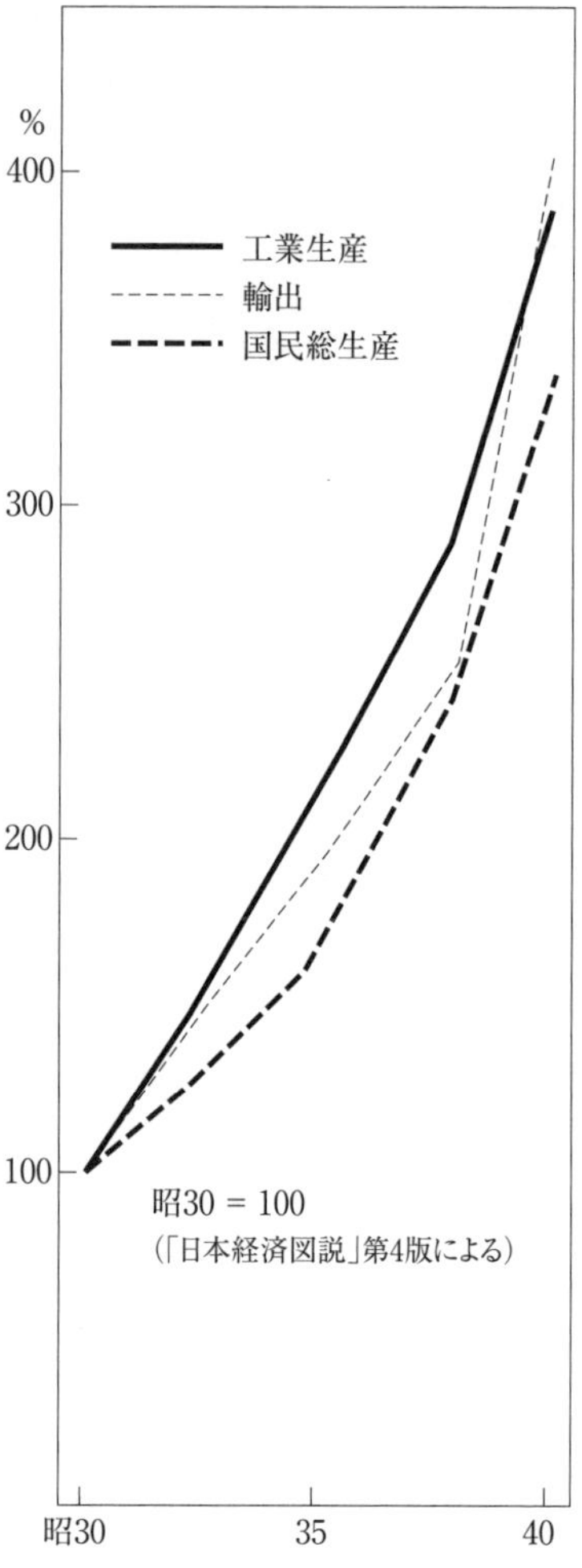

	昭30	35	40

は、成長の時代の到来をだれよりも確かに認識し、安保の挫折感にうちひしがれていた革新勢力をよそに、強気の経済政策を推進しはじめたのであった。訪仏した池田首相をエリゼ宮に迎えたドゴール大統領は、彼を「トランジスターの商人のようだ」と皮肉った。こんなドゴールに対して、首相も国民も腹を立てるどころか燕尾服を着てやせ細っていくこの誇り高い老大国にむしろ同情すら寄せたのであった。

成長の時代は、図7が示すように、驚くべき成果をあげた。欧米の経済学者たちは、この比類のない超高度成長を的確に形容する言葉に頭を悩ませた。通俗的な形容は、それがいかに大仰なものであれ、彼らの驚きを表わすにはもの足りないものに思えた。こうして、〝奇跡〟、〝神秘〟という、聖者に献げる言葉が惜しげもなく諸外国から寄せられたのである。

国民総生産は、昭和三〇年から四〇年のわずか一〇年の間に、何と三・八倍にふくれあがった。そして、この間の平均成長率は、九・五％に達し、西ドイツの六・二％を、はるかにしのぐものであった。資本主義の祖国といわれるイギリスも、その最盛期の一九世紀を通じてせいぜい三％程度の成長率にすぎなかったのである。

また、一人当たりの国民所得（ドル換算）も、昭和三〇年度の二〇四ドルが、四〇年には六七七ドルと三・三倍にはね上がったのである。

成長の時代の最盛期、八幡製鉄（当時）戸畑製造所では、世界最大の高炉が完成した（昭和37年3月）。

さらに、この時代に日本は、飛躍的な技術革新によって生産性の大幅な引上げに成功し、日本商品は海外で強靱な国際競争力を備えるようになった。その結果、図7のように、昭和三〇年代後半には、輸出が急激な伸長を示すに至る。そして四〇年には、輸出数量で三〇年度の四・四倍に達してしまったのである。三〇年代後半までの日本は、貿易収支の赤字に常に悩まされてきた。貿易収支の赤字を輸入規制と資本収支の黒字によって埋めるというきわめて不安定な国際収支の動向に一喜一憂してきたのである。このいまわしい貿易構造も、四〇年前後から様相を一変してしまう。昭和四〇年、日本の貿易収支は待望の黒字に転じ、当初に多少の浮沈はあっても、この黒字基調は、年ごとに強く根を張るに至るのである。また、四〇年には、対米貿易収支もはじめて黒字に転じ、以後、日米貿易は恒常的に、日本の輸出超過を示すようになった。これは、日米関係が、いよいよ厳しい競争関係に突入していくことをもの語るものであった。

こうして、日米の長く甘い蜜月に不吉なかげりが投げかけられるようになった。

追いつくものと追いつかれるものの間に介在する、あの周知の気まずさ、昇る太陽と沈む太陽の微妙ないさかいが、この類いまれな友好関係についに水をさし始めたのである。想えば、復興の時代にアメリカは慈愛に満ちた親の目で、日本経済の成育を見守っていた。しかし、それが成長の時代になると友の目に変じ、とうとう今では、反感すらたたえた敵の目に変りつつある。

さて、戦前の世界輸出市場で、日本は最高三・六%の市場占拠率を示した。この数字も、昭和三五年に至ってようやく突破される。市場占拠率を、いわば〝最後の数字〟として、戦前経済の数字は、ことごとく制圧されてしまったのである。

第1回日米貿易経済合同委員会（昭和36年11月）。日米関係の最もうるわしい時代であった。

政治の空位時代

第二段階は、政治が片隅に押しやられた、〝政治の空位時代〟である。それは、政治家にとっては開店休業の時代であり、「何もしないこと」こそ彼らに与えられた唯一の役割であった。内政面では経済界に追随し、外交面ではアメリカに追随するという政治的不作為が、間接的に高度成長に寄与し、輸出の伸長をもたらすのであった。基本政策の決定権は経済界と経済官僚の手に移転し、政治はただ、経済のダイナミックな営みを傍観し、それに追認を与えて行けばそれで良い。政治家たちは、政治の波風を封じこめ、ひたすら安定政権を維持していれば、時代は順調な進展を遂げるのであった。

復興の時代に、形式的にせよ国際政治社会への再参加を果した日本は、成長の時代において、国際経済社会への参加を達成した。しかもそれは、ＩＭＦ八条国への移行やＯＥＣＤ加盟が示すように、先進国としてであり、〝経済大国〟としてであった。

成長の時代の政治は、高度成長と輸出振興を支援するとともに、経済大国にふさわしい地位を世界の中に確立して行くことに専念した。すなわち、経済の成長の場を整備し、かつ、成長した経済の置き場を用意すればよかったのである。しかも、この役割は、経済界の要請に応じそれを忠実に履行していればすむのであった。

図８　国際経済社会への参加

昭20.8	終戦
27.8	IMF加盟
29.6	エカフェ加盟
30.9	ガット加盟
34.9	ドル為替自由化実施
34.10	国連経済社会理事会の理事国となる
35.6	貿易・為替自由化計画発表（開放経済化）
39.4	IMF8条国移行 OECD加入
45	万博開催

政治は、追い風の中に立っていたのである。時代の風向きに逆らうことなく、無感動に自然体で立っていさえすれば、時代の強大な風圧が、彼らをほどよく移動させてくれるのであった。

経済界は、政治の安定と従順の代償として、措しみなく巨額な政治献金を続けた。そして、重大な政策が発表された日の前夜には、きまって深更まで赤坂の奥ざしきで、政財界首脳会談があるという不満が若手議員の間でささやかれ出したのである。こうして彼らは、追随していることさえ気がつかないほど堕落してしまっていたのである。

さて、昭和三五年、安保の反対運動と一体化されて、最も政治的に戦われた三池争議が収束すると、労働運動は、次第にその重心を、政治闘争から経済闘争へと傾け始めた。人々はもはや体制の選択を放棄して、〝階級の選択〟に走ったのである。

すなわち、自由主義経済体制か、社会主義経済体制かという選択をやめて、自由主義経済体制の中での自分が、資本の側に立つのか、それとも労働の側に立つのかという階級の帰属を決めることに、主たる関心を向けるようになったのである。このときから、社会主義も共産主義もマルクス主義も、労働者たちにとっては、経営者とわたり合うときの有力な武器の一つでしかなくなってしまった。

体制の帰趨を賭けた三池争議（昭和35年3月）。

成長の時代は、めまぐるしい時代であった。それは、動く時代、変る時代であり、すべてが常に途中である——そんな時代であった。工事現場が至るところにあり、街の風景が刻一刻と変転し、百科全書が、年ごとの改訂を迫られるような、変動きわまりない時代なのであった。戦後復興によってはずみのついた人々の物質欲が、生産活動を際限なく拡大し、それによって得られた所得が、新しい製品をあくことなく追い求めた。各種の電化製品、自動車、マスコミの発達が、人々の部屋の相貌を変え、生活の様式を変え、

東京オリンピック入場式（昭和39年10月）。
日本は新興大国としての力を世界に誇示した。

そして意識を変えていった。

技術革新、経済成長、所得の上昇が、あらゆる価値にとってかわった。〝より多く稼ぎ、より多く使う〟ことに、人々も企業も国家も、確固とした生きがいを見い出していた。われわれの持っている怠惰、放漫、快楽などの諸要素が、新たな市場として絶えず開拓されてきた。文化的生活とは、まずぜいたくな生活であり、労苦の少ない生活であった。そして、ついに財産や所得の多寡が、人々の社会的地位を決め、序列を決めるようになった。〝長者番付〟は、閣僚名簿や叙勲名簿より人々の関心をひき、金銭や物財が、あらゆる文化的価値、生活の格式、個人の信条を圧倒し、それらをこっけいなものに変えてしまった。

調整の時代

しかし、高度成長は、それがあまりに急激であるゆえに、あまりに大規模であるゆえに、そしてさらに、何らの歯止めも持たないゆえに、多くの害悪を副産するものであった。これらの害悪は、さまざまな形で着実に蓄積されてきていた。それは夜の雪のように目立たず降り積り、われわれの生活を一挙に狂わせてしまうかも知れない。成長の時代は、このように自壊する要因を、それ自身の中に内在させていたのである。

こうして、成長の時代は、成長の破綻とともに新しい段階を迎える。それは、〝調整の時代〟と名づけるにふさわしい時代であろう。撤退し、待機していたはずの〝政治〟に再びめぐってきた出番なのである。しかし、この調整の時代は未だに、その名に値する待遇を受けてはいない。成長の時代の温室に安住してきた政治は、目を覆うばかりに無力化し老化し果てていて、調整の役割を果す力も情熱も失ない尽していた。かくして、なりゆきの中に放置されているこの時代は、〝混沌の時代〟という様相を呈しているのである。

昭和四〇年代初期には、いわゆる〝成長のひずみ〟が顕在化し人々の生活の周辺をあからさまに圧迫するようになった。公害、物価高、交通地獄、過密過疎、農業問題など、およそ社会問題と呼ばれるものは、そのほとんどが高度成長政策と断ち難い因果関係を持つものである。そして、この高度成長がもたらす所得の上昇という恩恵を、副産された害悪が、相殺してしまうようになると、成長政策は、厳しくその妥当性を問われるようになったのである。

図9は、総理府がまとめた「暮らし向きに関する世論調査」である。「お宅の暮らし向きは去年の今ごろと比べて楽になっていますか、苦しくなっていますか、同じようなものですか」という質問に対する答えである。

これを見ると、所得や消費の著しい伸びにもかかわらず、暮らし向きが楽になったと感じる人の数は少なく、むしろ苦しくなったと感じる人の方が多いことがわかる。これは、総合的な生活実感であり、単なる経済不満ではなく、この時代に対するトータルな感触と見ることができよう。

暮らしにくさは、図10A～Eの図表が、数字で歴然と裏づけている。これらは、すべてが高度成長に随伴したものである。

〝調整〟の必要性は、あらゆる社会領域に及んでいる。物価の安定、社会保障の拡充、公害の撲滅、労働分配率の拡大、生活環境の整備をはじめ、交通対策、自然保護、教育改革、あるいは、法や制度の改正、改革などである。これらは、われわれ相互の心と利益に、公正な調整を迫っているのであり、その調整の指揮をとるものこそ、政治の力に他ならないのである。

調整の時代は放置されたまま現在に引き延ばされている。この時代のありさまとなりゆきについては、また章を改めて、より具体的に検討を加えることになろう。

図9　暮らし向きに関する世論調査
（昭48「図でみる生活白書」による）

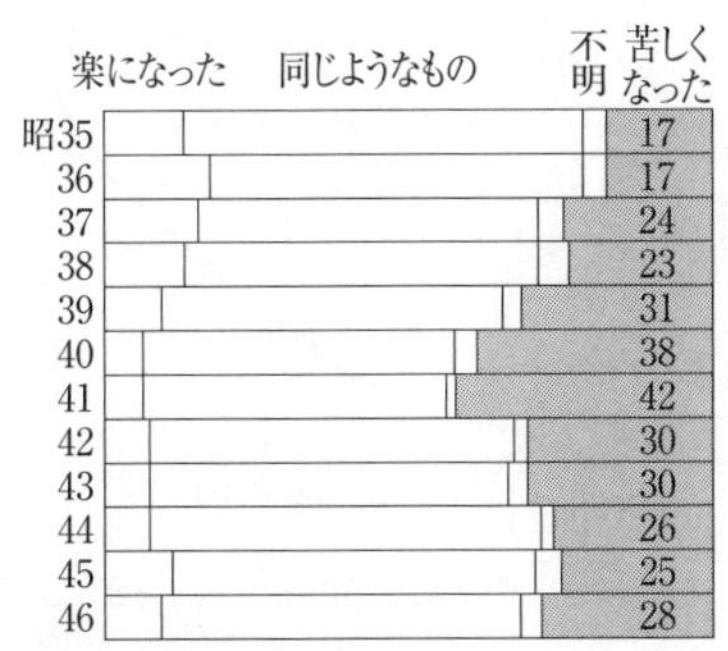

図10A　消費者物価の高騰
（総理府「消費者物価指数」による）

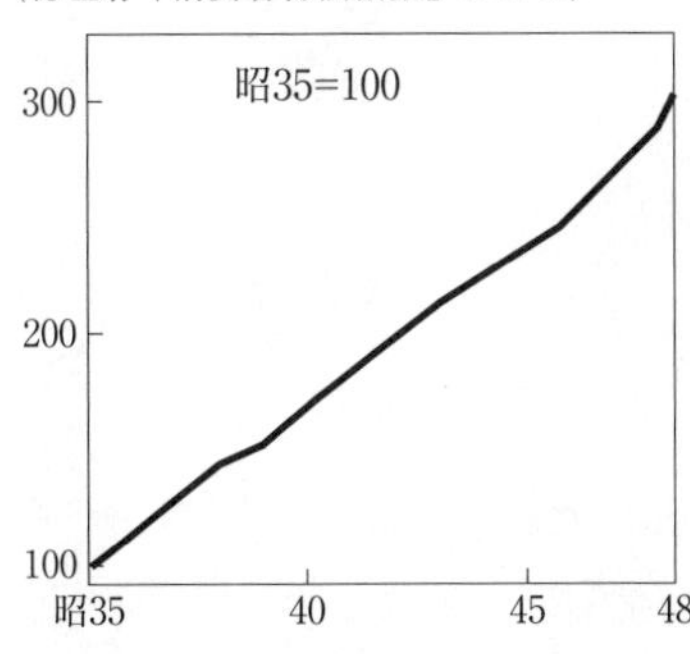

図10B　生活環境の悪化
大気汚染地域の認定患者率の推移

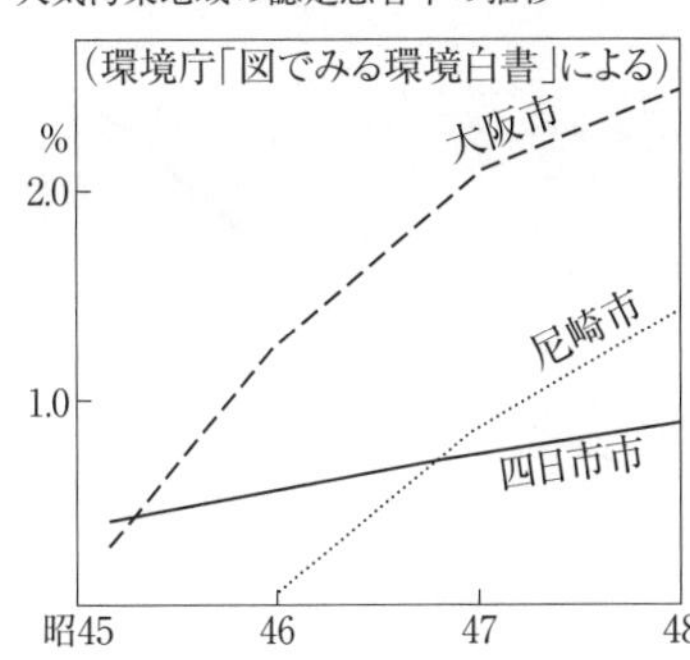

図10C　地価の暴騰
全国市街地価格指数の推移

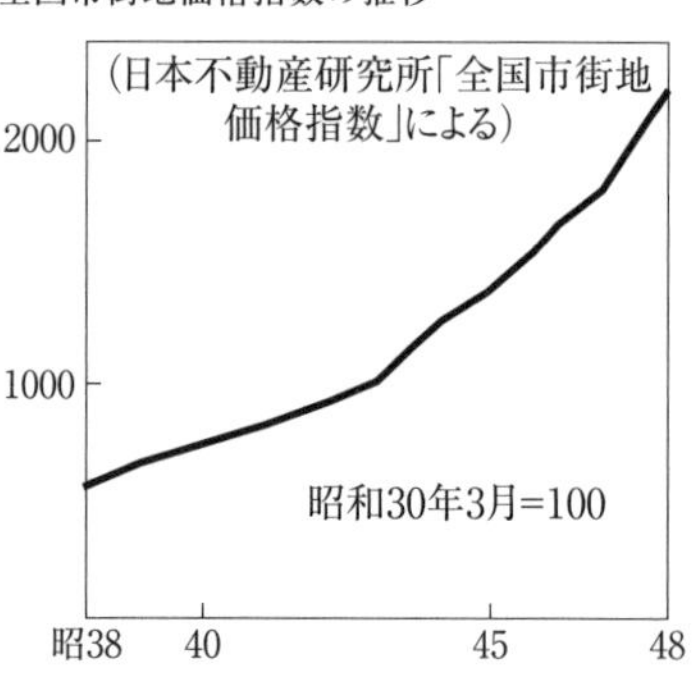

図10D　交通地獄
全国自動車事故死傷者数の推移

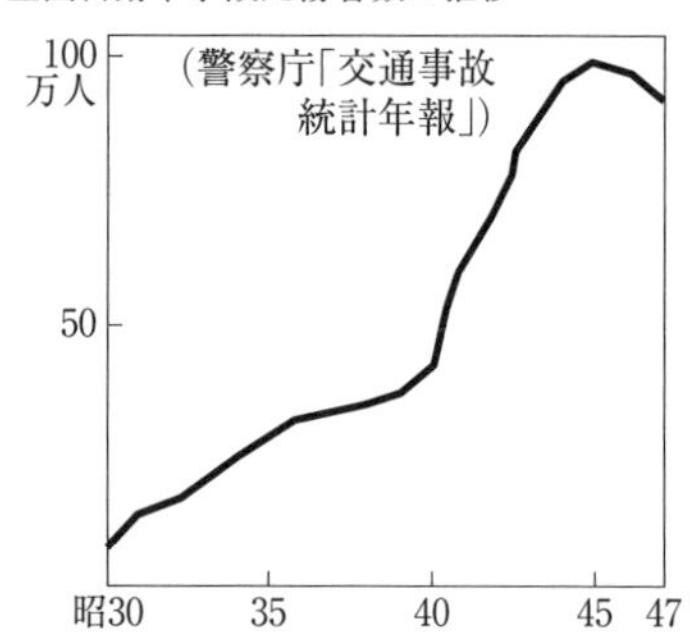

図10E　生活公害
東京都のゴミ収集量の推移

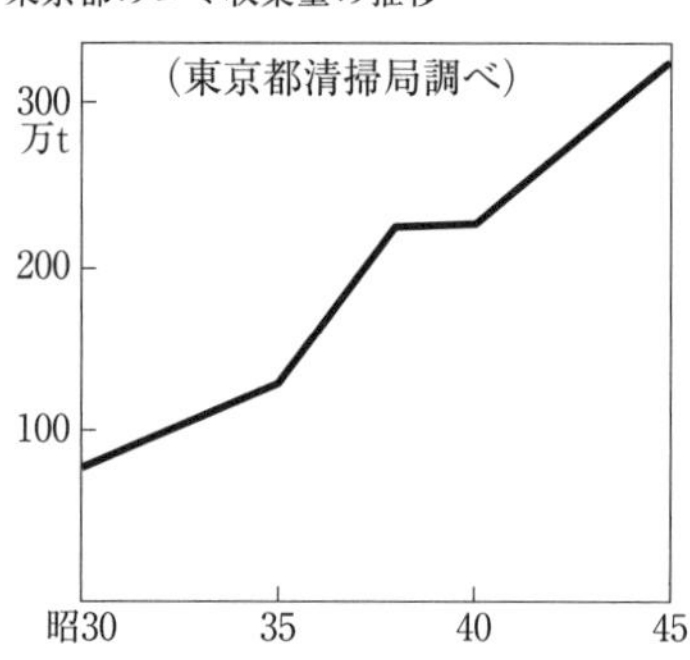

2　自民党の没落

長期低落傾向

自民党は、この長い戦後史を通してほぼ一貫して政権を担当してきた。

図11は、戦後の保守勢力の複雑な離合集散過程を示したものである。終戦直後には、新しい日本の建設をめざして三〇〇にも及ぶ政党が、一斉に名乗りをあげたが、国民に受け容れられた政党は、政友会の流れをくむ日本自由党と、民政党の流れをくむ日本進歩党の二大政党であった。

混沌期は、常に真贋（しんがん）入り乱れる玉石混交の時代である。ダヴィンチやミケランジェロの傑作を生んだルネッサンスは、同時に、おびただしい駄作がはんらんした時代であり、高杉晋作の奇兵隊創設の陰には、二〇〇余のさまざまなゲリラ集団の興亡がくり返された。

人々は、この百花繚乱を前にして戸惑い、最後には〝正統性のものさし〟でそれらを測り、おそるおそる一輪の花を引き抜くのである。

正統性とは、前の時代の責任勢力との連続性を意味する。人は、政治勢力に対して、「どこへ行くか」を詰問するとともに「どこから来たか」ということを、より厳しく問う。織田信長が足利将軍を必要としたように、倒幕派が天皇を必要としたように、あるいは、ヒトラーがヒンデンブルクと国防軍を必要としたように、新しい勢力は旧時代に信頼を得ていた有力な勢力を抱きこんでいく。日本の戦後政党も、保守、革新を問わず戦前の諸政党の統廃合によって結成されたのである。終戦直後に登場した一群の若手新人や、戦前に自由主義者として軍部から圧迫された人たちが原動力となり、公職追放によって指導者を失なった

図11　保守党の離合集散

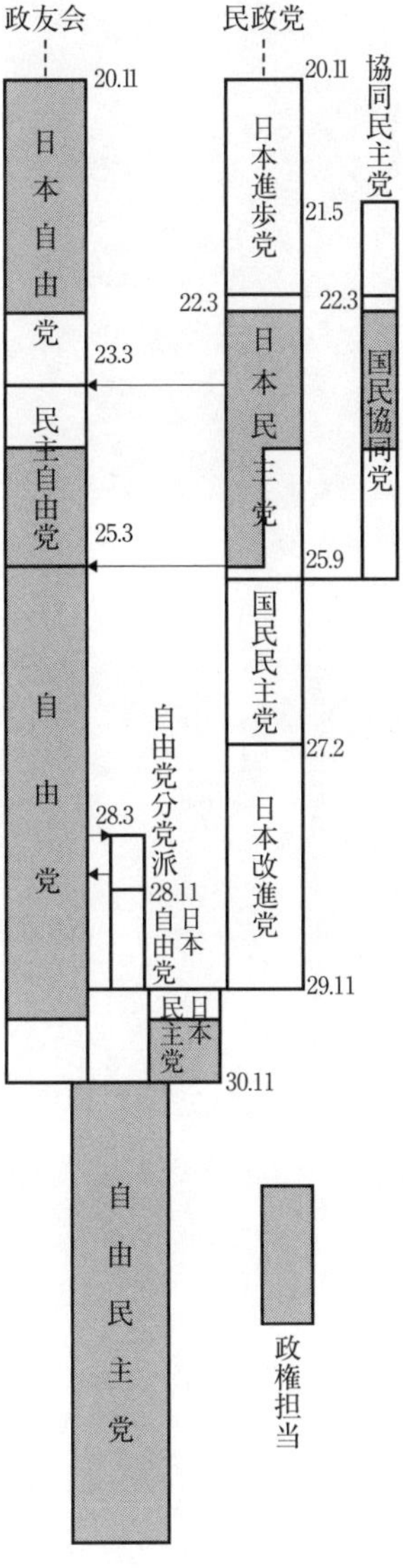

戦前政党を解体して新しい政党の中に吸収したのである。

さて、それでは自民党は、めまぐるしい戦後史の変転の中でどのような盛衰を経てきたのであろうか。そしてそれは、戦後史の時代区分とどのようなかかわりを持つのであろうか。戦後の国会議員選挙における自民党の得票率を調べ、現在の政治の混迷を解き明かしてみよう。

図12のA、B、C図は、それぞれ衆議院総選挙、参議院全国区、参議院地方区選挙における党派別得票率の推移を図示したものである。ただし、昭和二〇年代の復興の時代における政党の離合集散過程は、常識によって整理し自社両党に統合している。また図は、戦後政治史の基軸となった両党の消長を浮き彫りにするため、自社両党の得票率を左右の両端に配置した。

自由党結党大会で挨拶する鳩山総裁（昭和20年11月）。

A図をみると、自民党の〝長期低落傾向〟は歴然としている。自民党は、昭和二七年の六六・一％を頂点として、以来一度として上昇に向うことなく、着実に得票率を低下させてきていることがわかる。二七年総選挙は、前年サンフランシスコで締結された平和条約が発効し、日本が待望の独立を果した年であり、吉田首相の強力な指導下にあった自由党政権が、得意の絶頂にある中で戦われた。この五月に起こった血のメーデー事件は、人々に社会主義革命への恐怖感を与え、この選挙をさらに保守に有利に展開させることとなった。

低落を続けた自民党の得票率は、昭和四二年選挙でついに四八・八％とはじめて五〇％を割る。議席数

図12　政党勢力の推移

(A) 衆議院選挙党派別得票率

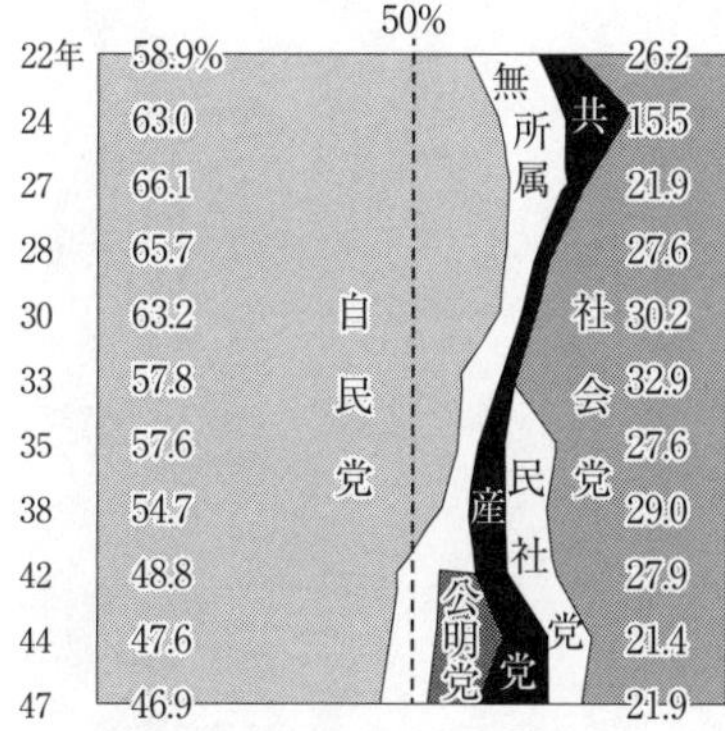

(A') 衆議院党派別議席占拠率

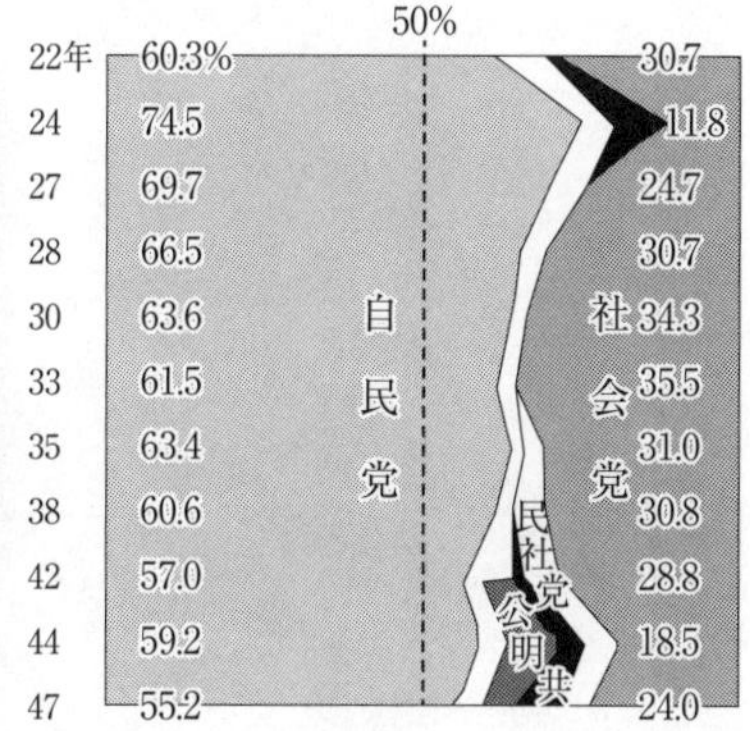

(B) 参院全国区党派別得票率

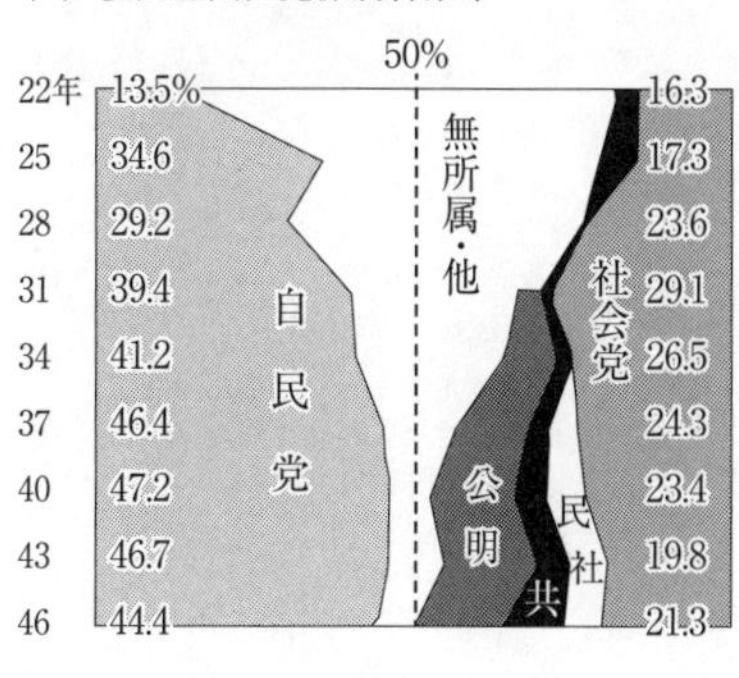

(C) 参院地方区党派別得票率

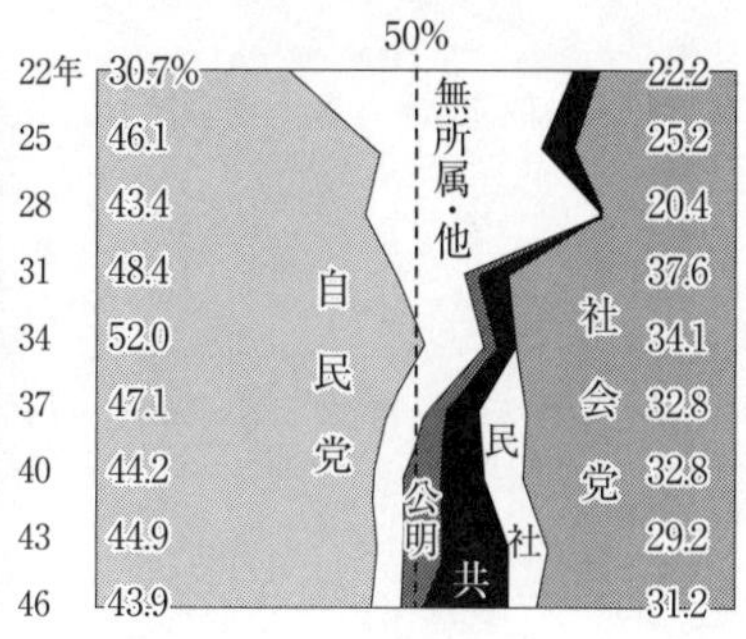

はともかく、すでにこの時点で自民党は、過半数の国民によって不信任されていたのであった。そして、四七年選挙でも四六・九％と、低落傾向をまた一歩大きく歩んだのである。

一方、社会党も、昭和三三年に三二・九％を占め、いわゆる三分の一の壁にタッチした後は、多少の浮沈はあっても明らかな衰退傾向を示している。三三年選挙は、自社両党があいついで合同統一された後の、選挙史上最初にして最後の二大政党の決戦選挙であった。

昭和三〇年は、戦後政治史

保守派の大同団結が実現した自民党結成大会（昭和30年11月）。

の中で諸勢力がこぞって流動し転換した激動の一年であった。まず七月、日本共産党は第六回全国協議会を開きそれまでの極左冒険主義を自己批判して新しい活動方針を採択した。そして、対日講和をめぐって二六年以来分裂していた社会党もこの年の一〇月再統一されるに至る。それに呼応するかのように労働運動も大きく旋回した。三〇年七月の総評大会は、政治闘争に重心を置いた高野実路線にかわって、経済闘争に傾斜する、いわゆる太田・岩井ラインを樹立したのである。

さて、復興経済が成長経済に徐々に移行しつつあった昭和二〇年代後半には、保守合同への期待は経済界から強く打ち出されていた。二七年にはすでに、いわゆる経済四団体（経団連、経済同友会、日商、日経連）が、「小異を捨てて大同につき、責任をもって、安定政権の確立に全力をつくされんことを」強く要請する決議を行ない「政局安定に関する緊急要望」を提案していたのである。

昭和三〇年一一月の保守合同は、保守特有の人脈、派閥が入り乱れ、義理や恩、裏切りや忠誠、そして反共、愛国、自由などの大義が、一大絵巻として繰り広げられた結果もたらされたのであった。古武士の風格を持った希代の謀略家三木武吉が、合同の立役者として縦横（じゅうおう）の働きを演じた姿は今もってわれわれの記憶に鮮やかである。彼は生涯、官職を拒否し政党政治家の意地を貫き通した。彼は、地位を欲するかわりに舞台を欲した。虚名よりも事業を選んだ。彼は、野心家が名誉欲を捨てたとき、比類のない力を手にすることを知っていた。

こうして、日本の保守勢力は自民党の指導下に大同団結し、革新勢力もまた社会党の指導に、ためらうことなくその運命を託したのである。昭和三三年選挙では、共産党の当選人はわずかに一人にすぎず、その得票率は全区立候補にもかかわらず、二・六%の低率に甘んじていた。社会党はこのとき、革新の盟主であるどころか、革新のすべてであった。

左右の社会党も統一された
（昭和 30 年 10 月）。

またこの選挙での自社両党の得票合計は、合わせて九〇・七%にも及び、議席占拠率（A図、各党の当選人の議席定数に占める割合）では、何と九七・〇%の高率に達したのである。そして、人々は、以後の政治史が、おそらく半永久的にこの二党の確執（かくしつ）によって展開されるであろうことを信じたのであった。

しかし、自社両党の得票率は、昭和三三年の九〇・七%を頂点にして減退を始め、四七年にはついに六八・八％に低落してしまったのである。それは、たとえ三五年一月に社会党から分枝した民社党を加えてみたところで、程度の差こそあっても同じ傾向を読みとることができよう。

B、C図の参院選挙でも自民党は、参議院の〝政党化〟が完成した昭和三四年ごろから確かな足どりで低落傾向をたどってきたことがわかる。四六年選挙では、全国区四四・四％、地方区四三・九％と、衆議院以上に急ぎ足の低落を示しているのである。

二つの落ち込み

さて、A図を凝視すると、自民党は、単なるなだらかな低落傾向ではなく、滝のような二つの顕著な落ち込みを記していることがわかるであろう。すなわち、昭和三三年選挙の五・四％と、四二年の五・九％がそれである。

昭和三三年選挙は、第一段階の終幕後の最初の総選挙であった。保守二党から保守一党へ、人気の鳩山から不人気の岸へと、いくつかの特殊事情があったにせよ、戦後復興をほぼ達成した自民党が、第二段階の明快な構図を提示できず、いたずらに野党ペースの抽象的な政治論——それは第一段階の余韻に他ならない——で戦った結果である。すなわち、成長の時代への移行が、未だに政治から感知されていなかったのである。

歴史は、時計のように時報を鳴らすことはない。それは無言のうちに大きく旋回する。歴史のまわり方は、ちょうど地球がまわるときのようにわれわれの五感に触れることがない。時代の大きな営みの渦中にあるわれわれは、小きざみな波濤（はとう）を知ることができても、その総体のうねりをしばしば感知できない。第一段階の激烈な戦いはその後長く人々の心を制約し、フィナーレは昭和三五年まで持ちこされることになる。そして、硬直した不幸な人々にあっては、今もってイデオロギーの亡霊がつきまとい時代解釈を誤らせているのである。

さて、昭和四二年選挙の落ち込みは、第二段階の終わりを意味するものである。この選挙は、いわゆる〝黒い霧解散〟と呼ばれた。経済に実権を委ね、漫然と閑居していた政治が、思わずその腐敗した本体をかいま見せたものであった。

第一次佐藤内閣（昭和39年11月）。
すでに底流では、時代が大きく旋回しつつあった。

昭和三九年は、内外ともに激しく動いた年であった。ドゴールのフランスが中国承認に踏み切り、イギリスではウィルソンの労働党が久方ぶりに政権を執り、ソ連ではフルシチョフが追われて集団指導体制がそれにとって代った。アメリカではジョンソンが大統領に当選し中国の初の核実験が世界を震撼させた。この年、IMF八条国への移行とOECD加盟を果した池田首相は、秋の東京オリンピックを花道として一一月九日、病気入院中辞職し、後任に、佐藤栄作氏を指名した。

池田内閣の末期には、すでに成長のひずみが顕在化していた。昭和三八年四月、経済審議会は、所得倍増計画の中間検討をまとめていた。強気の池田首相も、このころにはあまりに走りすぎた経済を反省して、週刊紙上で次のように語っている。

「経済というものはむずかしいもので、国民の心理が微妙に反映する。必ずしもこっちの思うようにはひびかない。自分は所得倍増ということを看板にした。これは〝国づくり、人づくり〟のもとだ。その信念はいまでも変っていない。その線にそって七・二％の経済成長を当面九％ぐらいにもっていこうとした。ところが三六年では、経済のワクは名目で二〇％も大きくなった。国民がうけとりすぎてくれた結果がこうなったといえる」

池田氏に代った佐藤首相は、就任直後の臨時国会（昭和三九年一一月二一日）における所信表明で、「国民の一人ひとりが新しい内閣に何を求めているか、時代が要求するものは何かを正しく把握し、それを愛情と理解をもって実践に移していくことこそ政府の課題であり、政治の根幹である」と語った。彼は、高度成長から安定成長へ、経済開発から〝社会開発〟へと看板を塗りかえ、「人間尊重の政治の実現」を力説するのであった。すでに〝調整の時代〟への移行は、政治家にも国民にもはっきりと意識されていたことがわかる。

しかし、佐藤内閣は、看板を改めただけで、依然として高度成長政策を続行した。昭和四二年選挙は、そんな政府に対して、国民が時代転換を強く要求した結果だと見ることができよう。

こうして、成長の時代は、何らの基本的な転換を経ることなく現在まで引き延ばされてきた。人々の不満は、自民党の長期低落傾向の中に明白に刻印されてきているといえよう。

それでは自民党は、何ゆえに老化し、何ゆえに無力化したのであろうか。そして何ゆえに調整の役割を果すことができないのであろうか。

第2章

自民党の構造と体質

政治の混迷は一に自民党のよこしまな構造と体質に由来している。不毛な政策の競演や政局の流動は、限定された枠内における一面的な現象にすぎない。

演説する田中首相。

1　二〇年代の遺跡

構造的凋落

図13は、第二段階すなわち成長の時代以後の自民党の退潮傾向を、より具体的に図示したものである。まず、議席定数に占める自民党議席の割合を、〝議席占拠率〟と呼ぶならば、議席占拠率と得票率は合致しないばかりか、ますますその乖離（かいり）を広げていく傾向にあることがわかる。昭和三〇年の時点では、ほぼ合致していたa（議席占拠率）とb（得票率）が、選挙を経るたびに次第に離れてきたのである。そして、四二年選挙では、ついに、得票率が五割を割っているにもかかわらず、議席は過半数を占めるという異常事態を生んだのである。

この議席占拠率と得票率の隔り、すなわちaとbが囲む濃いグレーの部分は、第一次産業就業者（農林漁業）を偏重した議員定数の不均衡を如実（にょじつ）にもの語っている。そしてその拡大傾向は、選挙制度の欠陥が補正されることなくますます拡大しつつあることをも示しているのである。もちろん、制度が公正なものであっても、aとbが完全に合致するものではない。候補者の立て方などの技術上の巧拙や、中選挙区制の性格などが微妙に影響して、aとbは常に合致することはないのである。

しかし、その乖離が著しいことと、きまってaがbを上まわること、そして、その傾向が明らかに拡大していることを見れば、制度の欠陥は明白である。自民党は、疑いなく、この欠陥に助けられて過半数を維持しているのである。すでに、三万票台の当選者と一四万票台の落選者が出現するに及んで、この欠陥は世論から厳しく批判されるに至っている。都市の一票と農村の一票の価値があまりに異なることは、ある種の制限選挙であって、それは参政権の平等性をそこなうものであるとする民主主義の本質論までささやかれているのである。小選挙区制が、積極的、作為的ゲリマンダーであるとしたら、現行選挙法の据置きは、そのまま消極的な、いわば不作為のゲリマンダーを意味している。

さて、有権者総数（すなわち、棄権者も含めたもの）の中に占める自民党への投票者の割合を、積極支持率と名づけるならば、それは図のcのような推移を示している。この積極支持率も、a、bと平行して減少し、昭和四七年選挙では三三・六%と、ついに三分の一に低落してしまったのである。自民党はすでに国民のわずかに三分の一が支持するにすぎない少数党に没落しているのである。そして、図を見ると退潮は止めがたい傾向となっており、天変地異がないかぎり、あと二回の選挙で、ついに議席占拠率においても五〇%の地平線下に沈みこむことは避けられないのである。

図のd線は、労働人口総数に占める第一次産業就業者の構成比を示すものである。周知のように、成長の時代は、農村から都市への急激な労働移動が行なわれた時代であった。自民党は高度成長を推進することによって、自らの政治基盤を侵食するという皮肉な運命をうらんだのであった。いわば、自民党は、身を切り

図13　30年代の自民党の退潮

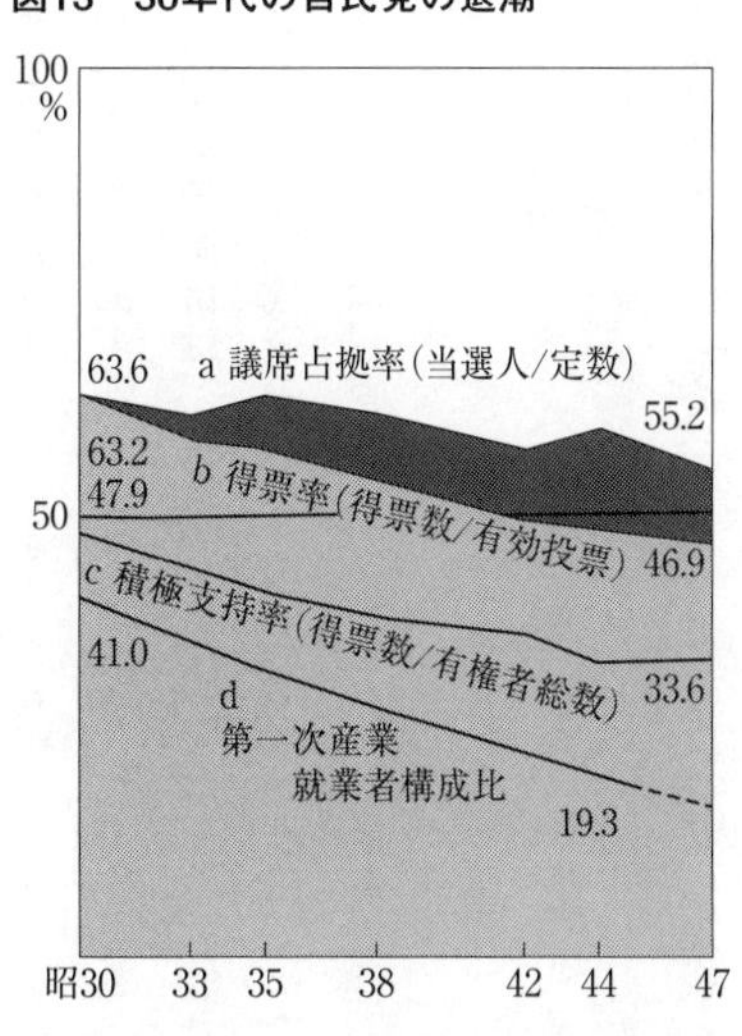

ながら生き長らえたのである。d線は、a、b、cと明らかな相関関係を示している。自民党が、〃農村党〃といわれ都市勤労者から排撃されてきたことはこのような事情を背景としているのである。

自民党の凋落（ちょうらく）は、現象的なものではなく、優れて構造的なものである。長期政権への飽（あ）きとか日常活動の不足、宣伝技術の拙劣さなどの軽い理由ではなく、もちろん、三角大福という総裁候補の優劣の問題でもない。それは、戦後史の流れ、社会構造、社会意識の変化と底流で固く結合されている。

復興の旗手

自民党――そこに統合された諸政党――は、戦後復興の使命を負って登場した。それは、復興のために生まれ、復興のために生き、そして復興の達成とともに失格したのである。

昭和二〇年一一月九日、鳩山一郎氏を総裁として結成された日本自由党は、戦後保守政党の主流として今日の自民党の基礎となった。この自由党は、結党の日、つぎのような五項目の綱領を採択したのである。

◇日本自由党綱領

(1) 自主的にポツダム宣言を実践し、軍国主義的要素を根絶し世界の通義に則って新日本の建設を期す

(2) 国体を護持し、民主的責任政治体制を確立し、学問、芸術、教育、信教を自由にして、思想、言論、行動の暢達を期す

(3) 財政を強固にし、自由なる経済活動を促進し、農工商各産業を再建して国民経済の充実を期す

(4) 政治道徳、社会道徳を昂揚し、国民生活の明朗を期す

(5) 人権を尊重し、婦人の地位を向上し、盛んに社会政策を行い、生活の安定幸福を期す

鳩山総裁は、この日本自由党を〝救国政党〟と自称した。折から日ごとに高まる「憲法より食糧を」という現実的な要求に乗って、この新党はいち早く名乗りをあげたのであった。綱領の内容は、昭和三〇年の自民党綱領と比較するとすこぶる明快で具体的であることに驚く。混沌は珍奇や変則を無意識のうちに拒絶するのであろう。終戦からわずかに三ヶ月、人々は途方もない混迷のさ中で、虚偽や虚飾、観念や抽象をいっさい取り払った現実的な責任勢力の出現をまず待望したのであった。

確かに日本自由党の姿勢も体質も、新しい国家を背負うにはあらゆる点で不充分なものであった。特に、「国体を護持し」という一節は当時激しい論議を巻き起こすことになった。しかし鳩山一郎、河野一郎、三木武吉ら、この党の結成を手がけた旧政友会系の人々は、いわば伝統的な政党政治家の意地として、反軍人、反官僚の姿勢をむき出しにし、復興への使命感もまたゆるぎないものであった。人々は、何をするかわからない人、何をするかわからない党より、不充分ではあっても危険の少ない政治勢力に信頼を寄せるのである。昭和二一年四月、戦後最初の総選挙は、競争率六倍（四七年は一・八倍）、候補者二七七〇人が乱立して争うけたたましい選挙であった。諸派が五七〇人、無所属は何と七七三人の多きを数え、これだけで候補者の半数に及ぼうとするものであった。ほとんどが全県一区の大選挙区制をとり、東京（二区制）では、定員二二人に対して二五三人もの候補者がくり出し、有権者を戸惑わせたのである。この玉石混交選挙で、自由党は、その素姓の確かさによって一四〇議席を占め第一党の地位を獲ち得ることになった。

しかし、鳩山総裁は、いよいよ組閣に乗り出そうとするその日、占領軍によって劇的に政界を追われる。鳩山総裁ばかりでなく、河野一郎（幹事長）、三木武吉などの最高首脳が一挙に追放された自由党は、たちまち解体の危機にひんしてしまう。めまぐるしい政局の変転を経て、総裁を引き受けたのが吉田茂であった。尊大さの中に稚気を横溢させ、急進的な自由主義者であるとともに熱烈な愛国者でもあった彼は、こうして思いがけず時代のひのき舞台に押し出され、以後数年にわたって、戦後復興の最高指揮者としての役割を果すことになったのである。

日本自由党は結党当時、未だ政友会の再建の印象が濃厚であった。鳩山総裁らは、民政党系の人々や学者、文化人に入党を積極的に働きかけることによってこの政友会色をうすめようと努力を続けたが、その色彩はぬぐい難いものであった。しかし突然の公職追放は、自由党を一気に政友会から脱皮させたのである。

鳩山一郎氏

吉田茂氏

こうして、吉田首相が引き受けた自由党は、名実ともに戦後の新党として出直すことになった。政友会という正統から、しかと認知を受け、しかも彼らが退場し去った自由党は、この鮮烈な個性の仕事場として、おあつらえのものであった。

吉田茂は後年、鳩山から口説かれたいきさつについて次のように回想している。(『回想十年』)

「私はそのとき三つの条件を出した。金はないし、金作りもしないこと、閣僚の選定には口出しをしないこと、それから嫌になったら何時でも投げ出すことの三点であった。鳩山君はそれで結構という。そこでとうとう引受けることとなった」

金は出せ、口は出すなと理不尽な要求を突きつけ、その上、投げ出す自由まで憶面もなく手中にするところなぞ、あの不遜な吉田茂の面目躍如たるものであるが、彼は、この三条件によって、党に対する完全な指導権を確立してしまったのである。こうして、彼は何らの遠慮もなく自由党を思いのままに指導することになった。戦後復興の大いなる目標に向って、党体制を着々と整備していったのである。

彼は、おのれの使命――それは同時に自由党の使命でもあった――を、経済復興と戦後処理外交に頑固に据え置き、一心不乱にこの一本道をひた走った。学者を入閣させ、無議席の官僚を抜擢し、数回の選挙を断行して彼は、自由党を復興のたくましい旗手として築き上げていった。鳩山が追放解除されて政界復帰するまでは、すべてが吉田派といわれるほど強固な党内支配を誇ったのである。このいわゆる〝吉田学校〟の系譜は、今もって〝保守本流〟として自民党の中で正統の座を占めている。特に吉田政権の臨終につきそった一三人は、吉田一三人衆として池田、佐藤両内閣を支えた。田中角栄、林譲治、益谷秀次、池田勇人、佐藤栄作、大橋武夫、小金義照、福永健司、小坂善太郎、保利茂、愛知揆一、橋本竜伍、周東英雄がそれである。彼らは、吉田とともに戦後保守勢力の基礎をつくり、そしてそれを支えてきたのである。

このように、戦後保守党は、戦後復興という明確な目標を持って結成され、戦後政治家は復興の使命を持って登場し、さらにその支持者たちは、復興への願いを託して彼らのもとに参集したのであった。この時代には、政治と人々の間にはそれなりの信頼関係が成立していた。それは政治的試練に当面するたびに厳しく確認される緊張した関係であった。人々の期待に応えることのできない無能な政治家は、容赦なく引きずり降され、新たな人がそれにとってかわった。

この厳しい自然淘汰をみごとに乗りきった人々は、確かに卓抜した力量を持ち、それにふさわしい業績を残した。しかし彼らは、成長の時代に入るや、役割を失なって次第に無力化の道を歩む。復興の時代の業績に安住し、そのとき築き上げた強固な政治基盤の上で、いたずらに惰眠をむさぼるようになったのである。成長の時代が終わり、再び政治の出番がめぐってきたとき、彼らは回復しがたいまでに老化し、無力化していたのであった。

自民党は、昭和二〇年代の遺跡である。それは感謝する対象であっても期待する対象ではなく、郷愁を誘っても希望を与えはしない。政治姿勢も、人間関係のあり方も、そしてそれを支える世代も、すべてが、戦後復興という一時（いっとき）の事業のためにあつらえたものであった。

自民党が〝二〇年代の遺跡〟であるということは、現在のこの党の構造や体質のすべてを決定している。何らの基本的な変更を加えず遺跡に安住してきたことが、長期低落の何よりの原因であり、怪奇な体質の母体となったのである。それは、つぎのようないくつかの事実によって明白に立証されよう。

2 老化

議会の老化

図14は、戦後の衆議院選挙における当選人の平均年齢（a）と、自民党当選人だけの平均年齢（b）の推移を図示したものである。

aをみると、昭和二〇年代における議員の平均年齢は、現在と比べて著しく若く、しかもそれが選挙のたびに上下していたことがわかる。二二年および二四年の総選挙では、平均年齢四八歳という夢のように若い議会が現実に存在したのである。二七年選挙で一挙に五歳もはね上ったのは、戦前政治家が追放解除

図14 議会の老化 衆議院議員当選人の平均年齢の推移

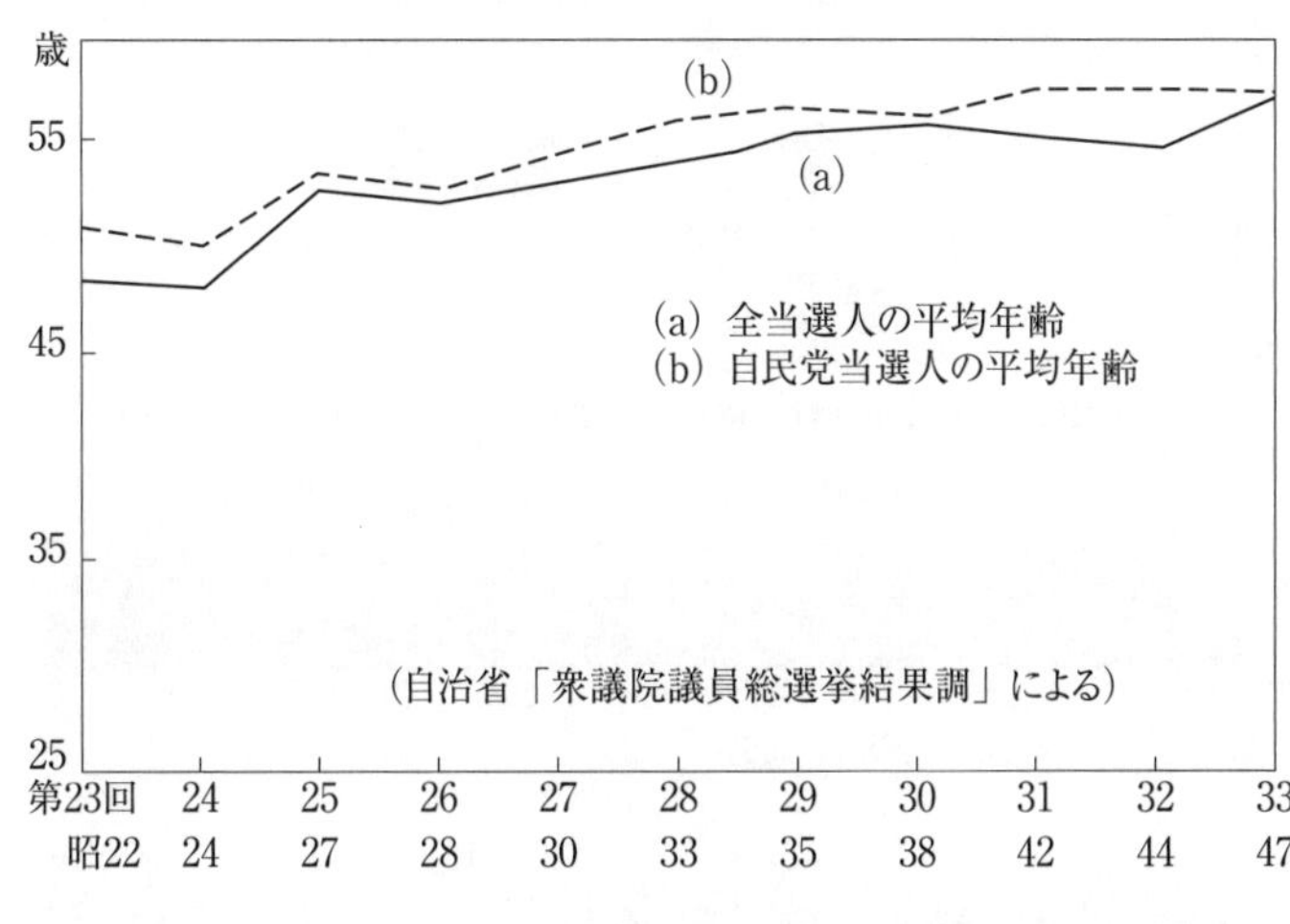

され、各地から一斉(いっせい)に再登場したからであった。

さて、若く流動的な議会も、昭和三〇年代に入るや次第に老化し固定化するようになった。図は、多少の変動にもかかわらず、議会が全体として老化傾向をたどってきたことを明らかに示している。本来ならば、より急激に、より明白に老化したはずの議会が、今まで老醜を隠しおおせたのは、いくつかの特殊な要因に助けられたからである。それはまず、公明党、共産党から若手議員が輩出したこと、自民党から二世議員が多量に出現したことなどであった。野党は、若い世代の不満、新しい時代の要求を多党化によって補充し、自民党は、二世議員によって巧みに若返りを偽装したのである。そして、新陳代謝の機能を持たない民社党や社会党は、きまじめに老化の道をひた走り不幸な凋落を招いたのであった。

bは、自民党議員が常に相対的に老齢であることと、ほぼ議会と同じ歩調で老化してきたことを示している。二世議員は、通例、公明、共産などのように四〇歳代ではなく、二〇代、三〇代が多く、そのため平均年齢の低下に寄与す

図15　老齢議員の増加　衆議院当選人の年齢構成の推移

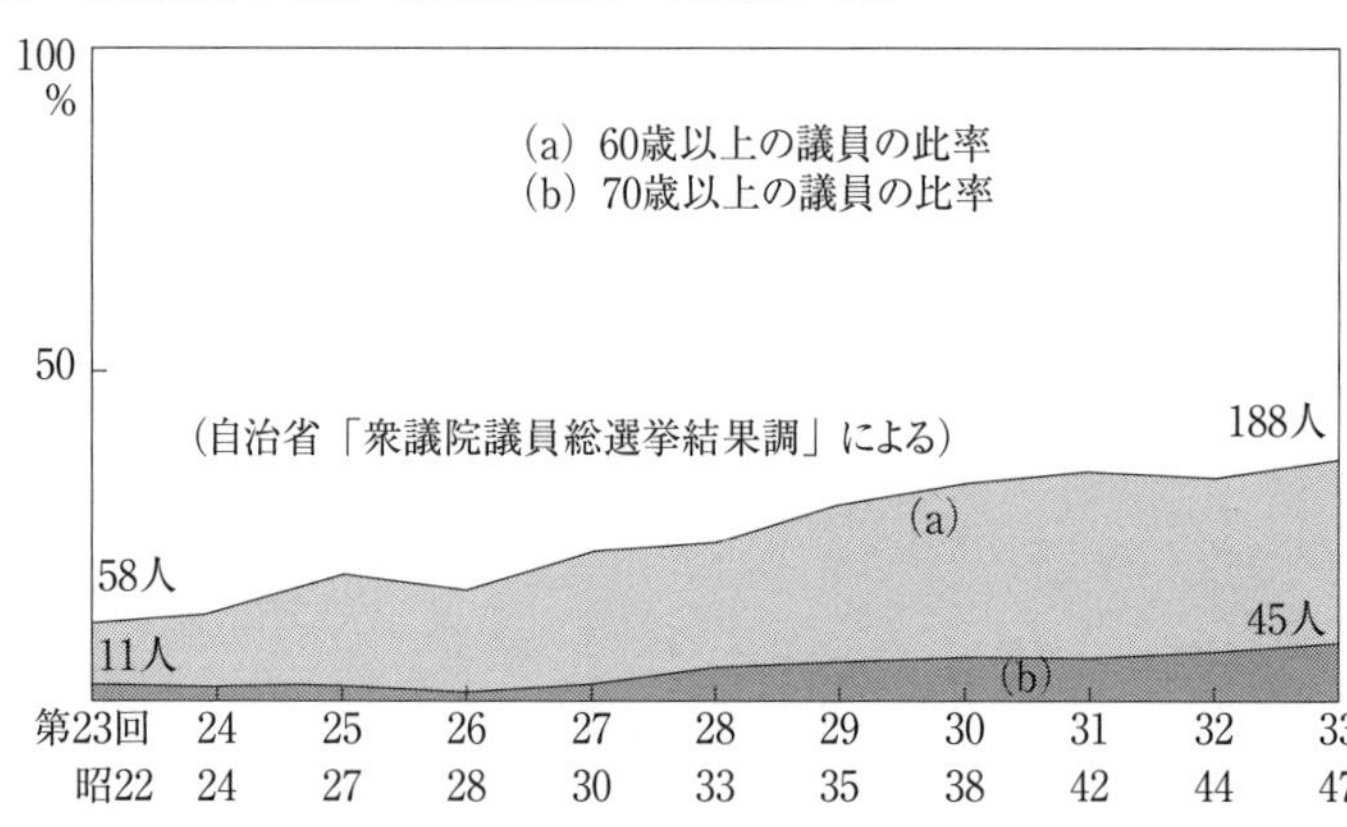

る割合が著しく高いのである。三八年選挙以降は特に二世の当選が目立ち、自民党の年齢的な老化をくい止める決め手となっている。

さて図15は、衆議院における老齢議員の増加を示したものである。

これをみると、老齢議員が少なく、しかも一定の傾向を持たなかった昭和二〇年代と比較して、成長の時代には、老齢議員が年ごとに増加し、それが一貫した傾向となっていることがわかる。特に七〇歳代の議員は、あまりにも明快な増加傾向を示していることに驚かされる。四七年当時九・二%を占めていた数字は今では軽々と一〇%を突破しているのである。彼らは、そのほとんどが自己の判断によって引退するのではなく、死去という天の判断によって引退するのである。

老齢議員の大半は自民党議員である。自民党は、あまりに老齢な人と、あまりに若い人によって構成され、その中間が少ないという奇妙な年齢構成となってしまっている。昭和四七年当時三六人であった七〇代議員も、今年はついに五〇人に達し、一九%という高率を占めるに至っている。自民党議員の五人に一人が、七〇代議員となるのである。

土佐のかつお船には必らず一人の老人が同乗するのがならわしであったという。頑健な体力、英知、冒険精神は、常に青年を未踏への挑戦にかりたて、それが人類に限りない恵沢と感動をもたらしてきたが、また反面それはあまたの惨劇をも招いてきたのであった。かつお船が太平洋の荒波に乗るとき、それを柔和に見守る白髪の老人は、どんなにか青年たちに頼もしく映じたことであろう。老人の経験は無言のうちに、青年の未熟さを補い、慎重と冷静さが、性急で無謀に走りがちな青年の行動を制御したのであった。また、火花を散らす青年の抗争を鎮め、船上に〝和〟をつくり出すのも老人の重要な役割であった。こうして漁民は、航海の安全と豊漁という二つの福利を確保してきたのである。

また、寒梅は老木ほど芳香を発するという。参議院の七〇代自民党議員は、これにあやかって「寒梅会」という議員サロンをつくった。確かにどんな世界においても老人はかけがえのない役割を果してきた。生涯を仕上げつつある自信とつつましさが、しばしば思いがけない芳香と美彩をにじみ出すのである。

しかしわれわれは、かつお船が老人で満載されているのを見すごしているのである。後見ではなく、かじ取りをまかせているのである。そしてわれわれは、あるか無いかもわからない一本の寒梅のために枯れ尽きた雑木林を放置している。

内閣の老化

議会の老化とともに、内閣もまた緩やかに老化の傾向をたどってきた。芦田内閣に続く第二次吉田内閣は、いわば吉田体制を確立するものであったが、閣僚の平均年齢は、わずかに五五歳であった。このとき

図16　閣僚の老齢化　戦後歴代内閣における閣僚平均年齢の推移

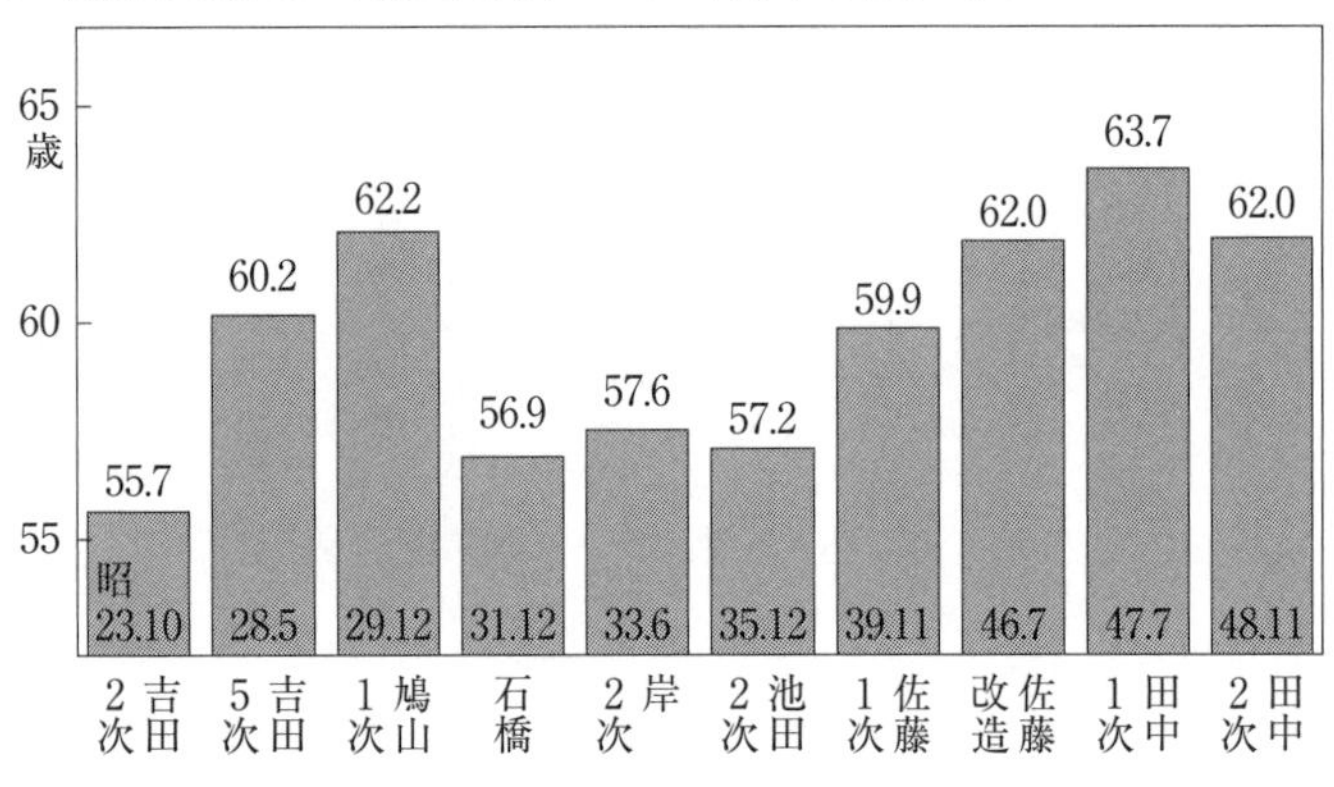

吉田首相がすでに七一歳の高齢であったことを思えば、いかに若い内閣であったたかがわかろう。四八歳の佐藤栄作が無議席のまま官房長官に抜擢されたのもこの内閣であった。

さて図16は、戦後の内閣の閣僚平均年齢の推移を示したものである。二〇〜三〇回ほどくり返された改造劇の中で、その内閣の特性が表れたものを選び出したものであるが、省略したものもほぼ同様の傾向を示している。

これをみると、やはり石橋、岸内閣以来、内閣が次第に老齢化してきたことが読み取れるであろう。鳩山内閣が比較的に老齢なのは、吉田体制を倒した戦前の政党政治家の登用が目立ったからである。

世代交代を期待されて登場した田中内閣は、首相が五四歳と驚くほど若いにもかかわらず、平均年齢は六三歳と戦後最高齢内閣であった。これは党内操縦を円滑にするための棚上げ策であるとともに反面自民党における若手人材の貧困さをもの語っている。若手議員の現状をみるならば、老いたりとはいえ、かつて責任ある役割を果してきた古参議員の方が、より信頼できることを認めないわけにはいかない。

このように、老齢化現象は目にあまるものがあるが、問題なのは高齢議員が単に多いということではない。議員を支える政治基盤が老朽化していることが問題なのである。吉田茂、鳩山一郎、重光葵、石橋湛山など戦後史を彩どった保守党の指導者たちはいずれも七〇歳を越えて政治の頂点に立ったが、彼らは常に青年のような情熱で時代と対話した。自己の立脚する政治基盤を絶えず破壊しそして建設して時代の要請に応えようとする姿勢があった。彼らは、一瞬として張りつめた精神から解放されることがなかったが、その責任に対する真摯な応援によって人々からの強い信頼を獲ち得ていた。そして彼らのまわりには若く熱い才能が幾重にも取り巻いてその責任の重圧を支えたのであった。

自民党の老齢化とは実は、基盤、構造、秩序の老齢化であり、また風土の老齢化、人間関係や価値観の老齢化に他ならない。政治家の老齢化は、そのような背景の老齢化の一つの結果なのである。それは復興の時代が風化した姿といえよう。

3　擬似新人の群

相続型と出世型

現在、戦後生まれはすでに総人口の半数に達しようとしている。終戦の年に生まれた人々があと一年で三〇歳になるのである。また二〇歳以上の成人、すなわち有権者総数の中で、昭和一〇年以降に生まれたいわゆる〝昭和二ケタ〟世代は過半数を占めようとしているのである。これは極論すれば、二ケタ生まれが団結すればそれだけで政権を掌握できるということを意味している。

図17　昭和生まれ議員の登場ルート

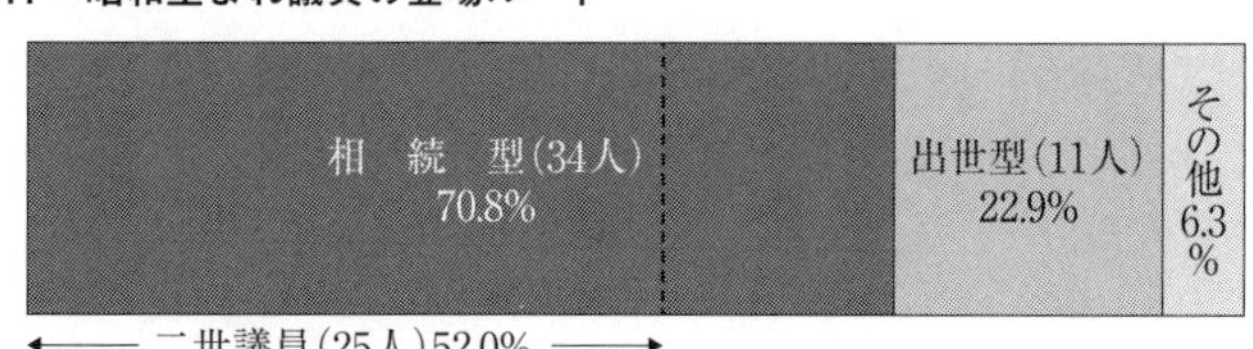

しかし、このような人口構成の著しい変貌にもかかわらず自民党議員二八七人中で、昭和生まれの議員はわずかに四八人にすぎない。そしてそれは、一六・六%と二割にも満たないのである。さらに問題なのは、この四八人のほとんどが新しい時代の旗手ではなく、古い時代、すなわち復興の時代に本籍を持つ、その忠実な継承者でしかないのである。彼らは、亜型（あけい）の新人であり、擬似（ぎじ）新人である。そして擬似新人の横行もまた自民党の末期現象のきわ立った一面なのである。

図17は、自民党の昭和生まれ議員を登場類型別に分けて図示したものである。これを見ると、何らかの形で地盤を継承した〝相続型〟が三四人と圧倒的な勢力を誇っていることがわかる。また相続型の中で、真性相続型ともいうべきいわゆる二世議員は二五人を数え、昭和生まれ議員の過半数を制している。

一方、県議などの地方議員を経て登場した、いわば〝出世型〟議員は一一人で、全体の二二・九%を占め、相続型とともに若手新人の二つの登場ルートを形成している。その他は、石原慎太郎氏などのようにそれぞれが特殊な個人的背景を持って登場した人たちである。新旧いずれに属するかは詳論を要しない。

相続型は、議員年齢が若い層ほど多くなっている。特に二世議員は、親の死去によって登場するためすこぶる若く、二〇代、三〇代がほとんどである。昭和四七年選挙で二五歳という最年少で当選しその背景について物議をかもした上田茂行氏を唯一の例外として、二〇代から三〇代はじめの議員は、これすべて二世議員なのでである。

二世議員の限界

相続型議員の輩出は、自民党に年齢的な若返りをもたらし、新しい時代の開幕を思わせるが、実は彼らは、心ならずも政治の老化を巧みに覆い隠す役割を果している。

一世議員は、終戦の混沌の中から、復興に対する並々ならない情熱と使命感に衝き動かされて立ち上り人々の共感と信頼を獲ち得、そしてその後の業績の蓄積とともに、不動の政治基盤を築き上げてきたのである。彼らはそれ故に、自己の政治基盤の改造や解体について強力な主体性を持っている。

しかし二世は、相続する政治基盤の維持のために推挙されるがため、自己の政治基盤に対する主体性を持たないのである。すなわち、一世は後援会をつくったが、二世は後援会につくられるのであり、一世は新しい時代を産んだが、二世は古い時代から産れるのである。そして、このような構造的な制約や歴史的な制約が、二世議員の発想や行動様式に不可避な限界を与えてしまうのである。それは、彼らが個人としていかに見識と力量を持つ有為な人格であっても避けることのできない制約となっている。

彼らは戦後体制の維持者である。それは次のような特徴的な傾向によって論証されよう。

まず第一に、彼らは政治生活の基軸を、政治基盤の維持に置く。政治的能力によってではなく、政治基盤の維持能力によって認められている彼らにとっては、基盤の解体を防止することこそ一義的な役割なのである。そして、この役割は、当選を重ね議員として存在さえすれば果すことができるのである。そして最も問題なのは、彼らが時代の要請に応じて何らかの積極的な役割を果そうとすれば、この安定した政治

初登院する自派の二世議員たちを温かく見守る福田赳夫氏（昭和47年12月）。

基盤は、またたく間に解体の危機に見舞われてしまうことである。すなわち彼らは、維持者としての使命を忠実に果すために、何かしているふりをしながら、「何もしない」ことを厳しく要求されるのである。彼らには、存在は許されても、行動は許されていない。

さて、政治における行動とは何か。それは、単に話しまくることでも動きまわることでもない。行動とは、必らず立場の変更を伴なうものである。きのうの立場が、今日の行動によって崩れ、明日の新しい立場をつくるのである。そして「立場」とは、自己の立脚する基盤に他ならない。それは具体的には、組織や人間関係である。既成の組織や人間関係との深刻な摩擦や抗争を伴なわない「和気あいあいとした行動」などはあり得ないのである。もしあるとしたら、それは犬が寝たり起きたりすることと同様の、〃物理的行動〃なのである。

したがって行動は、無言のうちになされることもあり、文章によってなされることもあり、あるいは動かないことによってなされることさえあるであろう。刑法の不作為犯は、その典型的な例である。火事を起こして消火しても立場は変らないが、黙って見ていれば立場は変る。今まで彼を信頼していた人は離反し、もの好きな人が新たに集まるかも知れない。

二世議員の行動は、今のところ物理的な行動の域を一歩も出てはいない。彼らは、選挙区や役所や国会の廊下を足しげく動きまわるが、それは本質的に、新聞配達と同質の行動である。彼らに行動がないのは、彼らが、既成の組織や人間関係の維持者であり、戦後体制の継承者だからである。すなわち、彼らの使命は、立場を変更しないところにこそ存在するからである。

第二に、彼らは戦後政治の従順な継承者である故に、戦後的な価値の体現者でもある。彼らは、戦後の平和主義、民主主義を金科玉条とする。戦後に築き上げたすべてのものを熱愛し、戦前に復しようとするあらゆる反動的な試みに対しては、身をもって抵抗するであろう。なぜなら、戦後体制こそ、彼らが相続した親の遺産であり、彼らのすべてであるからである。したがって、彼らの持っている反軍国主義、反全体主義の性格は、充分信頼できるものといえよう。

さて彼らは、このような特徴的な性格の他に、前述した〝未来志向性〟を持ち、それが彼らの政策発想の基調となっている。

二世議員の属性はまた、その限界でもある。彼らは、この性格を脱け出すことができないために、政治家として失格してしまう。

二世議員の背景

二世が、このように決定的な限界を持つにもかかわらず、今のところ二世批判は不自然なほど表面化していない。それどころか、彼らは最もまぶしいものとして存在している。そして今や自民党だけではなく民社党や社会党に至るまで二世依存の風潮が高まってきているのである。

復興の時代に登場した〝一世〟たちは、その多くが未だに存命である。彼らは、三〇年に及ぶ長い閲歴を背景に、自民党内の枢要な地位を占拠している。この存命の一世たちと二世議員との関係は、いわば〝おじとおい〟の関係である。一世たちからみれば、二世の若手議員は、友の子であり、兄弟の子なのである。うら若い二世のうしろには、かつて政治的な苦楽を共にした亡き友が、切々とわが子の将来を哀願する姿がちらついている。それに、いずれは一世たちも、その地盤をわが子にゆずらなければならない。そのとき、わが子がこころよく迎え入れられることを願うのは、正直な親の情愛でもあろう。そして何よりも、二世たちは、彼らの思想と事業の忠実な継承者ではないか。

一世たちは〝新しい一世〟を好まない。新しい一世――それは不幸にして未だに登場していないのだが――は、古い時代を乗り越えようとするがため、〝古い一世〟と避けがたい抗争を招くのである。

政界における一世と二世の関係は、図18の(イ)図のようになっている。A、B、Cは、復興の時代を共にした一世であり、A'、B'、C'はその子供、すなわち二世である。A'は、Aの死去によってすでに登場し、B'は、Bが未だに現役であるため待機している二世予備軍である。Cは、娘しかいないため高級官僚を婿に迎え、Dは、子供がいないため、その後継者に頭をいためている。前回の総選挙では、東京のある選挙区で、七〇歳を過ぎても引退しない親と、それにしびれをきらした息子の争いが表面化して話題になった。

図18（イ）一世と二世

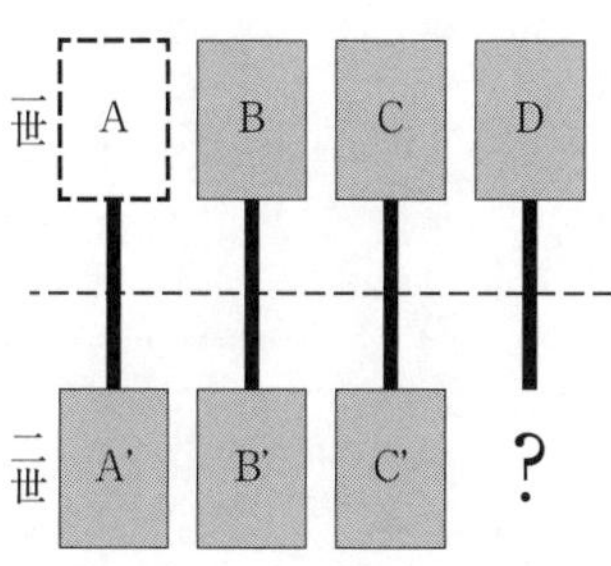

（ロ）二世候補と一世支持者（地盤）との関係

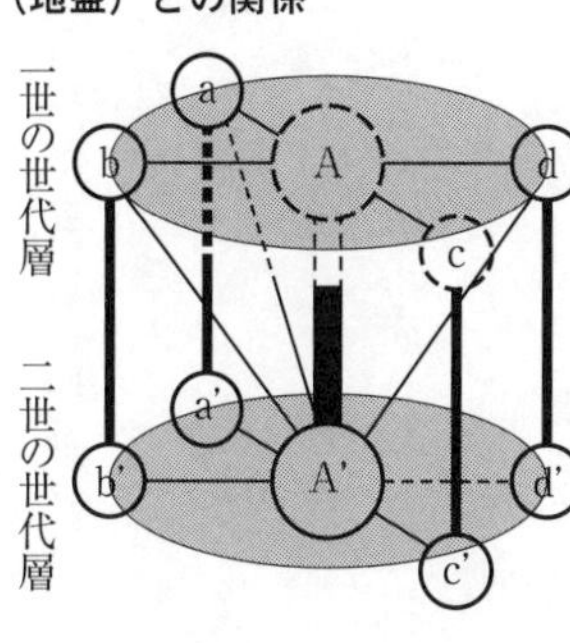

一時は、親子が共に立候補して結着をつける雲行きにもあった。息子の論拠は、〝新旧交代〟にあったが、そこには、この時代の途方もないまちがいが集約されているかのようであった。

(ロ)図は、選挙区における二世候補（A）と、その支持者たち（a、b、c…）との関係を示すものである。

a、b、cは、復興の時代に一世（A）と運命を共にした支持者であり、a'、b'、c'はその子供たちである。aやbは親子そろってA'を推し、c'は亡き親の義理でそれに同調する。そしてdは、その子d'が二世を推さないので肩身のせまい想いをするのである。このように一世から二世への交代は、政治基盤の中まで世代交代を引き起こすのである。しかも、それは、きわめて功利的で、閉鎖的な交代である。

二世たちは、口を開けば、「親より得票した」ことを強調する。しかし、図でみるように、彼らは、構造的に一世の得票を容易にしのぐのである。しかも、二世の選挙は、最も清潔で、最も上品で、なかんずく最も安価な選挙が可能である。悪らつなことは、すべて一世の登場過程で完了しているので、二世はほとんど手を汚す必要がない。彼らは、親のマイナス面は相続せず、そのプラス面だけを相続するのである。

問題なのは、二世議員が存在していることではなく、それが大勢を占めていることである。例外ではなく一般になり、傍流ではなく主流になっていることが問題なのである。すでに昭和生まれの七〇％を占め、ますますその割合を増している相続型議員は、若く、しかも新しく見える故に、ともすれば新しい時代のための最大の障害になるかも知れない。

見せる男たち

昭和生まれ議員の第二の道は地方議員からの道である。いわゆる〝立身出世主義〟を哲学にして、出世街道をまっしぐらに駆けぬけてきた出世型議員である。

彼らは最短時間で地方議員の階段を駆けのぼり、若くして国会議員として登場した。それ故に彼らは、同じように地方議員を経た〝長老議員〟とは、はっきり趣きを異にする。長老議員は、長年にわたって地域のために尽力し、地方議員として当選歴を重ね、議長団を構成し、いわば地方政治で栄達の頂点まで昇りつめた人たちである。彼らにとって、地方政治は国政への一段階ではなく、むしろ生涯の仕事場と意識されてきた。彼らはいわば、花道として国会に送られるのである。

しかし、三〇代から国会に乗りこんだ出世型議員は、初めから地方政治を一里塚として意識する。彼らは、心に決めた生涯日程を胸に秘め、いかなる間隙ものがさず、まるで獣のように前進の機会をねらっている。彼らは、「二〇代で県議、三〇代で代議士、四〇代で大臣、五〇代で首相」と公然と予告し、この野望の実現のために精力的に動きまわるのである。

幼い頃から黒塗りの車に憧れ、演説会をのぞき、英雄伝説に熱狂する。大学では雄弁会に入って、政治家の振舞に関心を集中し、同級会や親戚の集まりには必らず出席して、とっておきの隠し芸で喝采を浴びる。そして、二〇歳ともなれば、すでに中年の風格を身につけ、葬式の一つや二つは、いとも手馴れた物腰でいなしてしまうのである。

彼らは野心家である。そして野心家は勤勉である。彼らは、おのれの出世のためには、いかなる労苦もものともせず、いかなる異常さにも、こっけいさにも耐えることができる。いやがる少女の手を引っ張り出して握手を強要し、驚くほど大きく、数えきれない肩書を並べた名刺をビラのように配布する。どんなにしらけきった会場でも、彼だけは断じてしらけることはない。頭を下げ、笑(え)みをふりまいて何度でも自分の名前を口にするのである。

たくましい体軀、強靱な野心で彼らは出世の階段をよじのぼる。

「男であること」が彼らの美意識の原点であり生きがいである。「男になる」ために「バカになる」ことが彼らの信条であり生活である。しかし、なかなか男になれないと、彼らは次第に男になる努力を省略して、「男にみせる」努力で間に合わせてしまう。だから彼らは、あらゆる時、あらゆる場所で男を押し売りする。笑顔ですむときに、びっくりするほど大笑し、無縁な人の死にもよよと号泣し、そして、ささいなことでも胸をたたいて男の決意を示すのである。実際彼らは、猫の子一匹世話するときにも、「大船に乗った気でいろ」と強調し、「男と男の約束だ」と神妙に構えるのである。そして、彼らは、どんなことがあっても、着せた恩は忘れない。不似合いな小さい字で、「猫の子一匹世話して七票」と克明にメモ帳に書きこむのである。「男にみせる」とは、ついには、「男にしてくれ」という姿勢に短絡する。彼らは、「この私を男にしてくれ」と遊説カーの上から嘆願するのである。おそらく、この言葉を英語に直訳したとしたら、欧米のいかなる知性も頭をかかえるほど難解であろう。

野心家の役割

「見せる男たち」の競演は、いわば代表民主制の宿命である。われわれが投票手続きによって権力を設営するという制度をとる以上、それは避けがたい付随物である。地引き網を張るときは、多少の雑魚を覚悟しなければならないのであろう。

野心家は普遍的である。彼らはこの時代の産物ではなく、歴史の共有物である。彼らの野心は、制度を問わず、時代を問わず、政治史の一隅をたくましく貫流している。彼らは、時代を開くような危険で割りの合わない役割は決して負わないが、そのかわり、まぎわの旧時代とも冷酷に絶縁する俊敏さを持っている。時代に乗り遅れないように、しかも、乗りまちがえないようについて行くときの彼らの状況判断力は絶妙の冴え（さ）を見せるのである。

歴史に偉大な転換をもたらした人格が、沈思にふけり行動に突き進むとき、その周辺には、ひややかな眼で事態を見やりながら不気味に徘徊する小肥りの野心家たちが遠まきにしている。彼らの存在は、政治を醜悪で愚劣で、うんざりするほど散文的なものにする。しかし彼らは反面、耽美主義や理想主義が、ともすれば陥りやすい悲劇的な暴走に対して格好の歯止めとなるのである。

また歴史は、野心家の合流によって雪崩現象を起こす。理想主義者とその少数の共鳴者たちの行動が、歴史の新しい主流となることをいち早く感知した野心家たちは、われ先にと彼のもとに馳せ参じる。そして彼らの後からきまり悪そうについて行くのが、既成のエリートたちである。したがって歴史の変動は、野心家の移動によって決定的になり、そして野心家の合流なしには歴史は断じて動こうとはしない。

戦後体制の揺籃期にも一群の野心家たちが輩出した。社会党の公認を得られないで自由党に身を投じた人、自由党の公認を得られないで社会党に走った人、理想主義者には信じられないような変節でも彼らにとっては日常茶飯事である。水と油であった自社両党が今では奇妙なほど溶け合っているのをみるにつけ、彼らの洞察のみごとさにはあらためて舌を巻く。彼らは実は綱引きに参加できれば、赤でも白でも一向にかまわないのであった。そして彼らは、ひとたび自己の立場が特定するやいなや、その立場の維持と強化のために、理想主義者以上に激烈に理想を掲げて敵に対決していくのである。

しかし、このように〝格式ある野心家〟を、出世型の若手議員の中から探し出すことはできない。おそらくそれは、三木武吉、大野伴睦、倉石忠雄、川島正次郎、保利茂などをもって最後とするだろう。彼らは、ともすればひ弱な戦後体制を、たくましく支える極太の筋骨であった。

出世型議員たちは、青嵐会でみるように、野心家としてもわれわれの鑑賞に耐えない。彼らは、偏見なく時代と対面するという野心家の最大の属性を持ち合わせていない。

さて、自民党の若手新人は、こうして相続型と出世型にはっきり二極化していることが明らかになった。彼らはいずれも、〝擬似新人〟なのである。自民党構造の致命的な欠陥は、それが擬似新人しか送り出し得ないところにある。それでは彼らを産み出す母体は、いかなるものであろうか。

4 腐蝕した旧人ピラミッド

旧人ピラミッド

自民党の地域における政治基盤は、図19のようにピラミッド状をなして全国、特に農村部にくまなくそびえ立っている。この林立するピラミッドは、すでに時代的役割を終えている故に〝旧人ピラミッド〟と呼ぶことができよう。旧人ピラミッドは復興の時代の遺跡なのである。

図で、Aは自民党衆議院議員であり、B（B_1～B_n）は県会議員を主力に市町村長や有力中小企業主である。また、C、すなわちC_1～C_nは、市町村会議員や部落長、有力商店主などのいわゆる小地域のボスである。そしてD_1～D_nが最底辺の一般支持者たちなのである。彼らは一団となって個人後援会という巨大な共同体を構成している。この旧人ピラミッドに棲息する人々は総計して、どんなに少な目にみても一千万人を下ることはないであろう。これこそ自民党の強固な土台なのである。

B_1～B_n、特に県会議員たちは、それぞれが自分のより小規模なピラミッドを持ち、Aをめぐって互いに厳しい競争関係にある。彼らは、ただAのためのみによってまとまり、それ以外では一般的に反目し合う関係にある。それは一面ではAをめぐる争奪戦であり、また一面ではAの後継者戦争の前哨戦でもある。こうして県会議員の不和は絶えずAを悩ますのである。

しかし実は、Aは、Bたちの不和によって、おのれの支配権をいっそう強固なものにしている。もしも彼らの仲が良ければ、おそらく団結してAに矢を向けるはずだからである。Aは、彼らの不和を放置することによって、一方で強力な調整力を手にしている。

また、C_1〜C_nも少数の手勢を率いてミニピラミッドを持っている。親類、近隣関係、あるいは日常的な世話関係などが、この小さなピラミッドを築く石である。彼らは、おおむねそれをBに献上するか、さもなければ直接、Aの秘書を通してAに直結する。このようにAに直結する底辺の人々は、いわば徳川幕府における御家人や旗本のような関係にあるといってよい。

旧人ピラミッドは、このように無数の単位ピラミッドが積み木のように築き上げられて成り立っている。それは、Aの強大な威信によってのみ統合され、その欠落によって一挙に瓦壊する。なぜなら、旧人ピラミッドの中の人間関係は、すべてAの介在によって生まれたからである。

図19　旧人ピラミッド

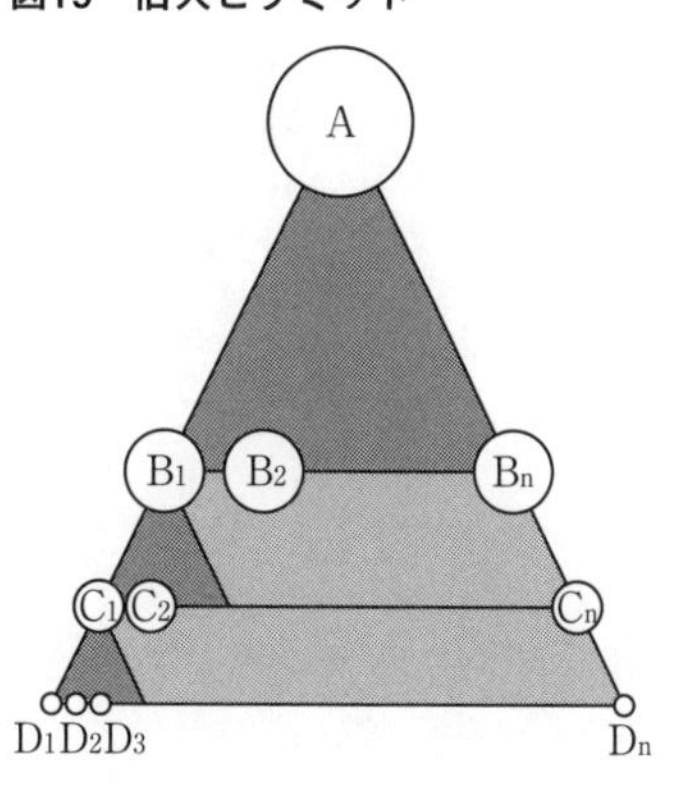

不信の構造

さて、このピラミッドは、戦後復興のための、人々の情熱、活力、知恵の供出ルートとして構築されたものであった。それは確かに個人の選挙という当面の目的のために築かれたが、実質的には、その個人の見識と人格を信頼し運命を託することによって、人々は戦後復興に具体的に参画したのであった。それは草創期においては、それなりに〝信頼の構造〟であり運命共同体であった。

このピラミッドと政治家の関係、そしてピラミッド内の相互関係は、個人の利害や個別的な政策を媒体とする一時的、部分的な関係ではなく、きわめて総合的な、いわばトータルな関係であった。「信ずる」、「ついて行く」あるいは「心でつながる」という人間の根源的な信頼関係を基礎とするものであった。人々は、国家と時代の運命に対して、政治家に、制限的委任ではなく、白紙委任をしたのであった。われわれにとっても、白紙委任をされるときほど、責任の重圧を感じるときはない。なぜなら、部分的委任は、約束の不履行によっても有限的責任を生むだけであり、しかも巧妙な弁明によってきりぬけることができようが、白紙委任は、期待を裏切ることによって一挙に信頼の崩壊を招くからである。それは無限責任であり全人格的な責任である。

こうして保守政治家は、選挙区において厳しい緊張にさらされ、復興の使命におのれを没頭させたのである。このとき信頼のピラミッドは、強く、美しく、そしてみずみずしくそびえ立ち戦後復興の礎石として偉大な役割を果したのであった。

しかしこのピラミッドも、復興の時代が終わり成長の時代が到来することによって、次第にその有用性を失なっていく。そして今やそれは、無用であるどころか有害な構築物として、時代の円滑な展開を妨げているのである。

有用性を失なったピラミッドは、当然のように著しく変質を遂げる。かつての信頼の構造が、一転して〝受益の構造〟となり、果(は)ては〝不信の構造〟になり下がったのである。戦後体制の創造者が、維持者にかわり、ついに受益者に変じたのである。草創期の心ある人たちは、次第にこのピラミッドから脱出し、悪質な人々がそれにとってかわるようになった。三〇年代以降、すなわちピラミッドが無用化してからの参加者は、ほとんど欲得をむき出しにした悪人か、あるいは、これを利用して出世しようとする卑小な野心家である。そして、草創期から運命を託してきた善良な底辺の人々は、ピラミッドの荒廃を憂えながらそこにとどまるのである。

ピラミッドの私有化

さて、相続型議員の登場は、この旧人ピラミッドの頂点が、AからA'へと変更されたことを意味している。もしもAが死去したまま放置されたら、このピラミッドは、扇の要を失なって分解してしまう。そして、B_1〜B_nまでの、より小さなピラミッドに分離して、群雄割拠の熾烈な後継者戦争がくり広げられるのである。実際、後継者を持たない政治家の死は、無風地帯を候補乱立の激戦区に一変させてしまう。

ピラミッドの分解は、B、特に県会議員たちにとって複雑な思惑で受けとめられる。彼らからすれば、それはAにとってかわる絶好の機会であり、また反面、同輩の誰れかの出世を許す耐えがたい契機となるかも知れない。しかし、そんな不純な気持を持たないC、Dの人たちは、より事態を深刻に受けとめる。なぜなら、長い間の努力で構築され整備された受益の構造が崩壊し、底辺の人間関係が麻のように乱れてしまうからである。彼らにとって、旧人ピラミッドは故郷である。それは、復興の時代に燃えさかった彼らの生命の確証である。そして地域の人々にとってそれは、ちょうど核のカサのようなふしぎな魔力を持っていて、そこに運命を託してさえいれば、安心して日常生活に没頭できるのであった。いざとなれば、「おらがセンセイが必らずうまくやってくれる」はずだからである。こうして、旧人ピラミッドは底辺にいけばいくほど、より精神的、心情的な色合を増し、さらには文化的な香りさえかもし出すのである。すなわち、C、Dの人々こそ、ピラミッドの維持を真剣に切望するのである。彼らはピラミッドの崩壊に

自民党の底辺を支えてきたのはこんな人たちである。

よって、突然暗闇に放り出されるような不安感にさいなまれるだろう。

さて、ピラミッドの形状と規模に何らの変更をもたらすことなく維持する唯一の方法は〝世襲〟である。それは古来から、人間社会を統御する最も無難で効率的な方法であった。かりに息子A'より、県会議員B_1の方が明らかに逸材であっても、B_1の登用は、必らずやB_2〜B_nの造反をもたらすだろう。そして何よりも、このピラミッドにはB_1を推せんし登用する主体が存在しないのである。

こうして、自然のなりゆきで故人の息子が相続する。法的に制約を受けている者でない限り、ピラミッドのすべての人が最も積極的に合意し、協力できるからである。もしも故人に息子がいなければ、周辺には、まるで大名の家督相続のように複雑な思惑が交錯する。そして、おおむね、図20のような順序で相続権が争われるのである。すなわち、息子がいなければ女婿が相続し、それもいなければ未亡人が弔い合戦に立ち、あるいは兄弟がその遺志を継ぐのである。すなわち、相続人は何よりも〝親族会議〟の決定が優先され、そうであればすべてがまるく治まるのである。親族に適格者がなければ、例外的に生前の親分、あるいは引退時の親分の直接の指名によって最愛の子分が登場することになる。海部俊樹氏（愛知）や瓦力氏（石川）は、その才能によって金的を射とめた幸運な例である。

いずれにしても、親分との縁が薄い相続人ほどより縮小されたピラミッドを相続することになる。

相続型は、この旧人ピラミッドをより大きくしたり、構成員を若返えらせたりすることはできても、このピラミッドの位置や存在意義を変えることはできない。すなわち、それが、復興の時代の遺産であること、そして今や受益の構造に変質していることなどの本質を変革することは論理的に不可能なのである。それはわれわれが、親をどんなに嫌っても親子関係を断ちえないのと同じである。相続型議員の母体は、紛れもなく旧人ピラミッドに他ならない。

さて、出世型は、旧人ピラミッドを、DからC、CからBへと一段ずつ根気良くよじ昇ってきた人々である。そして彼らはBに至るや、自己のピラミッドの分離独立の機を虎視眈々とうかがうのである。したがって彼らの選挙はきまって、かつての同志であった旧人ピラミッドの住人たちからの〝裏切り者〟、〝恩知らず〟という轟々たる非難の真唯中で戦われる。

しかし、彼らは旧人ピラミッドから分離して、それを解体に追いこむものの、実は、その中古の礎石であるミニピラミッドを収集再編成して、自分を頂点とするピラミッドを再建するだけである。それは、技術も素材も旧式のものであって、決して新しい時代のための新しい土台ではない。それどころか、旧人ピラミッドの落伍者や追放者を収容するため、いっそう粗悪なものになるのが常である。

図20　相続の順位

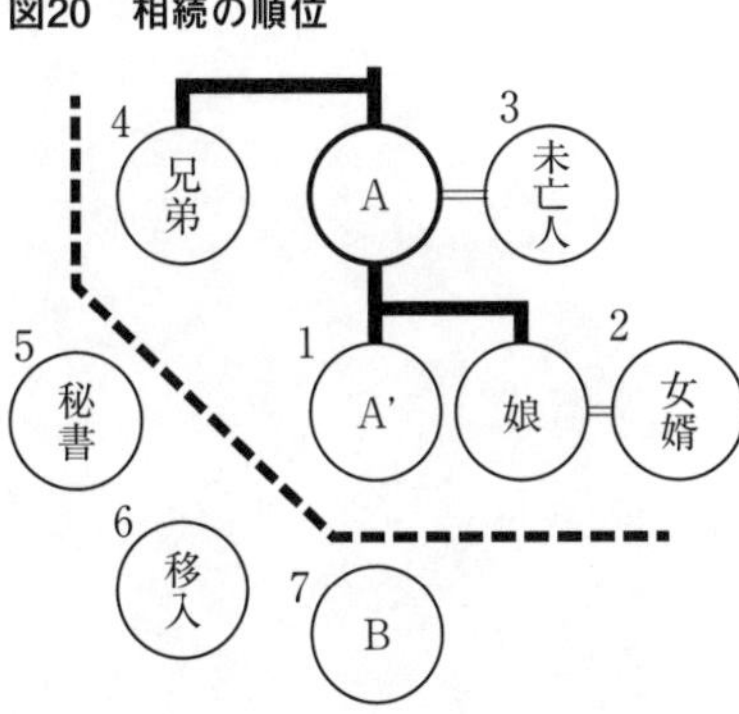

ちなみに、資金型すなわち金権候補は、このピラミッド（特にB1～

Bn）を買い占めにかかるものである。前回の選挙で、金権候補の非難を一身に浴びた最年少候補は、この典型例であろう。われわれは彼の登場によって、この旧人ピラミッドの建築費をはじめて知ることができたのである。彼は、すなわち、旧人ピラミッドの市場価格をみごとに公開してくれたといえる。二世が無料で（実は一世が巨額な投資をしているのだが）相続している地位が、驚くべき価格であることが、思いがけず明るみに出たのであった。彼がもしも、財産家の二世ではなく、政治家の二世であったら、このような非難を受けることもなかったし、おそらくは、比較的有能な新人として脚光を浴びていたことであろう。

金権候補の悪名とほど遠い彼の素顔。

さて、このような実態を持つ旧人ピラミッドは、それが時代的意義を失なうにつれ、当然萎縮の運命をたどっている。そしてそれは、自民党の長期低落傾向として歴然と表面化しているのである。

確かに旧人ピラミッドは、農村部で年々より強固になるという奇妙な現象を示すこともある。それは若年労働力の流出や、棄権票の増大によって、古さが沈澱するという社会現象によってもたらされるものである。すなわち、成長の時代以後に社会参加した青年層が、農村地域を離れ、あるいは政治への関心を持たないために、結果的に、旧人ピラミッドを純化し強化さえしたのである。それは、旧人ピラミッドの大祭である後援会大会をのぞけば一目瞭然である。そこには、復興世代が信頼を確かめあうなごやかな情景がくり広げられている。しかし、これも、結局は縮小強化の道でしかない。

5 制度化された派閥

派閥の系譜

「自民党に対する国民の批判は『派閥』に集中され、国民が今日、自民党に最も強く求めているものが『派閥解消』であることは明白である。

この際は一切の面倒な説明を抜きにして、現在の派閥集団はその名称、その内容その活動のいかんに拘らず、すべてこれを解消して出直すという直截簡明な行動をとることが、自民党の信頼を回復し、近代政党政治の新基盤をつくるゆえんであることを確信する。……

この意味において『一切の派閥の無条件解消』がすべてに先行する党近代化の条件であり、これだけは万難を排しても実現せねばならぬ」

この断固とした決意は、昭和三八年一〇月、当時の自民党組織調査会長三木武夫氏が、池田総裁に提出した「党近代化に関する組織調査会答申」の前文のさわりである。その結末は、自民党の現状をみれば自明であろう。当の三木氏まで、依然として一派を率いているのである。「抵抗を恐れては前進は不可能である」（同上）という思いつめた言葉も、今となってはそらぞらしいばかりである。一体、「前進」のないところに「抵抗」があるはずがない。

派閥政治の横行もまた、成長の時代以後の著しい特徴である。それは首相の座が、単なる地位にすぎなくなったという時代の事情と密接に結びついている。すなわち、経済に傾斜していた時代が、派閥政治という政治の堕落を許容したのである。

図21は、昭和三〇年、すなわち自民党の結成から今日に至るまでの派閥政治の展開過程を図示したものである。

派閥はもちろん、復興の時代にもさまざまな形で存在していた。しかしそれらは、強固な吉田体制に対しては、とるに足らないものといってもよかった。反吉田派が無視しがたい力で公然と一派をなすのは、鳩山一郎氏が追放解除されて政界に復帰した昭和二七年以後のことであった。そして、派閥が本格的に自民党の基本構造として定着するようになったのはさらに年を経て、三〇年代に入ってからである。それは当時の自民党が抱(かか)えたいくつかの特殊な党内事情にも起因している。

① まず、保守合同によって結成された自民党には、復興の時代の複雑な政党系列が、未だに生々しく脈打っていて、それが派閥の形成に重要な手がかりを与えることとなった。確かにそこには、政策、感覚、政治姿勢に少なからず隔りがあり、それが以後の派閥にも、〝政策集団〟の外装を与えることとなった。

昭和四七年の総裁選挙においても、改進党系の三木氏は、〝保守の支流〟としての悲哀を味わい、同じく改進党系の中曾根氏も、田中、大平派のいわゆる〝保守本流〟に接近することによって自己の支流意識をうすめようとした。このように自民党の底流には、未だに合同以前の系列意識が色濃く流れているのである。

② つぎに、このころ吉田、鳩山の両巨頭があいついで引退し、さらに吉田氏の後継者であった緒方竹虎氏が不慮の死（昭和三一年一月）を遂げたため、保守の人脈はその元締めを失なって一挙に流動化し、群雄割拠の素地がつくり出されたことである。こうして、吉田系は、池田、佐藤、大野、石井の各派に分

図21　派閥の系譜（昭和49年6月現在）

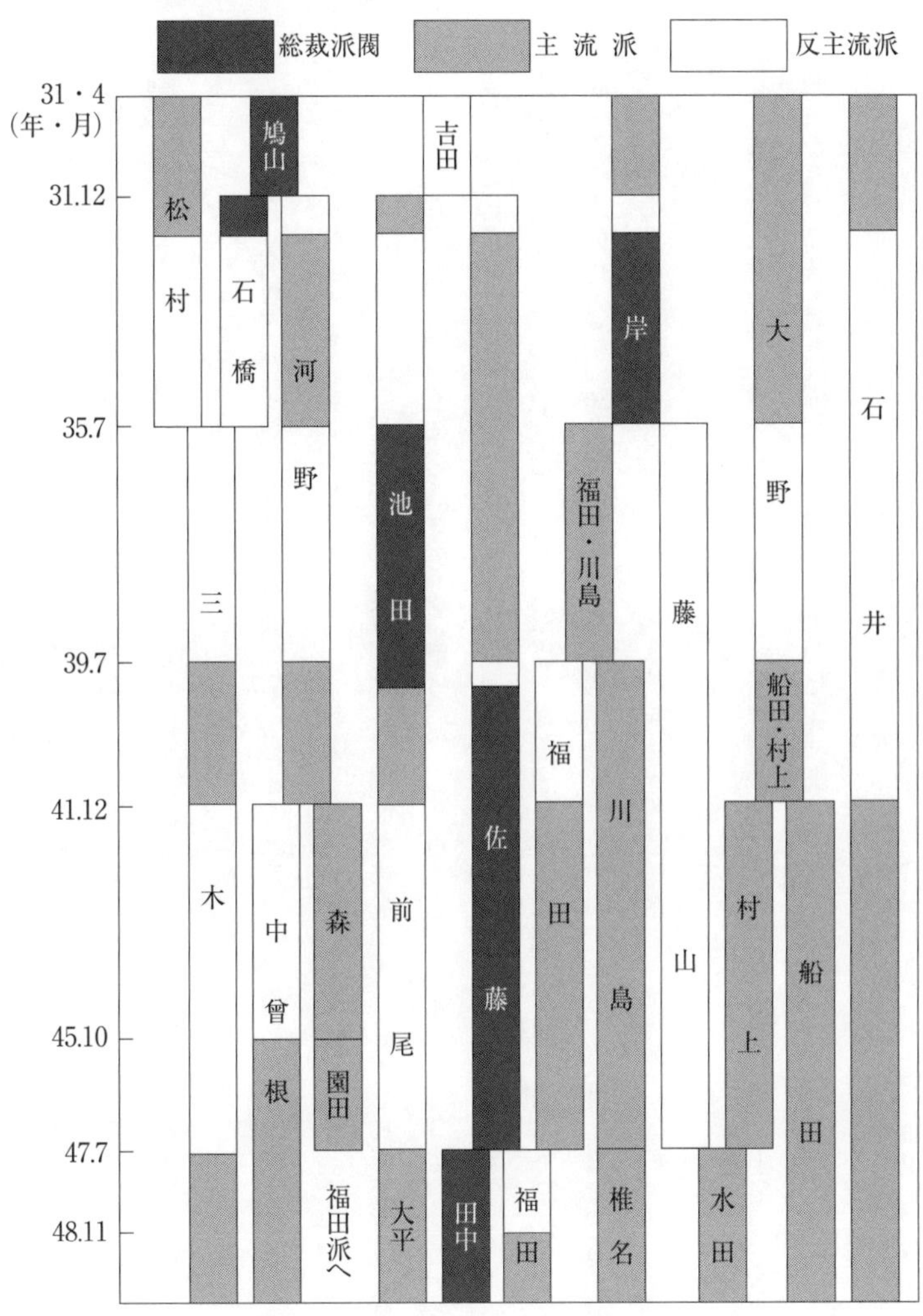

割され、鳩山系も石橋、河野派に分裂して、以後の派閥系列の源流を生んだのである。

③ そしてさらに、自民党は初代総裁の鳩山氏の引退後、総裁を党大会における投票によって選出するという、いわゆる総裁公選制を採択したことである。民主的な制度は、民主的な風土に築かれてはじめてその真価を発揮できる。一見民主的な総裁公選も、民主主義とはほど遠い自民党の土壌にあっては派閥政治の温床でしかなかったのである。

昭和三一年一二月の第一回総裁公選は、石橋、岸、石井の三氏の間で争われ、二位、三位連合に乗った石橋氏が、七票の僅差で奇跡の逆転劇を演じた。派閥地図は未だ固定してはいなかったが、悪質な選挙技術はすでに、このときから確立していた。買収、供応、閣僚ポストの空手形、そして地方代議員のカン詰め合戦など、総裁公選につきものの周知の茶番劇は、二〇年近くもえんえんとくり広げられてきたのである。派閥は、この総裁公選のための多数派工作が日常化したものということもできよう。

④ 当時の自民党には、見識、力量ともに傑出した強烈な政治的個性が期せずして割拠し、多彩な彼らの魅力が、この未分化の党内勢力をかなり自然な形で色分けしたのである。議員たちも、現在のような義理や行きがかりの消極的な支持ではなく、その人格を無条件に崇敬し、何ほどかの使命感さえ持って積極的に支持し、擁立したのであった。

しかし、これらも派閥発生のいわば副次的な要因でしかない。もしも基本的な発生要因であったら、当時を一時的な戦国時代として派閥は消滅に向ったはずである。

派閥の意義

派閥抗争は、本質的に権力闘争である。政策や路線論争はすべてが手段であり仮面であって、それ以上では決してなかった。そしてそれは、あまりにあからさまであったがため、社共のイデオロギーがらみの陰湿な権力闘争に比べて至って無邪気で陽気な性格さえ感じさせた。実際おそらく、自民党の総裁争いほど、幼稚でおおらかな権力闘争はかつてなかったことだろう。世論はこれを〝コップの中の嵐〟と酷評したが、それはいとも正確にその実態をいいえていると思われる。

派閥抗争それ自体は、もちろん時代の要求ではない。しかし派閥抗争に熱中する政治は、疑いなく時代の無言の要求ということができる。すなわち、成長の時代は、政治に〝冬眠〟を要求したのである。政治献金はそのための睡眠薬に他ならない。そして政治の熟睡中に、経済は自在に伸長を遂げようとしたのであった。自民党はまるで、子供部屋でオモチャを奪い合う子供たちのように、権力――それは実質的なものではなく形式的なものになり下っていた――の争奪戦に熱狂したのである。

派閥政治は、結果的に次の諸点で〝政治の冬眠〟に貢献した。

① 派閥の分割統治によって、党秩序がより効果的に維持され、無用の混乱を抑制した。

② 前掲の図のように、主流、反主流の巧妙な交代が、政権の新陳代謝を偽装した。内閣の改造時には、きまってどこかの派が野に下り、他の派がそれにとって代ったのである。

③ 反主流の派閥からの政策提案や内閣批判が、人々に〝政治の不在〟を感じさせなかった。経済は、いわば政治を腹話術であやつり、政治の存在を見せかけ続けたのである。

④ 派閥抗争を選挙に持ちこむことによって、結果的に自民党の党勢を維持することになった。自民党

は、しばしば反主流派の躍進によって窮地を切りぬけてきたのである。

⑤　派閥は総裁候補を国民の前に、公然と展示しているため、この〝常備された代替物〟が、現職総裁に対する不満を自民党の全体に対する不満に結びつけなかった。イギリスにおける〝影の内閣〟が自民党には、つねにいくつも存在していたということができよう。

⑥　それがいわば単純な権力争いであったため、しこりを最小限にとどめることができた。故川島正次郎氏か、「政策で争うべきではない」といったように、それは巧みに〝管理された権力闘争〟であった。

池田三選（昭和39年7月）。
その後4ヶ月で彼は宿敵佐藤氏に後を託した。

社会党や共産党のようなイデオロギー政党においては、路線抗争が敗者の政治生命を抹殺するおそれを持ち、それ故に党内に深刻な亀裂を招くが、自民党の総裁争いには、〝力をつけて出直す〟という逃げ道が用意されていて、敗者に致命傷を与えることがなかった。実際、石橋首相は退陣に当たって宿敵岸信介氏に後を託し、池田首相は三選に立ちはだかった佐藤栄作氏をみずから後継者として指名したのであった。

⑦　さらに、自民党は、派閥という無思想集団を前面に押し出すことによって、党という思想集団を後退させ、その結果、無用のイデオロギー論争に肩すかしをくわせることに成功したのである。すなわち、

〝党と派閥の二元統治〟が、自民党の思想性を形骸化し、政策、教条、路線論争に明け暮れる野党のホコ先きを鈍らせ、自民党の安定に大きく寄与したのであった。池田首相の「低姿勢」「寛容と忍耐」、佐藤首相の「寛容と調和」などの、野党に対する柔軟姿勢はすべて、時代背景と密接に結びついている。自民党は、かたくななイデオロギーを武器に、一本調子で挑みかかる野党に対して、しんぼう強く耐えながらその間に、成長の時代の進展を促したのであった。いわば野党は眼を血走らせて、かかしを襲撃していたのである。

このように、派閥政治は、すこぶる巧妙に、〝政局の安定〟と〝政治の冬眠〟という時代の要請に答えていたのであった。政治家たちは、まるで夢遊病者のように、的はずれの舞台で、奇声をあげつづけたのである。

さて、派閥政治のこのような現実的な効用も、もちろん、意識的にではなく無意識的に、意図的にではなく結果的にもたらされたものである。

しかし、成長の時代に、消極的な妥当性を持っていた派閥政治も、調整の時代に入ると、積極的な不当性をあらわにするようになった。じゃまだからとお金をもらって遊びに行かされていた政治が、呼んでも帰らなくなってしまっていたのである。派閥政治という遊びのおもしろさのとりこになり、困ったことには、それが政治の仕事だと思いこんでしまったのである。

虚飾の祭典

佐藤退陣の後を受けて行なわれた昭和四七年七月の総裁選挙は、派閥政治の現状を鮮やかに映し出すものであった。

この選挙には、いくつかのもっともらしい争点があった。それらは、つくられた争点であり実体のない争点であった。総裁選の途方もない俗悪さを覆う虚飾に他ならなかった。この時代を象徴するかのように、総裁選挙は壮大な虚飾の祭典に終始したのである。

① まず第一に、佐藤亜流であるかどうかが大きな争点となった。〝政治の流れを変える〟ためには、佐藤首相との距離が問題にされたのである。しかし、考えてみればこの争点は、あまりにもふまじめな争点であったといえよう。三木氏は外相として佐藤政権の中枢にあった。末期の不和も、彼の総裁選出馬によってもたらされたもので、一概に路線の相違であるとはいえない。また大平氏も、池田派以来反佐藤色が強いとはいうものの、それは、佐藤派とともに保守本流を自認するこの派のいわば近親憎悪にもとづくものであった。さらに福田氏は、佐藤首相の意を受けていたゆえに論外であり、田中氏が佐藤直系であることも疑う余地がなかった。いずれも、息子か兄弟かあるいはいとこかという程度の差にすぎず、親族であることには何ら変りはなかった。すなわち、われわれから見れば四候補はすべてが佐藤亜流であったのである。

② つぎに、官僚政治か政党政治かという争点があった。これは特に、田中、三木の両陣営から提起された。岸、池田、佐藤と一五年間も続いた官僚内閣に終止符を打ち、政党政治家の手に政権を取り戻すべきだという主張であった。しかし、田中、三木両氏は、自身が官僚出身者ではないにしても、池田、佐藤両内閣を生み、それを支えてきた柱であって、もとより官僚政治を排撃する資格を有していなかった。

しかも、官僚政治も政党政治も、自民党政治という巨流の中にのみ尽され同化しきっていて、何らとり

田中角栄総裁の誕生（昭和47年7月）。
純戦後産の彼は戦後の政治水準の正確な指標である。

たてて指摘すべき相違点はなかったのである。

③　いわゆる日中問題と経済政策も一応問題にされた。それは、争点というよりむしろ焦点であった。四候補の公約の中には、何ら基本的な違いはなかったのである。日中国交回復の実現にも、成長優先政策から生活優先政策への転換にも、多少のニュアンスの相違はあっても大差はなかった。そして、前者はだれがやってもできることであり、後者はだれがやってもできないことであった。なぜなら、日中国交回復は、自民党構造の変革なくして可能だが、経済政策の転換は、それなくしては絶対に不可能だからである。

④　さらに、世代交代という争点も底流に流れていた。これは田中ブームの重要な誘因であったが、これも単なる見せかけでしかなかった。第一次田中内閣の閣僚平均年齢は、実に六三歳と史上最高齢であったことに人々は驚きの声をあげた。確かに、田中首相は五四歳であった。しかし、彼は、当選一〇回、議員歴二五年の古参議員でもあった。自民党の年功序列が当選回数を基準として組

み立てられている以上、彼の内閣も、その同輩たち——ほとんどが彼よりはるかに高齢——を中核として組織されねばならないのである。

⑤ 最後に、〝国民的人気〟の度合も重大な目やすとなった。総選挙を目前にひかえて、長期低落傾向を押しとどめるためには何よりも総裁の強い個性と国民的人気が必要とされた。無学歴で、子持ちの再婚女性を妻に持ち、力動感溢れる田中角栄は、空前のブームを巻き起こし、自民党の復活が取りざたされた。彼の〝決断と実行〟によって、あたかも山積する問題群が一掃されるのではないかという過大な期待がみなぎったのである。

しかし実は、自民党も、いや既成政治のすべても、もはや一個人の力では修復しがたいほど無力化していた。むしろ、彼の鮮明な個性は、ぼかされていた自民党の構造や体質を浮き彫りにすることにさえなった。人気の波があまりにも大きかったゆえに、不人気の波はさらに高まった。期待が大きかっただけに裏切りの傷は深く人々にくいこむのであった。

自民党は、だれが総裁になっても基本的には何ら変わることはない。それが、自民党の構造と体質を共通の母体にする以上、そこから生まれ落ちるものは同じである。違いがあっても、それは風彩や身振り、声色などの現象的なことにすぎない。

派閥の現状

現在の派閥は、同質化、無性格化、制度化という著しい傾向を持っている。それはちょうど相撲の部屋制度のように不動の制度として確立しているようである。つぎのような派閥の実態が、それを示している。

ている。

① まず派閥は例外なく、豪華な事務所を持ち、多数の事務局員を雇用し、巨額な年間予算さえ編成している。

② また、年功序列がますます強固な制約となってきている。かつては、当選二〜三回で入閣できたにもかかわらず、現在では八〜九回の当選を経なければならない。列が長くなればなるほどその序列は厳しいのである。

③ さらに、派閥もまた相続されるようになっている。大平派はすでに、池田、前尾、大平と三代の代がわりを数え、自民党結党以来、頂点の変らない派閥は、わずかに三木派だけである。

④ それに呼応して、派閥の領袖は次第に名目的な存在になりつつある。総裁へのあからさまな野望を持っていたかつての領袖たちとちがって、ひかえ目な政治家が後継者として選ばれるようになった。総裁を出すことより派を割らないことが、より優先されるからである。

こうして派閥の領袖は、ますます没個性的で凡庸な人物によって占められるようになった。

⑤ その結果、親分に対する純粋な忠誠心がなくなり、前述したような取引関係に堕落したのである。

⑥ こうして派閥は、後で述べるように、ますます資金とポストの配給窓口のようになりつつある。新人にとっては、「どの窓口から配給を受けるか」という卑俗な関心しか呼ばないのである。かつてのような〝男にほれる〟という心情的な要素は次第にうすれ、すこぶるさめた関係に変質している。派閥は、彼らにとって単に本籍地の意味しか持たないようになった。それはどこでも良いが、しかし変えることのできないものなのである。

⑦ このように派閥が無性格化してくるにしたがって、派閥を異にする議員の間にも恨みや憎しみが消

図22　派閥の現勢

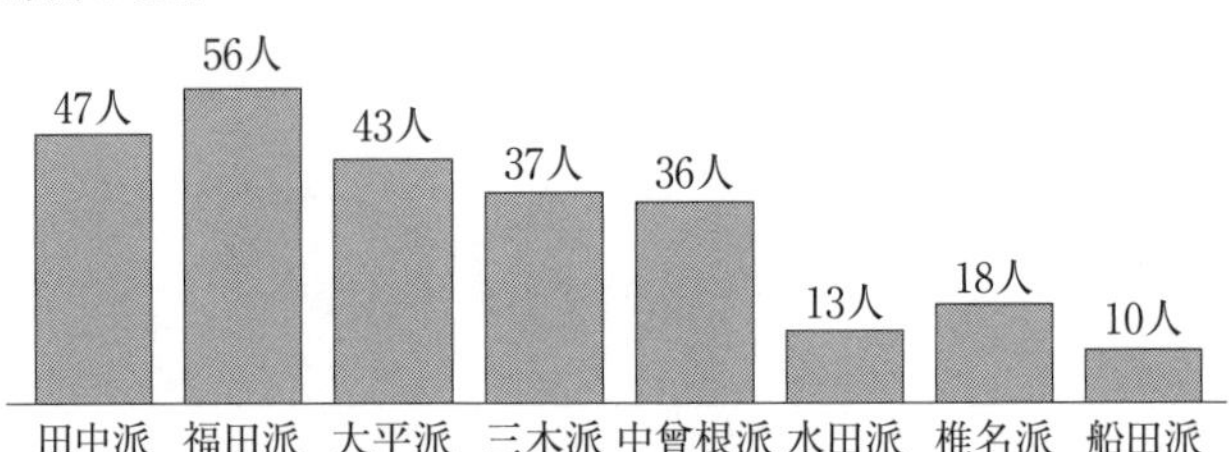

え、超派閥的な交流が行なわれるようになった。これは派閥の拘束力が弱まったからではなく、むしろそれほどまで制度として確立されたことをもの語っている。派閥の変更が考えられないほどそれが定着したのである。しかも、若手議員たちにとっては、派閥を変更するさし迫った必要は全くないのである。超派閥的な交流は、米国とソ連の指導者の間にくり広げられるなごやかな交歓と同質で、〝互いの立場を認める〟という基本姿勢に由来している。

⑧　派閥政治を、絶対的な所与の条件として受けとっている若手議員たちは、それを証明するように一人として派閥を脱退してはいない。三木派から福田派に転じた早川崇氏、佐藤派から三木派に転じた加藤常太郎氏などは、いずれも昭和二〇年代にすでに議席を持ち、いわば派閥の存在を相対化している人たちである。若手議員たちは、自民党という家の中に閉じこめられている上に、さらに派閥という部屋の中に割りふられている。他の部屋との交流は自由であっても、眠るときは自分の寝室に帰るのである。

6　政治資金の配給装置

うなぎのぼりの政治献金

図23は、昭和三〇年代以降における自民党収入の激増ぶりを示したものであ

る（ただし数字はすべて総選挙が施行された年のものである）。

これをみると、自民党に流入する政治献金は、まさにうなぎのぼりに増加していることがわかろう。物価の上昇による貨幣価値の変動があるにせよ、昭和三〇年の七億三〇〇〇万に対して、四七年には一一三億八〇〇〇万と実に一五倍にはね上っているのである。

自民党の政治資金は主として、財団法人国民協会の手によって集められている。国民協会は、昭和三六年七月、当時の池田総裁のもとで結成された。それは「広く大衆の浄財によって党の財政がまかなわれるように」（自由民主党十年の歩み）というもっともらしい趣旨を掲げたが、しょせん、より強引に、より確実に政治資金を確保しようとする自民党の知恵からであった。

国民協会は、昭和四八年に何と一九六億円の資金を集めたことが報告されている（一月二六日、朝日新聞）。しかも、この協会収入は、自民党収入の一部にすぎないのである。異常でなくして何であろうか。

図23　うなぎのぼりの政治献金
自民党収入の推移

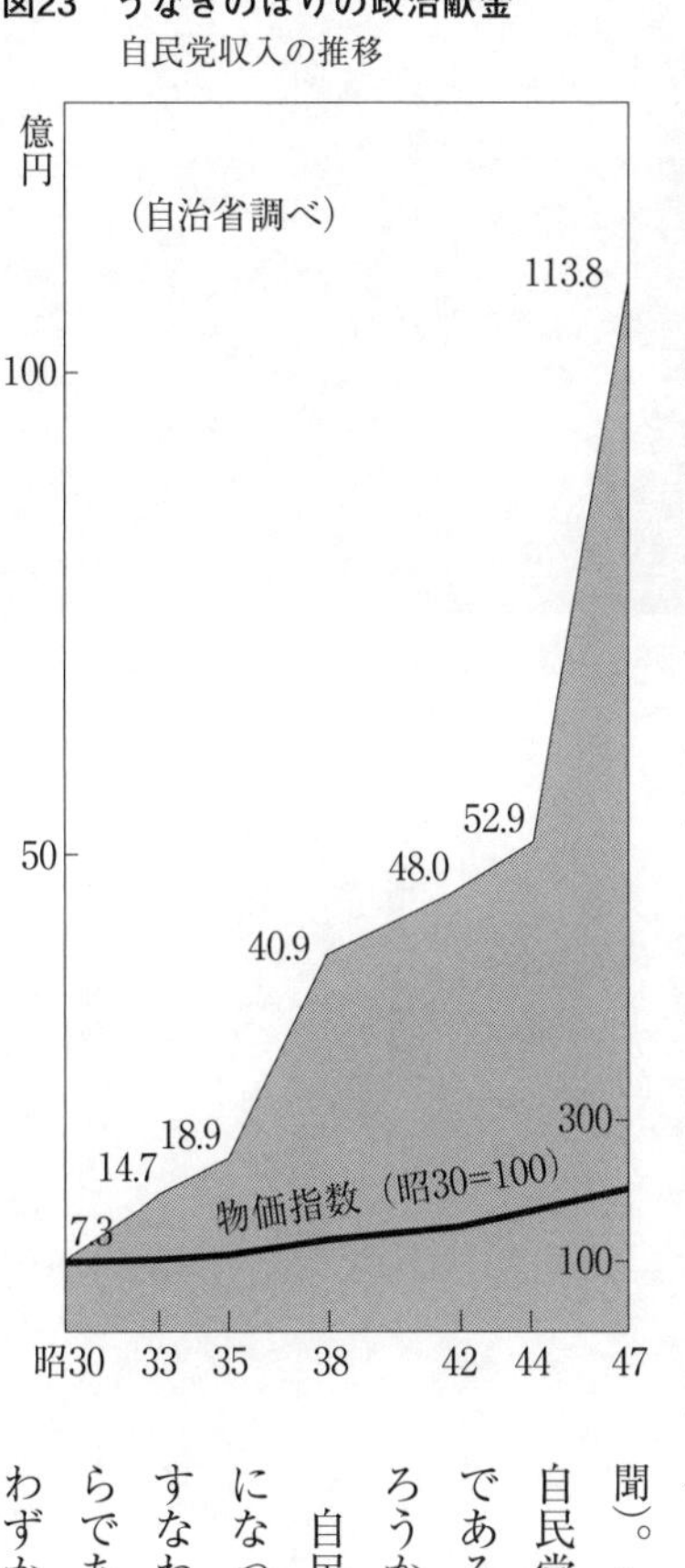

自民党の収入が激増するようになったのも、昭和三〇年代、すなわち成長の時代に入ってからであった。昭和二九年度には、わずかに一億九〇〇〇万円（保

守政党合計）にすぎなかったのである。そして、この傾向は、四〇年代（調整の時代）に入るや、さらに強まり、近年では年ごとに倍増する異常さを示している。それは、破裂寸前の風船を連想させてやまない。

政権の賃借料

図24は、自民党における政治資金と政策支持の間の取引関係を示したものである。それはまた〝政治資金の配給装置〟であるともいえよう。議員の下に前掲の旧人ピラミッドを据えつけるならば、自民党の壮大な生体構造の全貌が浮び上がるであろう。

第二段階の成長の時代においてはこの装置は、道義的な評価はともかく、実質的には高度成長政策を円滑に推進するためすこぶる効果的に作動していた。政治資金は、政治と経済との間の無用な軋轢（あつれき）を避けるための潤滑油の役割を果していたのである。そしてこの装置こそやがて自民党を絶命に導く恐ろしいギロチンになるものである。

財界最高首脳と懇談する田中総裁。
国会以上にホンネがかわされる場であろう。

成長の時代は、それ独自の政治基盤づくりを怠った。経済界は、第一段階の自民党の政治基盤を、いわば居抜きのまま借り受け、第二段階の土台として代用したのである。政治資金は、そのための賃借料に他ならない。そして党はただ、政局の安定と政治基盤の維持だけに専念すれば良かったのである。その点で、政治献金はまた、基盤の維持費の意味合いを持っているといえよう。

しかし、戦後史が第三段階に入り、野放しの成長政策がもたらすさまざまな社会問題が激増し、成長そのものの価値と効用が厳しく問われるようになると、かつてそれなりの妥当性を持っていたこの装置も一転してはなはだしい反社会性を帯びるようになった。

第三段階の調整の時代は、政治が強力な調整の役割を果さなければならない時代である。特に、ひたすら利潤の追求に走る野放しの経済に、外部から強い制約と規制を与えることこそその何よりの使命のはずである。そして、そのような政治の調整力は、経済からの完全な主体性なくしては、決して、断じてありえないのである。

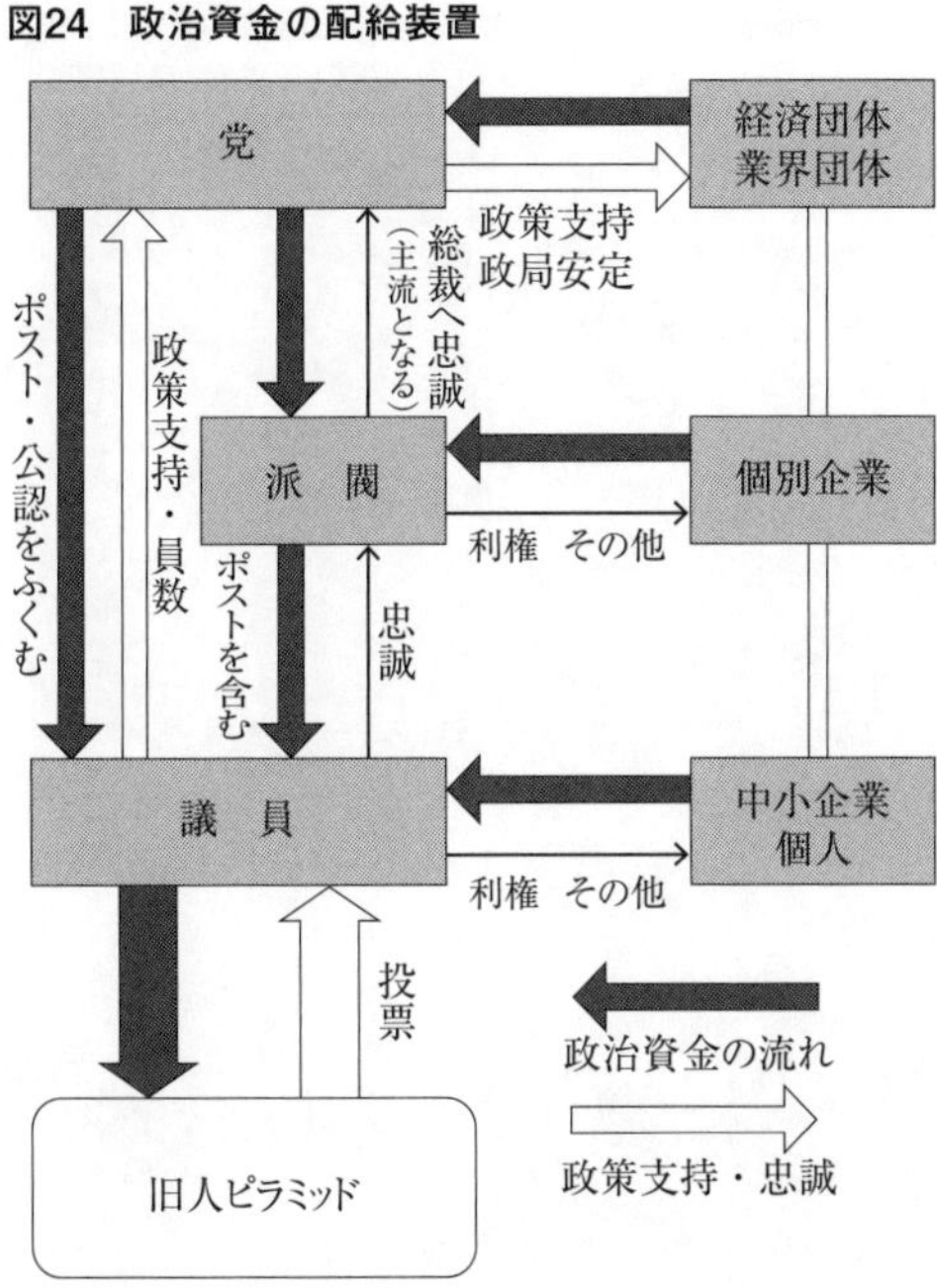

図24　政治資金の配給装置

しかし、この装置は、第三段階に入って廃棄されるどころかむしろ、よりいっそう過熱ぎみに作動しつづけるのである。

調整の時代に入るやこの装置は明らかにその役割を変えてきている。すなわち、第二段階において「成長促進装置」であったこの装置も、今や「調整拒絶装置」という反社会的役割を果すようになったのである。

図25で、党に寄せられる献金は、総資本あるいは財界というトータルな立場で行なわれるものである。それは、国家の基本政

策（マクロ政策）に対する期待がこめられたものである。

金融政策、財政投融資、予算の編成方針、長期経済計画などの経済政策はもちろん、外交、防衛、教育、科学技術などのすべての基本政策に、成長至上主義の原則の適用を迫るのである。経済外交の優先、兵器の国産化、大学における産学協同、理工科系偏重など、経済だけでなく、あらゆる社会領域にわたって成長至上主義がみごとなまでに貫徹されたのである。

また党には、自動車産業、石油産業などが、産業の名において献金している。それはその特定産業が、産業政策上の利益を受けること、あるいは不利益を受けないことが見こまれたものである。金融上の配慮、

図25　業界団体の献金　国民協会の業種別月額会費　（49年1月現在、単位万円）

	業種	会社数	現行額
☆	東京銀行協会	16	799.5
☆	全国地方銀行協会		158.3
☆	日本証券業協会連合会		240
☆	生命保険協会		200
☆	損害保険協会		150
☆	信託協会	7	70
☆	全国相互銀行協会		86.6
☆	全国信用金庫協会		—
	貿易・商事	21	193.1
	デパート	18（3）	162
	サービス	34（17）	56.8
	鉄鋼	40（10）	557.6
	軽金属	9	49
	鉱業	7	34.52
☆	セメント協会		200
☆	板硝子協会		66
☆	石油連盟		200
☆	石油鉱業連盟		30
	ガス	7（4）	197
	電力	9	505.32
	電線	8（2）	40
	産業機械	44（26）	52.8
	電機	21（1）	326.5
	通信機械	17	45.95
	電子機械	24（7）	27.5
☆	ベアリング工業会		20
☆	日本鉄道車輌工業会	9	14
☆	日本自動車工業会	12	300
	造船	11	177
	化学	69（34）	145.06
	製薬	22（5）	75.3
☆	写真感光材料工業会		15
	ゴム	12	44.3
	繊維	48（15）	202.5
	製紙	22（1）	124.55
☆	日本麦酒協会		120
	製紛	4（2）	33
	食品	29（14）	46.8
	製糖	8（2）	4.8
	水産	7	86
	酒造	6（6）	—
	窯業	22（3）	42.8
	私鉄	18（3）	283.8
	海運	18（1）	132.3
	その他工業	60（60）	—
	不動産	31（16）	14.4
☆	建設	36	301.3
	倉庫	25（7）	45.6
☆	ホテル協会		—

（注）①この金額は月額会費で臨時会費や寄付は含まない。
②会社数の（ ）は新規割り当て数。空白は不明。
③☆印は「団体一括」でそれぞれの団体がまとめて出しているもの。
（「朝日新聞」昭49.2.12による）

自由化の遅延、公害規制や生産制限の緩和、阻止などがそれである。近年右表のようにこの「特定産業からの献金」は、ますます調整拒絶、規制阻止の色合いを強めている。献金によって利益を受けるか、献金によって不利益を逃げることがなければそもそも献金はありえないのである。

特定産業の献金は、この時代、特に調整の時代の著しい特徴である。それは、産業政策の公正な適用を妨げるため最もいまわしいものである。

昭和四四年に突然浮上した自動車新税構想は、あっという間に立ち消えとなった。これは当時の自民党田中角栄幹事長が提案し、世論の大きな共鳴を呼び起こしたものであった。自動車取得者に新税を課すことによって、その保有を困難にし、あわせて新しい道路財源の発掘をねらったものであった。これに対して自動車産業は、労組（同盟系）まで強引に抱きこんで猛然と阻止運動を起こしたのである。何ほどの献金が手渡されたかは明らかではない。しかし、その年の一二月に総選挙が行なわれたことから察して、それが自民党の脅迫であったという見方が最も自然であった。実際、自民党が産業から巨額の資金をえようとするなら、それこそほんの一言の脅しがあれば充分である。

自民党の血液

さて、派閥の領袖に対して行なわれる政治献金は、いわゆる総裁ダービーにおける馬券の意味を持っている。これは主として、個別企業の名において行なわれる。すなわち、たとえば「日本鉄鋼連盟」という産業の名ではなく、「○○製鉄」などの企業の名において行なわれるのである。これは将来、その総裁候補が現実に政権を獲得したときに、同一産業内部でのその企業の優待を見こんだものである。賢明な超大企業は、この点でもぬかりなく、幾派にも献金して、〝流し買い〟や〝押え買い〟を怠らず、危険負担を最小にする努力をするのである。もちろん、この献金には、実力者の力を借りて現実の政治に介入しようとする意図もあり、より直接的に利権への期待がこめられたものも多い。

個人の議員への献金は、主として中小企業主によるものである。それは、金融、利権、などの直接的な効用を期待するものである。また、政治家を背景として取引社会での力を増強しようとするもの、あるいは、政治家周辺の人間関係を利用する意図を持つものなど間接的な効用への期待も無視できないであろう。もちろんここには、その政治家の大成を心から願う純粋な後援者も数多く存在しているのである。

政治家と長者の深い関係は、決してこの時代特有のものではない。それは、ギリシャ、ローマの昔から人々のひんしゅくをかってきた問題である。シーザーもニクソンも、伊藤博文も田中角栄も等しく資金の集め方と使い方に疑惑を持たれたのである。政治家個人の問題は、いわば古式にのっとって道義的に処罰されれば良いであろう。しかし、個人の道徳的失点は、その政治家の運命を左右するだけであるが、産業の献金は、時代の運命を左右してしまう。

さて、図26は、昭和四七年度における水田派の資金供与の具体的な数字（毎日新聞調べ）である。わずか一五人の派閥で総額三億円に及ぶ巨額な供与がなされているのである。青嵐会の中川一郎、中山正暉の両氏も一六〇〇万円の供与を受けていたことが明らかにされている。同派の稲村佐近四郎氏が語っているように「私の派のカネの出しっぷりは〝人並み〟というところで、とくにありがたいと思ったこともないし、まあ、この程度は当然と受け取っている」（毎日新聞）というのが代議士の普通の受け止め方である。水田派の供与は、いわば派閥の標準的な水準ということができよう。

こうして、党、派閥から与えられ、さらにみずから収集した政治資金は一体、どこに、どのように費されているのであろうか。それは一般の人々にとっては、まるで雲をつかむようなふしぎなことである。しかも水田派の届出によれば、「調査研究費」という名目で支給されている。彼らは、何を調査し、何を研究したのであろう。

政治資金は、その相当部分が政治家個人の優雅な生活のために計上され、残りが旧人ピラミッドの頂点から放流される。現金がピラミッドの底辺近くまで及ぶのは選挙の時だけで、通常はその上部で、砂漠の中の川のように消えてしまう。

底辺の人々には、これがさまざまに品を変え形を変えて浸透してくるのである。折詰、二合ビン、ヘレスセンター、祝電、花輪などがそれである。

政治資金は、自民党の血液である。それは、この奇怪な党の構造と体質を維持する唯一の決め手である。

図26　水田派の資金供与

自治省への届出、昭和47年分。名目は「調査研究費」と「貸付金」。

単位万円

◎	中川一郎	1,600
	青木正久	1,300
◎	原田憲	1,400
◎	田村元	1,100
◎	佐藤文生	1,600
◎	稲村左近四郎	1,600
	神田博	1,300
◎	大野明	1,400
◎	中山正暉	1,600
◎	三原朝雄	1,500
○	久保田藤磨	700
○	古池信三	700
○	鹿島俊雄	700
◎	福田篤泰	1,400
	永田亮一	1,300
◎	徳安実蔵	1,400
◎	村上勇	2,900
○	川野辺静	700
◎	江崎真澄	1,300
	石原幹市郎	400
	宮内雪夫	1,000
	寿原正一	300
	上草義輝	1,000
△	楢橋渡（故）	500
	中島源太郎	500
	山村新治郎	500
計	26名	29,300

◎衆・派員、○参・派員、△他派、無印は落選議員（毎日新聞調べ）

血液がなければ生きられないように、政治資金が涸渇すれば、自民党という巨大な生体も、一挙に息絶えるであろう。

高価な代償

一見無料に見える折詰弁当によって、人々は、〝時代の混沌〟という途方もなく高価な代償を押しつけられている。「政治資金の配給装置」が生むおびただしい害悪は、結局のところピラミッドの底辺にいる人々に帰属する。あまりに粗末な配給品で、あまりに深刻な時代の混沌を甘受しているのである。

政治資金のうなぎのぼりは、そのまま混沌の急激な深まりを示している。すなわち、献金の増加は、政治の調整力を弱め、調整の不在は混沌の深まりに直結するからである。

政治家は、口を開けば、「政治に金がかかりすぎる」「選挙に金がかかりすぎる」と慨嘆する。あたかも彼らにとって、それが不本意きわまるという口ぶりで憂えるのである。彼らは、それを〝愚かなる大衆〟のせいにしている。派閥をムラと呼ぶように、彼らは選挙区をシマ（島）と呼ぶ。そして「運動を始める」ことを「金を使い始める」といってはばからない。まるで、金魚にエサでも与えるような不謹慎さで選挙民に物を散布するのである。実は、彼らの方が、有権者よりはるかに愚かであることを決して理解できないのである。

彼らは、折詰を小脇に貸切りバスを降りる老婆の顔に、一抹のさびしさが漂うことに気がつきさえしない。「これではいけない」「こんなはずはない」という戸惑いが、ヘルスセンターから帰る人々の心を一斉に襲っていることを知らない。かつては、同志たちのぎこちないどじょうすくいや、聞くに耐えない佐渡おけさが、会場を湧かせたものだった。しかし今では、〝東京のプロダクション〟から演歌歌手が来るし、二ツ目の落語家が来る。ぼた餅やつけ物を持ちよった昔の宴会に比べれば、一〇〇円の会費で、かじきの刺身やマカロニサラダまで出るではないか。それに、手弁当を腰に自転車で動きまわった昔の選挙とうって変って、日当も出ればタクシー券も出る。一体、これでも良いのであろうか。心ある人々はすべてが多かれ少なかれ、変り果てた〝おらがセンセイ〟に疑いを持ち始めている。

旧人ピラミッドの底辺の人々も、ほとんどがもはや積極的にそこへ帰属しているのではない。それが時代を支える礎石ではなく、障害物になり下がっていくにつれて、ますます居心地(いごこち)の悪いものに変ってきている。既成の人間関係に波を起こしたくないというつつましさや、それに代るべき住家を持たないという事情、あるいは堕落の運命をも共にしようとする悲愴なまでの律義さが、彼らをかろうじてそこにとどめるのである。おそらくは、人知れず祝電を破り、折詰を捨てる良識の人々の無念さを、変り果てた政治家たちは知るよしもあるまい。

7　自民党政治の性格

構造と体質の子

成長の時代以後——特に調整の時代に入ってから——の自民党政治には、いくつかのきわ立った性格を読みとることができる。それはすべてが、時代の変化に対応できない自民党の構造と体質に由来する。自民党政治は、その構造と体質の忠実な表現であって、それ以上でも、それ以下でもありえないのである。

自民党政治は、基本的には〝惰性の政治〟である。そしてそれを側面から補足するのが応急の政治であり、追加の政治であり、演技の政治である。これらが一体化されて自民党政治を壮大な〝虚構の政治〟に仕立てあげている。

一体、政治とは、その実質的な背景からの厳しい制約からのがれることのできないものである。それは政治の宿命というよりさらに深く、人間の宿命に根ざしているものであろう。したがってそれは、単に政党組織にとどまらず、経営者、労組の委員長、小学校の学級委員長、あるいは町内会長に至るまで、およそ人間集団を代表するすべての人々に当てはまることである。

祭は、みこしと、それをかつぐ人、そして観る人の三者によって成り立っている。観る人々は、反応を示すことによって間接的に、みこしの動向を左右するが、直接みこしの運命を手にしているのは少数の〝かつぐ人〟である。彼らは、みこしを放り出すことも、とんでもない方向に運び去ることも自由である。観る人の不興など意に解さなければ、かつぐ人たちは、みこしを完全なまでに繰ることができよう。みこしは代表でありかつぐ人は推せん者であり、観る人は一般支持者である。

さて、実質的な背景とは、〝裏切ることのできない人間関係〟と規定することができる。政治集団や政治権力の頂点からは、この〝裏切ることのできない人間関係〟が放射線上に延びている。それは、形式的な背景——総選挙、総裁選挙、首班指名投票など——とは著しく異なったものである。

自民党においては、この関係は、金銭によって形成され、金銭によって維持されている。裏切りとは、受領した金銭に見合う忠誠を払わないことに他ならない。これは、無頼な自民党にとっては唯一の道義であり規律である。

自民党政権は、政・財・官界をめぐる〝裏切ることのできない人間関係〟の上に位置している。それこそ自民党の上部構造である。そして自民党の体質とは、それを具体的に構成する人々の体質であり、関係のあり方なのである。

さてこの関係は当然に、そこに属する人々の行動の自由を制約し、行動範囲を厳しく限定する。すなわち、できることと、できないことを限定するのである。こうして実質的な背景は、政治姿勢、発想、政策などおよそ政治のすべての営みを決定することになる。

惰性の政治

自民党政治は、何よりもまず〝惰性の政治〟であり、〝なりゆきの政治〟である。それは帆もなく、かじもなく、ひたすら時代の流れに身を委ねる〝いかだの政治〟でもある。流れが、広く、深く、緩やかで、しかも見通しがきいていたとき、この政治は確かにそれなりの妥当性を持っていた。それは、無用の波を起こさないだけでも、消極的に時代の流れに寄与していた。

自民党政治はまた、内政面では高度経済成長政策、外交面では平和共存政策という二本のレールの上を走るトロッコに例えることもできよう。それはハンドルもブレーキもなく決められた道を突進するトロッコである。

しかし、惰性の政治が、妥当性を持ち続けるためには、二つの条件が不可欠であった。

ひとつは、高度成長が常に善であること、すなわち、恩恵だけを持たらし、社会悪を副産しないことである。

もうひとつは、成長政策と平和共存政策の間に何ら矛盾が存在しないことである。すなわち両者が並立し、互いに手のとどかない位置にあることが要求されるのである。もしも飛躍的な高度成長が国内の産業構造を変革するだけでなく、世界経済の構造をも揺さぶる強力な因子となるとしたら、それは平和共存の流れに乗る既定の世界秩序に致命的な亀裂を与えることになろう。そのとき日本は新たな、より厳しい外交試練を避けることができない。

惰性の政治——佐藤首相は、いみじくも〝待ちの政治〟と称した——は、動きを最小限に封じ、流れに逆らうことなく浮流する政治である。

さて、「政治とは予算配分である」かのような財政万能主義の風潮も、惰性の政治の顕著な一面である。なぜならそれは、なりゆきの中で可能だ

予算要求のため座りこむ人々（昭和48年12月）。

からである。高度成長が持たらす所得税と法人税の著しい増収によって、自民党は〝振舞いの政治〟に熱中してきたのである。しかもその予算編成とて、主導権は一貫して官僚の手に握られていた。国家的視野を失ない地域主義と圧力団体に突きあげられた自民党政治家たちは、それなりに公正で枝ぶりの良い官製予算を修正するどころか、ゲリラのように無原則に横ヤリを入れ続けたのである。

しかし、時代が進行するにつれて事態は一変してしまった。二つの条件が満たされないどころか、それ自体がさまざまな危機の母体とさえなったのである。〝富と平和〟への道が一転して、破滅と危機の道に変ったのである。そして方向変換もできず、制動装置も持たないトロッコは、依然としてまっしぐらに暗

闇めがけてひた走るのである。政治資金によって成長政策と固く結合され、忠実に連動する惰性の政治は、成長の果実の分配――すなわち所得の分配、再分配――に関与することはできても、成長政策そのものを制御することはできない。政治は、分配を部分的に支配しているが、そのかわり成長に全面的に支配されているのである。

「仲の悪い国をなくしていく」という平和共存政策は、それ自体異論の余地のない平和的な外交姿勢である。しかし自民党政治は明らかに「新しい不仲を生んでいく」可能性についての配慮を欠いていた。平和共存政策には、一九五〇年代の勢力地図と既得権益を、平和の名において恒久化しようとする米ソの現実的な意図が秘められている。日本がもしも減量に腐心して、当時の大きさを保つとしたら、おそらく最後までこの流れに乗り続けることができたであろう。しかし、タイやインドネシアの反日暴動に代表されるように、かねて友邦として計上されていたはずの諸国との間に、既に不気味な緊張関係が生まれている。この新しい緊張関係は、他でもないやみくもの高度成長と、それに伴なう経済大国化の所産である。すなわち、永遠に平行でなければならない二本のレールに交差の気配が見えはじめたのである。

こうして自民党政治は、惰性だけでまかなうことができなくなった。しかしここに至っても自民党は、〝構造と体質の変革〟という基本的な作業を省略し、さまざまな技術でそれをきりぬけようとした。佐藤、田中と続く調整の時代は、自民党政治がいよいよその秘術を尽して延命に専念しなければならない土壇場である。それでは、惰性をつくろう自民党の知恵は一体どのようなものであろうか。

追加の政治

惰性の政治の欠陥を補う第一の方策は、〝追加の政治〟である。主を温存して従を追加し、旧を放置して新を追加する。悪さを偽善ですっぽりと包み、基本的な変革を怠って小手先のそれですませてしまう。追加の政治は、拡大による均衡、膨張による平準をめざすゆえに、本質的に〝インフレの政治〟でもある。欲望や権利の縮小を迫る力と資格を失なった堕性の政治は、あらゆる面で、際限なく〝水増し〟に走るのである。

追加の政治は例えれば〝つぎはぎの政治〟である。古い衣服の汚れたところ、すり切れたところに、必要に応じて、あるいは思いつくまま、こま切れの布片をつぎはぎする。衣服が小さくなれば、それにつけたすことによって間に合わせてしまう。材質にも織り方にも何らの調和も統一もなく、色も柄もまちまちな布片が、台地をそのままにつぎはぎされていく。台地はもうボロボロでとうに耐用限度を超えており、いまでは全面的な破綻を待つばかりである。時代という身体が、より強く動けばこの衣類はひとたまりもなく分解してしまうだろう。

追加の思想は、単に自民党政治にとどまらず、既成政治の全容、さらにはあらゆる社会領域の底流を重く深く流れている。それは何よりも、われわれの文明の貧困と創造性の涸渇にまざまざと発現しているのである。

観光開発に対する自民党の格別の熱意は、追加の政治の典型的な例である。高度成長は、われわれに可処分所得と可処分時間（余暇）の増大をもたらした。観光開発やレジャー産業の振興は、われわれのこの自由な〝富と時間〟に手をのばすものである。すなわちそれは、産業社会の果実を再びそれに組みこんでいくことであって、成長政策にいっそう寄与することはあってもそれを阻害することはない。新幹線網、高速道路網、さまざまな観光開発やレジャー産業へのテコ入れ、すべてが既定の政治路線上に追加する政治である。田中首相の「日本列島改造論」は、追加政策の集大成であった。それらは、個別にみると確かに妥当なものが多い。しかし問題は、追加するものの華麗さが、陳腐化した本体のヴェールとなることである。

追加の政治の著しい特徴は、すべてが「予算化できる」性質を持つことである。おそらく調整の時代以後の自民党の新政策は、そのほとんどが追加の政治と断定することができよう。

筑波大学構想も、追加の政治の域を出ていない。教育の混迷と大学の没落をさておいて、もう一つの大学をつくることによって、あたかも教育の新時代を装うのである。それは、人々の目をそらすという追加の政治の巧みな手法である。

国連大学の誘致も、精彩を欠いた共存外交への追加物と思えば、手放しで喜ぶわけにはいかない。その平和的な性格が輝やかしければ輝やかしいほど、新たな外交試練を死角に追いやるからである。日中、日ソの友好関係が鳴り物入りで喧伝されれば、いっそうわれわれの外交の虚しさを想うのである。それらはあくまでも戦後処理外交の終着でしかない。

先年、経済企画庁の音頭で、〝生きがい論〟がもてはやされたことがあった。政府が、生きがいまで供給しようとする社会が健全であるはずはない。それは、結婚式場が、衣装やアトラクションばかりでなく〝愛〟まで供給するようなものだろう。生きがいや愛は本質的に自前(じまえ)のものである。

演技の政治

惰性の政治をつくろう第二の方策は、演技である。演技の政治とは〝見せかけの政治〟であり、善政を装う〝偽善の政治〟である。追加の政治が、何がしかの結果が伴なうのに反し、演技の政治は最後まで結果を生むことがない。

石油危機に際して、自民党執行部は、党本部と議員会館の間――わずかに二〇〇メートルほど――をノーカーで往来するよう議員たちに指示した。率先垂範しようとしたものか、それとも少しでもガソリンを節約しようとしたものか不明である。そらぞらしさとこっけいさがわれわれの目に映じた。

また、産油国との友好のために、「大相撲アラブ場所」の開催がもっともらしく論議された。いうことをきかない子供に、紙芝居をみせるのと同じ趣旨であった。

新任の大臣は、それぞれの持ち場を視察することを慣例とする。運輸大臣は新宿駅の雑踏を視察して、まるでひとごとのように憤慨し、厚生大臣は福祉施設をまわって行政の不備を嘆き身障者の挙動に涙を惜しまない。そして農林大臣は生鮮食料品の流通経路をまわり、大根の高値にびっくりし、防衛庁長官は自衛隊員たちと〝腹を割って話し〟、環境庁長官は破壊された自然を前に無念さを吐露するのである。その感情は正直なものかも知れない。しかしそれは常に演技で終わってしまう。小学生の工場見学と何ら変るところがないのである。

また、行政の機構改革も演技でしかない。環境庁をつくっても環境破壊はやまず、物価局をつくっても物価は急上昇した。資源エネルギー庁が発足したら、とたんに石油危機に直面したのは単なる不運であろうか。各種審議会の設置、白書の乱発、調査やアンケートの氾濫、国会の特別委員会の増設、あるいは政府の広報活動の活発化など、すべてが演技に終始する。

さらに自民党は政策のショーウィンドウである。装飾をこらし食欲を誘うさまざまな政策が、ところ狭しと飾り立ててあるが、そのくせ実際に売られている商品は、今まで通り何らの変哲もない。客が文句をいえば、「近日中に販売予定」であるとの丁重な返事がきまって返ってくるのである。

自民党政治は、ますます演技の度合を増し、演技力を高めている。自民党ばかりではない。すべての政党が、空虚な演技を競うばかりである。

演技の政治は、〝信頼〟という政治の最大の資産を廃棄してしまった。政党の公約、政治家の演説から、責任という重いいいかりを取り払ってしまった。政治家の言葉を、落語家の言葉と同格にしたのである。そして今や、〝政治力〟は〝演技力〟と同義語となってしまった。自民党政治家は、あやまることと、こびることが仕事となり、頭を下げることと笑うことが不可欠な能力となった。

応急の政治

〝追加〟も〝演技〟も、惰性の政治の技術的な延命策にすぎない。それらはいずれも、惰性の政治の日常的な補強策である。それは腐朽した柱を塗装して、危機の実態を、われわれの目の前から取り去るのである。

こうして惰性の政治の危機は、突然に思いがけなくやってくる。柱の塗装がなければ、その腐朽するさまをみて倒壊を予知することができよう。しかし、あまりにきらびやかな虚構の政治はわれわれの洞察の眼さえ曇らせてしまっている。

惰性の生んださまざまな危機に対して、自民党は、〝応急の政治〟で臨む。それは、場当(ばあ)たりの政治であり一時しのぎの政治である。常に根本的な解決を避け、間に合わせですませるゆえに、それは〝暫定の政治〟と呼ぶこともできよう。

応急の政治は、被害や犠牲の発生を待って出動するために、政治の本来の姿である〝予防の政治〟の反対に位置している。それは、言葉の高い意味において、政治ではないのである。むやみに陳謝し賠償するのが政治であるとしたら、われわれは何ゆえに政治の存在を必要とするだろう。

応急の政治はまた、個別的処理を原則としているようである。それは社会的事件までも特殊なものとして片づけ、そこから一般的な性格を読み取ることはしない。井戸への落下事故は偶然で特殊な事件であるが、交通事故は、社会的事件である。社会的事件は、その時代の社会現象であり、そのための法や制度を必要とする。政治家とは、日常、さまざまな形で続発する諸事件の中から、社会的性格、一般的性格を察知し、それを社会的に解決すべく行動するものである。水俣病が〝公害病〟という一般的性格を認められるまで、何と二〇年近い年月が流れたのであった。

各種の公害に対する自民党政治の処方は、応急の政治の典型であり、米の余剰に対する減反政策も同様である。

場当たりの政治、後追いの政治は、一時しのぎにはなっても、それは単に〝危機の繰り延べ〟にすぎない。しかも延ばされた危機は、いつの日かより大規模に、より深刻にわれわれを急襲することだろう。自民党政治は、いわば危機という雪ダルマを押しながら坂を登るのである。雪ダルマはますます巨大になり手に負(お)えなくなって、突如としてわれわれを圧殺してしまうだろう。

力の政治

このような自民党政治の総体を、背後で強力に支えているのが〝力の政治〟である。それは自民党政治の最後のとりでなのである。

力の政治とは、各種の治安立法、警察官の増員、装備の強化、公安調査活動の拡充などである。また、国会における強行採決も広義の力の政治に含めることができる。

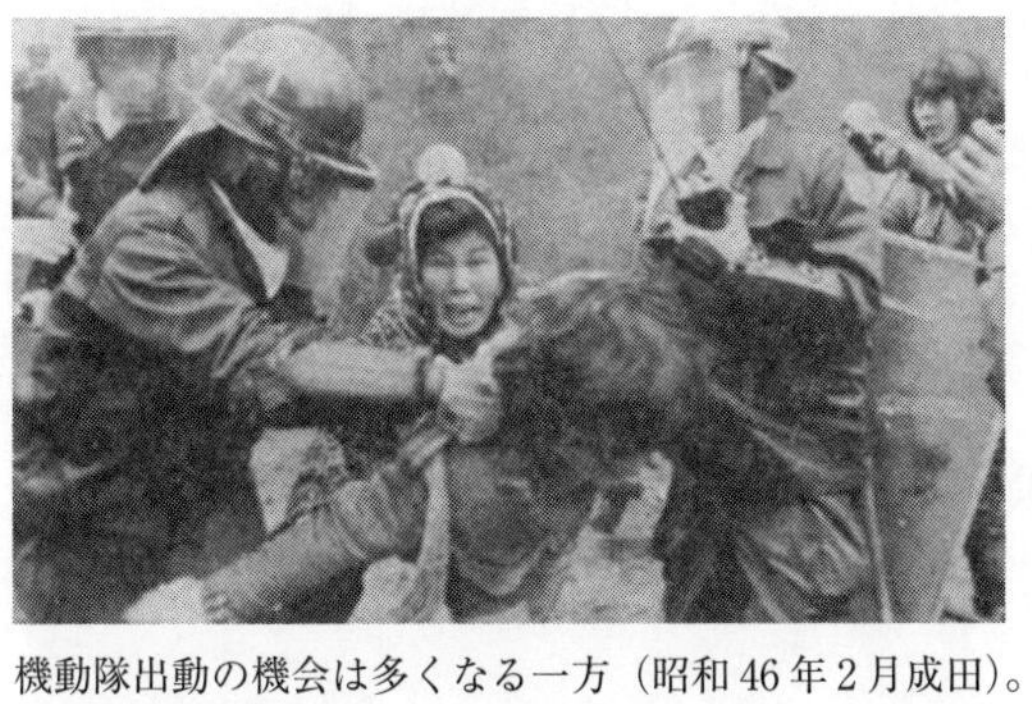

機動隊出動の機会は多くなる一方（昭和46年2月成田）。

図27は、明治以来の警察官数を示したものである。人口の増加や交通関係業務の増大などの事情があるにせよ、警察官数は急増し、近年では毎年五〇〇〇人ほども増加している。警察国家と呼ばれていた戦前（昭和一五年）と比べても、四五年に既に二倍以上に達しているのである。

日本の警察は、〝民主警察〟に成長したといわれる。確かに刑事、交通関係ではそうであろう。しかしその陰で機動隊が増強され、警察庁内部で公安警備畑が力を増しつつあることをみると、われわれは物理的な力で遠まきにされている不安から脱け出すことができない。

一体、タテと警棒と催涙弾を手にした機動隊が、絶えず出動する国家が正常であるだろうか。機動隊の出撃、パトカーのサイレン、炸裂する催涙弾の脇を、無表情な市民が行きかう時代にまちがいはないのであろうか。国会の囲りではデモが規制され、首相官邸の塀は年毎につぎたされて高くなる。政府首脳の護衛が強化され飛行場ではハイジャック防止

図27　警察官の増員

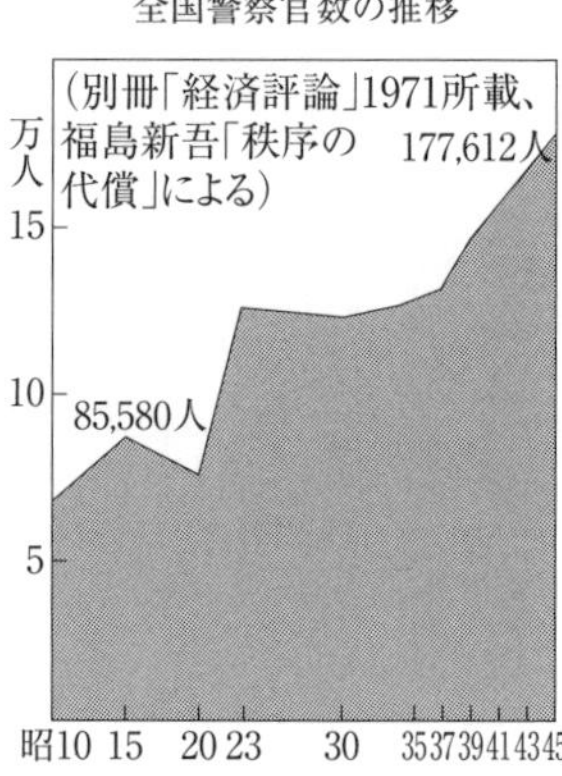

のために常時身体検査が行なわれている。〝暴漢を排除する〟〝一般市民を守る〟という趣旨のもとに、警察は、われわれの日常生活の中にまで押し入るのである。古来、治安の強化は、権力の最後の切札であった。それは時代の余命を占う最も明らかなめやすなのであった。

われわれは、みだりに暴力をふるう父親を尊敬することができないように、力で迫る政治もまた信頼することができない。自民党政治は、未だそこまでは到達してはいない。しかし、そこに向って動いていることは事実である。

力の政治は、われわれの長い歴史を、一挙に無意味にしてしまう。自民党が、この方向を避けるには、何よりもまず惰性の政治に終止符を打たねばならない。

さて、自民党の構造と体質、そしてそれが規定する性格が、今や明らかになった。それは外見よりはるかに俗悪で、しかも無力なものである。

それでは一体、このような自民党に運命を託しているわれわれは、どのような時代に向って歩を進めているのであろうか。そして、自民党をはじめとする既成政党には、いかなる用意があるのであろうか。そもそも、既成政治の展開の中に、われわれの真の拠り所が多少なりとも秘められているのであろうか。なりゆきの中の政治——それがつぎの関心事である。

第3章

危機の時代と既成政党

石油危機は、本格的な危機の時代への予震であろう。われわれは知らず知らず右翼ファッショへの道を歩んでいる。

荒れた畑、売り時を待つ空地、車の群、時代の不均衡が集約された鬼気迫る光景。

1　石油危機の教訓

初対面の国家

年末に突発した石油危機は、われわれの政治のさまざまな実相——国家、政府、自民党、そしてわれわれ自身——をすかし絵のように映し出した。なかでもそれは、国家とわれわれとの思いがけない出会いの場を提供することとなった。今までぼんやりとかすんでいた国境線がくっきりと浮き彫りにされ、国家の営みが、直接生々しい現実感をもってわれわれに迫ってきた。

われわれは街角で著名なテレビタレントなどに出会うと、その人が「本当に存在していた」ことに奇妙な驚きを感ずるが、それと同じような驚きを国家について感じたのである。多くの人々にとって、それは戦後史ではじめての体験であり、ほとんどの昭和世代にとっては、生まれてはじめての国家との対面であった。

われわれが国家の実在を肌で感じるのは、国家の態度変更が直接日常生活におけるわれわれに態度変更を迫るときである。国家の事情がわれわれの事情と一致し、国家の運命がわれわれ自身の運命と一体化しているときである。確かに、海外旅行やオリンピックでも国家を意識するが、それはもっと抽象的で観念的なものであり、そして何よりも明朗で温和なものであった。

人々は、ガソリンスタンドで給油を拒否されたとき、あるいは商店街で灯油の品切れに出くわしたとき、今までとはちがった実体的な国家を意識した。まるで吐息や鼓動や体温に、じかに触れたような、ふしぎな実在感に驚かされたのである。なるほど日中国交回復も国家の重大事件にはちがいない。だが考えてみれば、テレビが宇宙中継をしても、政府が宣伝に目の色を変えても、それはわれわれの日常生活を一分たりとも狂わすことがなかった。われわれは、そ知らぬ顔で今まで通りやっていけばそれで良いのであった。

さて、〝初対面の国家〟は、われわれに多くの貴重な教訓をもたらしてくれた。

まず第一に、国家は自立していなければならない、というきわめて自明なことを再認識させた。国際社会が未だ法社会ではなく、窮極的には諸国家の道義に依存している未熟な規範社会であって、良識ある行動を期待することはできても強制することはできないこと、そしてそれゆえに、国家の生命は、〝自立する〟ことによってしかまっとうできない厳しいものであることが、あらためて印象づけられたのである。ひとりよがりの独善外交も、安易な理想主義も寄せつけない厳しい境涯を国家は生き続けるのである。

第二に、われわれは今まで、国家と全く無関係に生きてきたことを知らされた。日本語を話し、税金を納め、投票はしていても、それは日常生活に無感動に組みこまれて、国家と無意識のうちにすれちがっていたのである。すなわちわれわれは、国家を忘れて生きていたのである。そしてその結果、われわれはあたかも「国家なしで生きられる」あるいは「国家なしで生きてきた」かのよ

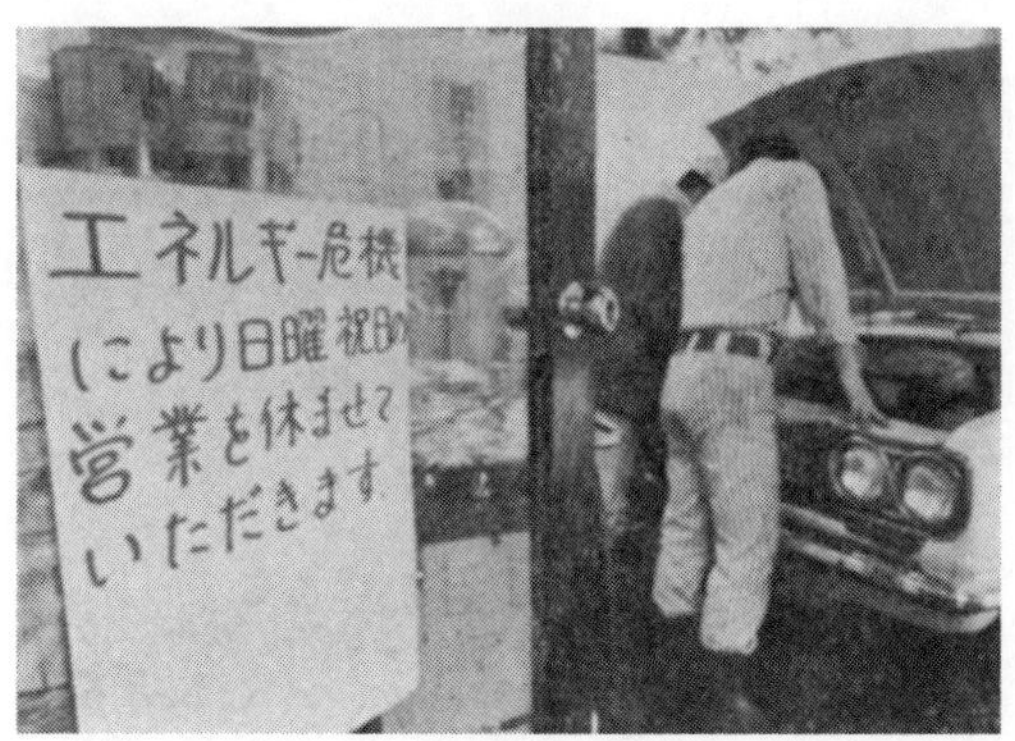

石油危機さ中のガソリンスタンド（昭和48年11月）。

うに思いこんでしまっていた。

第三に、石油危機は、真の外交課題の所在を明らかにした。石油危機は、中東戦争という平和共存のらち外からの波及である。それは従来の日本の外交路線の延長上には存在しないものである。そして、われわれの政府は、このような事態に対して何らの用意もないのであった。

最後にわれわれは、さらに決定的なことを確かめることができた。それは他でもない、われわれの国家が、国民を説得する力を持っていないという不幸な事実である。

石油の供給が削減されたということ、したがってわれわれ一人ひとりが節約しなければならないということを充分承知しながら、まずわれわれは、「みずからの必要量を確保しよう」という利己的な衝動にかられたのである。おりしも続発した日常品パニックは、われわれの心のあり様と、行動の準則をあからさまに公開したのであった。

政治の説得力

そもそも説得力とは、その人に説得する資格があるかどうかの一点にかかっている。政治においてそれは、国民の信頼の有無を意味するのである。すなわち政治家は、過去の業績に対する信頼によって説得力を持ちその説得力によって新たな事業を指揮し、そしてその成功によってさらに大きな信頼を蓄積するのである。ドゴールは自由フランスの運動によって祖国を救い、その信頼を資本に第五共和制を創建し、さらにその成功によって自己の威信を高めた。毛沢東は延安への超人的な長征によって信頼を得、それをもとでにして中国大陸に君臨してきたのである。信頼は威信という形で蓄積し、威信は説得力という形でその真価を問われるのである。自民党は復興の時代に信頼を蓄積し、それを背景に成長の時代に臨み、さらに調整の時代には、それを浪費することによって政権を維持してきた。すなわち、昭和三〇年代以後の自民党は、わずかな蓄えを食いつぶしながら生きてきたのである。

田中首相は施政方針演説で〝節約の美徳〟を強調し国民の協力を哀願した。しかし、すでに信頼を失ない尽していた自民党政治には、われわれを説得する力がなかった。政府が悲愴になればなるほど、そらぞらしさが増し、「盗人猛々しい」という言葉が想い起こされた。「笛吹けど踊らず」という事態は、笛を吹く人に踊りを要求する資格がないからである。非常時だからといって妥協して踊ったら、彼はいよいよ増長して笛を手離さなくなるだろう。

福田蔵相は就任時の記者会見で、「政治の説得力を回復することこそ急務である」ことを力説した。しかし説得力は必要だからといって、たやすく手に入るものではない。それは一朝一夕に備わるものではなく、長い間に少しずつ蓄積されるものである。〝生みの親〟であるというただそれだけの形式をふりかざして子供を手なづけようとしても無理である。子供は、自分を見捨てて蒸発していた日頃の実の親に不信感をいだいているから、親が何をいっても従わず、ときには逆らいさえする。子供におみやげを与えることはだれにでもできる。しかし、子供にお使いに行かせることは至難のことである。このとき掛け値なしの親の威信が容赦なく明らかにされよう。

国力の本質

国力とは、権利や要求の充足力でなくして、義務と責任の抽出力である。政府の指導性とは、国民に何かしてやることによってではなく、国民に何かしてもらうことによってより正確に測られる。

古くから、領土、人口、経済力、軍事力、国民性、あるいは、文化や伝統の質、外交技術などが、国力の具体的な要素として指摘されてきた。しかし、国力の根源的なものは、危機に当面したときの国民の団結力である。そして、その団結を生む力こそ政治の説得力なのである。

史上最大にして最強の国力を持つといわれるアメリカが、ベトコンのゲリラ攻撃によって敗退したのはなぜであろうか。アメリカの現代兵器が小まわりがきかないから——というような戦術的、技術的な次元の問題なのであろうか。そうではない。それは〝戦う意志〟と〝戦う大義〟に欠けていたからである。反戦デモが連日のように銃後で繰り広げられ、前戦では脱走兵が後をたたない国家は、それがいかに強大な軍事力を誇っていたにせよ戦いに勝てるはずはない。戦う意志のないライオンも命がけのネズミにはいつしか敗けてしまうだろう。少なくとも勝つことは決してありえないのである。実際、ベトナム戦争におけるアメリカ国民の戦意は、おそらく長い人類の戦争史の中でも、特記に値するほど貧弱なものといえよう。

自由世界の盟主、世界の警察としての誇りと使命感に燃えていた冷戦時代まで、アメリカは国民を統合する原理を絶えず具備していた。さまざまな民族によって構成されている合衆国アメリカは、〝共通の目標〟〝共通の敵〟なくして存立できない国家である。草創期の「独立」そして「西部開拓」、それから「経済大国化」と「自由主義圏の宗主」、アメリカは常に偉大な目標を掲げ、それによって国家としての一体性を維持し、内部分裂を避けてきた。

しかし一九六〇年代からの平和共存路線は、はじめてアメリカ国家を緊張の縄から解いてしまった。共通の敵を設定し、何ものかに挑戦し続けなければ存続できないこの不幸な国家にとって、〝宇宙への挑戦〟は苦肉の策として映ずるのである。ベトナム戦争は、経済的な要因はともかく、「アメリカが事実存在していることを、アメリカ人に絶えず知らしめる」という異様な役割を果していた。

元来、複合民族の連邦国家ほど、むやみに国旗を掲揚し国歌を斉唱する。国家意識がなければ、たちまち無政府状態に陥る恐れがあるからである。

国力とは、〝逆境に耐える力〟ということもできる。アメリカは、常にみずからを逆境に立たせることによって、この力を保持してきたといえる。しかし、石油危機は、何とわれわれがこの〝逆境に耐える力〟を持ち合わせていないことを明らかにしたのである。

政治が説得力を持たないこと、われわれが国家に協力の意思を持たないこと、によって、日本が国家危機を乗りきる力を備えていないことがはっきりした。実はこれ以上深刻な危機はないのである。それは、矢が急襲するという危機ではなく、タテを持たないという危機である。

長年にわたって、ぬぐいがたい不信感を蓄積してきた自民党政治が、説得力を回復する唯一の方法は、〝心からの反省〟を示す以外にはない。

「この危機は、すべてわれわれの責任です。野放しの高度成長で社会問題を量産したこと、私たちが無能で無力であったと、気ままに楽しく過しすぎたこと、あるいは見通しを誤り、実状を明らかにしなかったこと——すべてが私の不徳のいたすところと反省しています。協力を呼びかける資格はありませんが、もしも皆様のお許しを得て協力をいただけるなら、危機を乗りきった後で、すべての政治家とともに退場します」

田中首相に残されている有効な口上があるとしたら、これ以外には考えられない。すなわち、古い自民党政治が吹く最後の曲であることを確約しつつ吹奏することである。

2　国家危機の波

この時代の素顔

石油危機はまた、われわれ自身の醜い素顔まで容赦なく映し出した。この時代を、「混沌の時代」から「危機の時代」へと押しやっていく原動力が、他でもないわれわれ自身ではないかという推測が、ようやく確認できたのである。政治の無責任を許してきたという「われわれの無責任」が、今こそ厳粛に究明されねばならなくなった。

この時代の危機は、われわれ自身――生き方、ものの考え方、生活様式、生きがい、道徳、精神生活のあり方――と断ちがたく結びついている。この時代の素顔は、われわれ自身の素顔であり、この時代の危機は、われわれ自身の危機である。そしてよこしまな自民党政治は、紛れもなくわれわれの俗悪な一面をいとも正確に表現しているのである。

まずわれわれは、あらゆる欲望に対して適切な歯止めを持っていなかった。企業や国家が、欲望の暴走によって破綻すると目くじらを立てて非難したが、そのくせわれわれ自身の欲望の暴走を責めたことはなかった。常により富裕な人と比べて、自分の欲望量を正当化し、むしろそれを一層煽るのであった。そして、われわれ自身が存在しなければ、企業も国家も存在しないという単純な事実を忘却してしまっていた。

われわれ自身の欲望が暴走しなければ、企業や国家の欲望も暴走するはずがない。さらに、われわれ自身からそれを抑制しない限り、企業や国家の側からそれを始めることはありえない。

石油危機に便乗して大きな利潤をあげた企業が世論からの厳しい非難にさらされている。その不当さはもちろん徹底的に追及されるべきである。しかし、われわれは、自己の属する企業が超過利得をあげ、多額な臨時賞与をもたらし、そして社会的地位を高め安定度を増したときにも、その不当さを批判し、告発して社会的責任を問いつめていくことができるであろうか。もしもそれができないとしたら、一体企業の横暴を制圧する力をどこに求めたらよいというのであろうか。

われわれの際限のない欲望は、〝要求主義〟とも呼ぶべき片面的な民主主義によって武装されている。われわれの欲望が正当であれば要求も当然のように正当であり、欲望を抑制する必要がなければ要求を抑制する必要もありえない。欲望はとめどもなく膨張する性格を持っているため、要求もまたそれに応じて肥大化してやまないのである。

要求心が不当なのではなく、歯止めのないことが不当なのである。利己心や欲望が危機を招くのではなく、自制心の不在がそれを招くのである。

この時代に包みこまれているものは、そのすべてがみごとに金銭に換算されてしまう。古典的な動産や不動産ばかりではなく、寺院の参観、空気や水、およそ物質のすべてが市場にかり出される。そしてついには、われわれの生きがい、忠誠心、知識や余暇に至るまで、経済合理主義という冷酷な原則が貫徹されつつある。まるで、社会とは経済社会であり、人とは経済人であり、行動とは経済行動でしかないようである。

〝個人の矮小化〟もこの時代の著しい特徴である。実際この時代ほど、個人が小さくみえる時代がかってあったであろうか。われわれは自らを矮小化することによって、その責任を免れてきたのではないだろうか。

資本家、経営者、労働者、科学者、教育者、官僚、主婦——画一化された社会的立場は、われわれの沈黙や無為を弁明するかけがえのない武器であった。「立場上できない」という一言によって、いかに白熱した論議も終わるのであった。説得する人自身が自己の立場を堅持しているゆえに、この一言が二の句をつがせぬ迫力を持つのである。

この時代とは、実はわれわれの「立場の集積」なのである。したがって、すべての人々に立場の修正がなされることなくして、いかなる時代の転換もありえない。われわれには「立場上できない」ことが多すぎよう。

われわれは、〝大衆〟というぬるま湯につかっている。「大衆の一員である」という言葉で、あらゆる人が居直り、責任を逃れてきた。「一人で何ができる」「社会や政治が悪い」と口走ることによって、われわれは自らをますます矮小化している。

後述するさまざまな国家危機の背景には、われわれ自身の危機が伏在している。われわれ自身の変革なくして、危機の時代を乗りきることは決してできないのである。

それでは、この時代が遭遇しなければならない危機とはどのようなものであろうか。

貿易危機

日本は海外からの生命線によって存立している。それも一本の生命線ではなく、多くの生命線によってその存在を確保している。そしてその一本でも破綻をきたすや、たちまちのうちに崩壊する薄氷を踏むような運命を生きている。石油供給は、その最も太い一本の生命線なのである。

さて日本が、原料、資源、そして多くの食糧を海外に依存していることについては、あらためて詳述するまでもないであろう。これらは、程度の差こそあれ石油と全く同じ危機をはらんでいる。この危機を一括して〝貿易危機〟と呼ぶならば、貿易危機はもちろん、この時代に特有なものではなく、また日本に専属するものでもない。

図28は、原料、資源、食糧の海外依存度を示している。これをみると、日本経済がいかに海外の資源に

図28　高い海外依存度

（昭和46年度）

品目	海外依存度	出典
原油	99.6%	（石油連盟「石油資料月報」による）
鉄鉱石	98%	（鉄鋼統計委「鉄綱統計要論」による）
ボーキサイト	100%	（軽金属協会「軽金属工業統計年報」による）
木材	49.7%	（農林省農林経済局「木材需給報告書」による）
小麦	90%	（農林省「食糧需給表」による）
大豆	96%	（大蔵省「日本貿易月報」による）
砂糖	85.8%	（日本精糖工業会「砂糖統計年鑑」による）
濃厚飼料	62.2%	（農林省「ポケット農林水産統計」による）

依存して成り立っているかがわかる。しかも、この依存度は年々着実に拡大しているのである。一九六七年と比べても、わずかにパルプが一〇・四%から八・二%と縮小しているだけで他は軒なみ著しく依存度を増している。パルプも七一年の六・八%を底にして、再び拡大に向ってしまった。

また、日本の食糧自給率は現在五割程度のものといわれる。大麦、小麦、大豆、砂糖、塩などの主要な食料品がいずれも八〇~九〇%も輸入に依存しているのである。八割が自給といわれる畜産品でさえ、濃厚飼料の六二%は輸入に頼っている。

貿易危機は政治的要因によるものである。経済の視点からはこれは経済外的要因、あるいは不確定要素として省略される。しかし、この「政治的要因」は、次のような理由で、この時代により多く、しかもこの日本により多く潜在している。

まず、つぎの諸点が世界経済、特に先進国経済の行方をくもらせている。

① 石油危機は、産油国ばかりではなく、およそ原料、資源を供給するすべての国家に対して待望の先例をつくった。アラブ諸国は石油を明らかに政治的に利用したが、その結果戦争は起こらなかったし、ほぼ期待通りの効果をあげることができた。しかも石油は、他の資源や原料とは比較にならない重要度を持っている。石油供給が、政治的な手段として使われた以上、他の全商品が同時にその資格を得たのである。

② 近年、国連をはじめさまざまな分野の科学者たちから、人口資源、食糧などの現状や将来を、全地球的視野、もしくは世界史的視野で考えるべきだという警告が発せられている。人口爆発、資源の涸渇、食糧不足などのいわゆる「人類史的危機」は、先進諸国の有識者ばかりではなく、その政府によってもタ

テマエとして広く受け容れられているのである。この先進国のポーズは、資源を供給する後進国に対して格好の大義を提供している。後進国が「石油は三〇年でなくなる。われわれは人類の将来のために、その浪費を阻止する」と宣言したら先進国は沈黙せざるをえないだろう。

③「先進国は、幾世紀にわたってわれわれを植民地として支配してきた。彼らは、われわれの犠牲によって発展し現在の繁栄を得た」という後進国の論理は、先進国、特に西ヨーロッパ諸国に対しては、すこぶる強い説得力を持っている。実際後進国は、UNCTAD（国連貿易開発会議）をはじめ、さまざまな機会をとらえて、この先進国の古傷を巧みに突くのである。すなわち先進国は、その道義的なうしろめたさによって、後進国の多少の横暴を大目に見ざるをえない。

皇居に入るヤマニ石油相。資源は後進国の最強の武器である（昭和49年1月）。

④ますます緊密化する先進国相互の経済関係は、危機の波及を一層深く、そして広くしている。一国の致命的な経済混乱は、先進国のすべてを道づれにするだろう。先進国経済はそれ自体で完結した自給体制をなしてはいない。多かれ少なかれ原料、資源を後進国に依存しているのである。

⑤後進国ではおしなべて政治体制も経済体制も不安定であり、また対外関係もきわめて流動的である。内乱、クーデター、革命あるいは宗主国への反発や後進国相互の不和や戦争——南半球は今後ますます悲惨な戦火に悩むかも知れない。これは④の状態にある先進国経済を絶えず脅やかすことになろう。

⑥ 先進国は、対抗手段としての軍事的制裁を次第にとりにくくしている。それは、前述したうしろめたさと共に、成熟した産業社会に特有の徹底した反戦的風潮によるものである。後進国が、この足下を見ないはずはない。刀を抜かないひ弱な武士は、刀を持たない屈強の農夫にかなわないのである。

⑦ 先進国外交は、大戦後の東西関係を基軸として展開されてきたので、南北問題に対しては基本的に対応力を欠いている。平和共存外交の進展とともに、形式化、儀礼化、技術化の過程を辿った先進国外交は、実質的で現実的な後進国外交に直面してたじたじである。

さて、貿易危機は、つぎのような要因によって、この日本により多く、より深刻に起こるであろう。

① 他の先進諸国に比べて、原料、資源の海外依存度がずば抜けて高い。

② 日本の産業構造は、いわゆる資源多消費型であるため〝浪費〟の非難を避けえない。日本は国民総生産を一〇〇〇ドル上げるために七五ドルもの主要資源を消費している。これは、アメリカ、フランスなどと比べて倍近い数字である。

③ しかもこの傾向は、停滞的ではなく加速度的に深まっている。単により消費するだけではなくますます浪費する傾向にある。現在、世界の資源貿易額に占める日本のシェアは一二％程であるが、一九八〇年にはこれが三〇％にも達するといわれる。また、総輸入額に占める資源輸入のシェア（一九六八年）はアメリカ二二％、西ドイツ二六％、イギリス二八％に対し日本は実に四三％を占めている。

④ 日本は、後進国、特にアジア諸国に対して、悪いことはしてあっても、良いことはしていない。この点で、〝悪いこともしたが、良いこともした〟アメリカとは決定的に相違する。アメリカは、世界の警察官として自由主義の盟主として、他国の利益のために身を挺した経験を持っている。

⑤　先進国経済の既成秩序を激しく揺さぶる日本は、先進国からも反発をかっている。日本の危機には同情さえ期待できないであろう。

⑥　日本の経済進出には大義名分がない。自国の利益がすべてである。混乱した政治状況では、はなはだしく不安定であろう。

⑦　石油危機にみられるように、日本は、財力にものをいわせて貿易危機を個別にぬけがけで乗りきろうとするであろう。この世界的な金権政治は、先進国の大きな反発を招き、先進国市場での商品ボイコットを招来するかも知れない。

⑧　軍事力を行使できないという日本の特殊事情も、諸外国に大いなる安心感を与えている。日本は、明白な横暴に対してさえ何らの報復力も持ち合わせない。イギリス、アメリカ、ソ連をはじめ既成大国はすべて、自国の経済圏を軍事的に確保してきた。

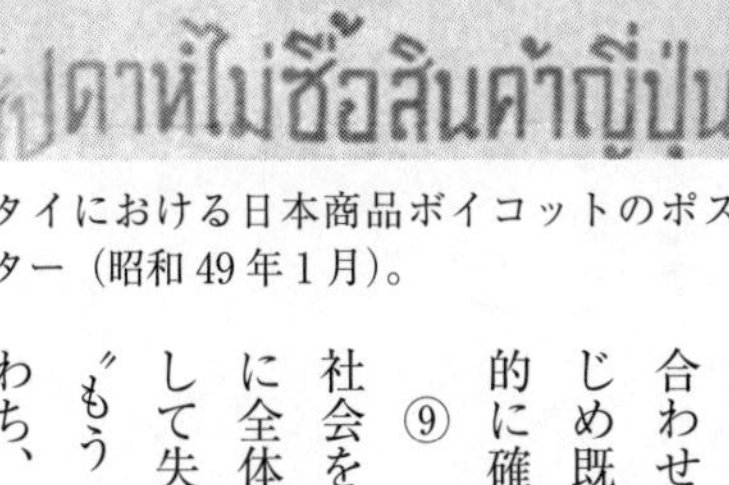

タイにおける日本商品ボイコットのポスター（昭和49年1月）。

⑨　日本は、すでにきわめて高密度の経済社会を形成しているため、小さな破綻が一挙に全体構造を破滅に導いてしまう。工業国として失敗したら農業国に戻るというような、〝もう一つの道〟が用意されていない。すなわち、日本経済はすべてが前線であり銃後を

持たないのである。

⑩　さらに決定的なことには、われわれは忍耐力を失なってしまっている。したがって、諸外国の動向に常におびえ、それがまた他国の不信感を一層強めている。

貿易危機は、日本が存在するだけで常に内包し、そして大きくなるというだけで、絶えずそれを深めていくのである。

経済の破局

日本経済は、貿易関係の破綻という外からの危機ばかりではなく、内部崩壊といういわば内からの危機をもはらんでいる。それは貿易危機より一層現実的でしかも深刻な危機である。

経済の破局の日本的特殊性を、政治的、あるいは社会的側面に限って指摘すれば、次の諸点を見のがすことはできない。

①　企業の専横に対して、何らの歯止めも持たないという点で、日本の政治は画期的である。土地価格の急騰、公害の激化、買占め、狂乱物価など最近の経済混乱は、何よりも企業と自民党の癒着に由来する。

②　また、日本の労働組合、革新政党などの〝要求主義勢力〟もそれ自身の内部に歯止めを持たないこと。すなわち、稼ぐ、貯えるという国家的、長期的視野を欠き、いたずらに費すことに関心を集中していることである。西ドイツの社会民主党は、東ヨーロッパとの厳しい政治的緊張の中で強い国家意識を体得している。彼らは、労働者のためにより多くの賃金を要求し、よりゆたかな生活をめざすとともに、国家経済の動向にも注目する。イギリス労働党も同様に、女王陛下に対する忠誠を誓うことによって国家経済

財界人に経済危機の克服への協力を求める田中首相（昭和49年1月）。しかし、それも単なる見せかけでしかありえない。

のゆくえに責任を負う。一九六四年、久方ぶりに政権に復帰した労働党は、国際収支の慢性的な赤字を抱えて低迷する経済を憂い、賃金凍結に踏みきろうとした。このとき労働党の支持母体である労働組合は、全国大会でこの裏切りを責め、ウィルソン内閣の不支持を決議したのである。こうして一時的にせよ。〝労働組合に支持されない労働党内閣〟という奇妙な事態が現出することになった。

イギリスでは、保守党が企業を抑え、労働党が労働組合を抑えるという役割分担が存在する。保守党が企業の横暴の歯止めであり、労働党が労働者の要求の歯止めとなるのである。しかし日本では、ちょうど逆に、自民党が企業に抑えられ、革新政党が労働組合に抑えられている。

このように、企業の利潤追求とわれわれの分配要求が共に野放しにされているため、経済社会は、常に壮絶な修羅場のような様相を呈している。それは破滅によってしか終わることはない。

図29　春闘賃上げの推移

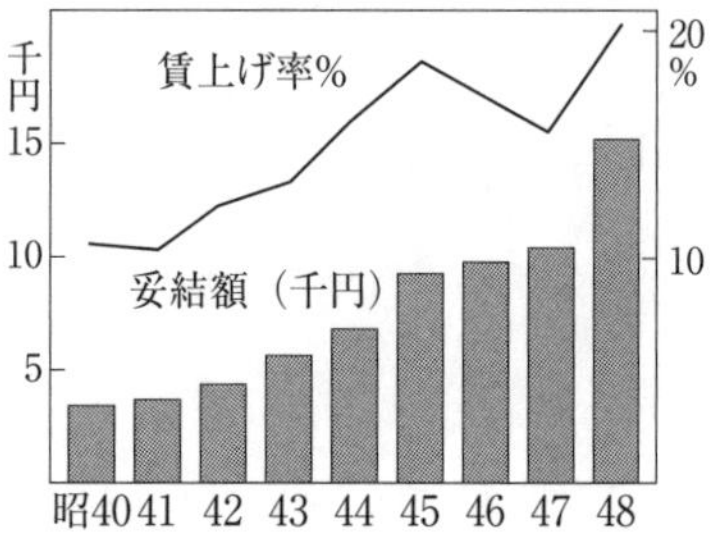

千円　賃上げ率%　妥結額（千円）　昭40 41 42 43 44 45 46 47 48

③　日本経済は、家庭経済に至るまで高度成長を所与の条件として成り立っている。すなわち、すべての人が、生産の拡大、売上げの増加、所得の上昇を当然のことと受け取り、その前提に立って生活設計をし、経営計画を立てている。個人においては住宅ローン、耐久消費財の割賦購入、企業においては、すでに自己資本率一六%といわれるほど異常な借金経営が常態化している。国家もまた税の自然増を見込んでさまざまな大型プロジェクトにとりかかっている。財源が涸渇すればたちまち〝財政の硬直化〟に当面して身動きが取れなくなるだろう。

このように、国家も地域も個人も、すべてが〝成長を当てにして生きている〟のである。経済の部分的破局は、一瞬のうちに全面的な破局を招かずにおかない。

④　われわれは、今のところ〝ゆたかになる〟こと以外に目標を持っていない。日本経済の停滞が、衰退という形をとるにせよ、破局という形をとるにせよ、われわれにとって、停滞は絶望でしかないであろう。経済的欲求は、われわれの唯一の統合原理であり、生き方の手がかりである。したがって日本における経済の破局は、単に社会的な破局にとどまらず、われわれの文明と、われわれの精神をも瀬戸ぎわに追いつめるであろう。

イギリスがいかに没落しても、彼らはかつて七つの海を支配した栄光の日々に生きれば良い。近代民主主義の祖国として、英語文明の源泉として、産業社会の先駆者として、常に歴史を先導した自負に生きれば良い。〝世界の古都〟としての誇りだけで彼らは幾世紀にもわたって生き続けることができよう。

しかし、古い文明を壊し、新しい文明の糸口さえつかんでいないわれわれは、一体何を頼りに生きていくのであろうか。欲望の際限のない肥大化と精神の退廃、そして目標の喪失感――われわれの行く手は真暗である。

このように、日本においては、企業、労働組合などの社会的諸力、自民党、革新政党などの政治的諸力がすべて、破局を避ける力でないばかりか、破局を生む力にさえなっている。そしてそれ以上に、われわれ個人でさえ、破局を恐れながらも実はそれを手招く皮肉な役割を果している。

流体の氾濫

われわれの社会は、〝管理社会〟と呼ばれている。ますます専門化し技術化する管理者と、それに参画を許されない絶対多数の被管理者が、しらけきった対面を続けている。しかも、一方で管理者として振舞う人が、一方では逆に被管理者の立場に立たされるという複雑な管理機構が、われわれを一層いらだたせている。

図30　流体の氾濫

管理者と被管理者はちょうど、土管とそれを流れる流体の関係にある。大学における学生、刑務所における囚人、電車における乗客、病院における患者などが流体の好例である。この流体が、今までの沈黙を破って氾濫するというきざしが近年にわか

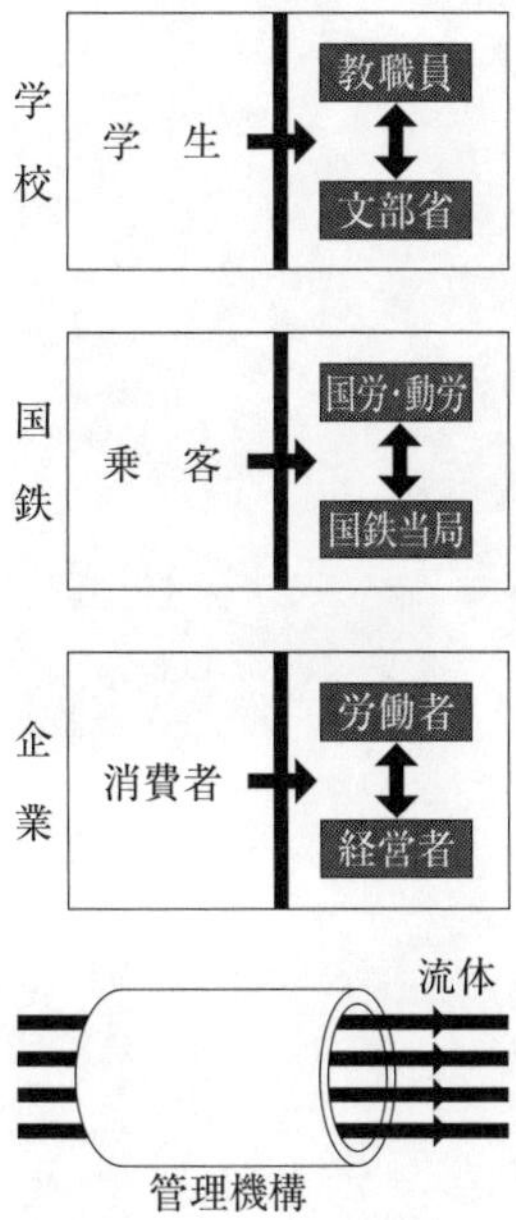

順法闘争への怒りを爆発させた通勤客
(昭和48年3月新宿駅)。

に高まってきている。この〝流体の氾濫〟も時代の重大な危機として計上されねばならない。

流体は、従来の〝保守対革新〟、〝資本対労働〟という対立図式では説明できない存在である。すなわち今までのイデオロギーは、文部省対教職員、国家対看守組合、国鉄当局対国労・動労、あるいは病院経営者対看護婦という対立にのみ適用されるものであり、学生、囚人、乗客、患者などの第三の当事者は、いつもらち外におかれていた。流体はある一定期間——学生の就学年数、囚人の刑期、患者の全快——の経過によって、その管理機構を通過してしまう運命を持っている。

これらの流体が、流れることを中止してまで管理者に対抗するようになると、すでになれあいの様相を呈していた既成のイデオロギー対立は一挙に精彩を失なってしまう。流体の反乱は従来の当事者、特に既成左翼に深刻な問題を投げかけている。

実際、大学紛争では、進歩的な学者ほど見苦しくみじめな戸惑いを演じた。つとめて理解を示そうとした彼らの偽善的な態度が失笑を買い、学生の反発を招いたのであった。

順法闘争に対する通勤客の暴動に直面して、社共両党はついに明快な統一見解を示すことができなかっ

東大安田講堂篭城事件（昭和44年1月）。
彼らは流体の氾濫のはしりといえるだろう。

た。国労や動労の賃上げや首切り反対を、イデオロギー的に支持せざるをえない政党には、乗客の暴動は、迷惑この上もない社会現象である。一部の左翼勢力は、思いあまってこれを「右翼の煽動によるもの」と決めつけたのである。しかし、この暴動が、旅客輸送という基本的義務を忘れてなれあいの争議に熱中する国鉄の労使双方に向けられた抗議であることは、だれの目にも明らかであった。

都議選直前に問題化した江東区と杉並区の〝ゴミ戦争〟もまた、革新政党の無力さと理論的な行きづまりをもののみごとに露呈してしまった。

この事件も、これまでの階級観ではどうしても説明しえない性格を持っている。それは、いわば〝大衆対大衆〟の対立であり、社会主義の教科書には登場しない事例である。革新都政にしてみれば、どちらも味方であり、どちらも無視できない。しかし両方に味方をしたら永遠に解決不可能な問題である。こうして、おどおどして戸惑う革新都政は、両者から激しい攻撃に

“ゴミ戦争”で双方から突きあげられる美濃部都知事（昭和48年6月）。

さらされたのであった。

消費者運動も公害反対運動も流体の氾濫としてみることができよう。いずれも従来の資本対労働という企業内対立のらち外にあり、企業活動全体に向けられたものである。

流体の氾濫は、本質的に一揆でしかないかも知れない。無計画で無目的で突発的なものが多く、それゆえ無責任のそしりを受けがちである。組織も指導者も持たず、うっ積したいらだちが、何かをきっかけに暴発するからである。しかし、社会の危機は、いつの時代にも、こんな思いがけない暴動がその突破口を開いたのである。

流体の暴動は今のところ、気休め的に処理されている。申しわけ程度の〝流体参加〟によってそれをあしらっているのである。政治や行政面では、一日内閣、対話集会、住民相談室などによって市民参加が擬装され、企業では消費者モニター、マスコミでは投書欄の拡充や視聴者参加番組が、受け手の不満を和らげるのである。

しかし、流体の氾濫は、この時代の病根と深くつながっている。それは、気休めの〝流体参加〟によってしのげるような単純な問題ではない。そもそも、流体は、管理への参加まで望んでいない場合の方が多い。管理者が、その社会的責任を完遂することが何よりも必要なのである。すべての管理者が、その基本的な任務を軽視し、無責任さにマヒしていることこそ最大の問題といえよう。

これらの危機は、今後の日本を単発的に、あるいは一斉に襲うであろう。この時代をなりゆきの中に放置する限り、われわれはこの不幸を避けることができない。それはまさしく〝危機の時代〟と呼ぶにふさわしい。それでは、この危機の時代を前にして、自民党にはどのような用意が見られるのであろうか。

3　自民党の末路

巨象のもがき

自民党は、この期に及んでもなお、時代の危機より政権の危機を重大視するであろう。すなわち自民党は、時代の延命策ではなく党の延命策に苦慮するという哀しい習性から脱却できないのである。

昭和四九年二月一二日の朝日新聞は、国民協会の月額会費が平均四・一倍の増額になっているという驚くべき事実をスクープした。割当ての多い業種をみると例外なく近年めざましい増収をあげ、急激な値上げを断行して世論から袋だたきにされたものである。不動産は、全体で四三・二倍と全業種中で最高の伸びを示している。

国民協会の月額収入の五四％は、前述の特定産業一〇団体で占められている。すなわち、鉄鋼、電力、銀行、電機、建設、化学、造船、証券、貿易・商事、自動車の各産業団体がそれである。

おそらく、これから数年の選挙は、おびただしい資金が投入された空前絶後の買収選挙となるであろう。それはまた、自民党政治のけたたましい最期でもある。

日経連の桜田武氏は、「政治献金の問題は議会制民主主義を維持すること、国民の代表が選挙で選ばれる必要があること、カネのある人だけが立候補できる金権政治を防ぐこと、などを前提とすれば、その存在を悪とか善とかきめつけるものではなく、当然の帰結といえる」（朝日）と述べてはばからない。

共和制末期のローマでは、目にあまる買収と供応が公然とくり広げられ選挙は腐敗の極に達していた。何と買収を仕事とする「地区分配人」という職業まで存在したのである。それは腐敗と堕落に身を投げ出していた共和制最期の姿であった。しかし、共和制ローマの輝やける良識、小カトーでさえ、この腐敗を「国家のためならば」と是認したのである。そこには桜田氏と同じように、時代の流れに呑みこまれた人の詭弁（きべん）がある。ローマは、こうしてなすところなく共和制の誇り高い歴史を閉じ帝政に道を譲ることになった。

自民党の第二の延命策は、〝イメージ選挙〟である。イメージ選挙とは、虚像をつくる選挙に他ならない。

マンガで書いた宣伝ビラ、代議士ソング、ひら仮名候補、あるいはシンクタンクによる見せかけの政策立案や、科学的選挙のための市場調査など、成長の時代以後の選挙は回を重ねるにつれて、けばけばしく、けたたましい〝イメージ選挙〟となった。そしてあたかもそれが現代的であり科学的であるかのようにもてはやされているのである。

イメージ選挙とはマス選挙である。それは、個人を省略し、「大衆」を一括して操作しようとする不遜な姿勢に由来する。テレビのコマーシャルと同質の効果をねらうものである。

われわれはすでに、商品の広告やＣＭも呑みにしてはいない。自分の目で見て、自分の手で調べてはじめて納得するのである。もしもまちがって広告に踊らされたとしたら二度と買わないばかりでなく、逆宣伝さえしかねないだろう。イメージ選挙が有効だとかたくなに信じているのは実は政党や政治家だけである。

第三に、自民党は、財政面からの大盤振舞いを延命のために活用する。自己の支援団体を政策的に偏重することによって古い政治基盤を補強するのである。

農業団体、医師会、旧軍人、遺族団体などの、いわゆる保守系圧力団体は、旧人ピラミッドとともに、戦後の自民党政治の強力な支柱となってきた。これらは、自民党が弱体化するにつれ一層その圧力を強め、財政の不均衡を拡大してきたのである。

もちろん、圧力団体の正当な要求に対しては正当な応答がなされなければならない。圧力団体は、その職域の要求を統合するゆえに、合理的で積極的な存在意義を持つことも確かである。しかし、少数の〝組織された要求〟の陰には、多数の〝組織されない要求〟があり、しかもそれは年々著しく増大している。

自民党は既成の組織や団体を優遇することによって、未組織の人々の不信と反感を増幅してきたのである。すなわち、固定票を逃がさないようにする努力そのものが、浮動票を逃がしてしまうという悲劇的な悪循環をくり返してきたのである。

第四に、自民党は「現役優先主義」と「当選第一主義」によって、より確実に、より安易に政権を維持しようとしている。老齢議員が多いことは現役優先主義の表れであり、タレント候補は、当選第一主義の醜悪な一面である。

自民党の延命策は、すべてが小手先の技術である。それは確かに、自民党の延命に寄与してはいるが、しかし反面それこそやがて命取りになるものである。なぜなら、これらの延命策は、前述したよこしまな構造と体質に一層拍車をかけるものだからである。

甘い小選挙区制論

自民党は、自分の不幸な運命を知らないわけではない。総力をあげて延命に努めても、それが従来の手法の延長にすぎない限り、没落は避けられない——ということを彼らは充分承知している。何よりも、得票率の着実な減退に目をつぶることはできないのである。

こうして起死回生の妙策として登場したのが、「小選挙区制」論である。田中首相はじめ、自民党議員たちにとっては、これは自民党政治を恒久化する唯一最強の道として映じたのである。構造と体質の手術なしに長期低落から這い（は）あがるためには、選挙制度を手直しする他はない。自民党が選挙法についていけなくなったら、選挙法を自民党に合わせて変えれば良いという論理である。

昭和四八年春、あたかも春雷のように突然とどろき、反対運動の盛り上りを待つまでもなく立ち消えになった小選挙区制問題には、実は重大な錯覚が存在している。それは、小選挙区制が実現されたにせよ、決して自民党の思惑どおりにはいかないということである。彼らの永久政権に寄与しないばかりか、墓穴にさえなりかねないであろう。

小選挙区制下における「自民党不利」の材料を具体的に指摘すれば次のようなものがある。

① 小選挙区制選挙は、〝政党選挙〟であって、従来の〝個人選挙〟ではない。したがって、自民党の政策が直接、投票行動を左右すること。今までのように、〝党や政府の責任〟にすべてを転嫁して、個人

的に逃げることは許されない。経済政策はもちろん、外交、防衛、教育などの基本政策さえも投票行動に影響を与えるのである。しかも、「自民党政治」は、今まで自民党議員に投票してきた人にさえ支持されているとはいえない。

② 自民党の政党としての実態は、とても〝政党選挙〟などに耐えうるものではない。政党選挙は、「組織政党」であることを要求するが、自民党は本質的に組織政党ではなく、「議員政党」である。そして、それは、今までの自民党にとっては決して短所ではなく、むしろ誇るべき長所といえよう。

小選挙区制反対では野党も完全に足なみを揃える(昭和48年5月)。

自民党のある部分を占める組織政党的体質は、その最大の恥部である。党本部、機関紙、日常活動、学生部など、およそ自民党を党として紛飾するものはすべて、途方もなく俗悪で、右翼的で、粗野である。小選挙区制で、これらが前面にでてくるとしたら、正常な人は目をそむけてしまうだろう。青嵐会よりもっと古く、もっと悪いものがそこには吹きだまっているのである。

③ 中選挙区制から小選挙区制への移行は、有権者に政治意識、投票習慣、支持政党などの再検討を迫る絶好の機会となるであろう。それは、「政治を白紙から考え直す」またとない契機である。惰性で支持されている自民党は、この点か

らみても全く不利な立場に立つであろう。

④　小選挙区制は、既成野党に大同団結をもたらすだろう。野党の割拠は、自民党の思惑どおり野党の全滅を招来してしまうからである。社共か、社公民か、それとも社公共かは別として、野党は自民党と互角に戦える勢力を必らずつくり出すであろう。そうなれば、すでに四六・九％に落ちこみ何らの好材料をも持ち合わせない自民党は、ひとたまりもない。

⑤　さらに、小選挙区制は、いわゆる「保守乱立」のけたたましい選挙を現出するであろう。選挙区が狭いため、市長、県会議員クラスが一斉に有力となり、地縁、血縁が一層強味を増すからである。こうして自民党候補は、〝当面の敵〟との戦いに明け暮れることになろう。

⑥　小選挙区制が採択されるためには、自民党は空前の強行策に出なければならない。世論を無視し、反対勢力を弾圧し、政党エゴをむき出しにして強行突破しなければならない。したがって、小選挙区制が採択されたにせよ、その選挙は、自民党の暴政への轟々たる抗議選挙になるであろう。すなわち、自民党は「小選挙区制を強行した」ゆえに小選挙区制選挙でも負けてしまうのである。

⑦　自民党には、衆議院の選挙制度改革とともに、参議院の定数是正——具体的には都市部の定数増——を抱き合わせで行なわなければならないという道義的責任がある。この参議院の定数改正は、参議院における過半数維持をほぼ絶望的にするであろう。

このように小選挙区制による自民党圧勝は、はかない幻想にすぎない。それは自民党にとって妙薬ではなく毒薬である。田中首相がそれを飲まなかったのはむしろ幸運であったといえるであろう。

この小選挙区騒動が茶番に終わったため、自民党は、今後いかなる選挙制度の改革も、もはやその延命のために利用することができなくなってしまった。今やひたすら「長期低落」の道を歩むだけである。

ふまじめな保守二分論

田中首相の放言録の中に、野党操縦を女性にみたてた興味深いものがある。

「一人の女に金をやり、もう一人の女にハンドバッグをやり、三人目の女には着物を買ってやる。そして最後の女をぶんなぐる」というのである。比喩といい、手口といい、いかにも田中首相らしい野蛮さに満ちていておもしろい。しかもこの言葉の背景には、「何もやらなくてもついてくる女」への限りない願望がこめられている。それは、もう一つの保守党——もう一つの自民党といった方が良い——の誕生である。

自民党には結党以来、根強く「保守二党論」がくすぶっている。三〇年の保守合同に反対した人々をはじめ確かに理想主義的な主張もみられるが、近年にわかに浮上してきたものには、はっきり趣きを異にするものがある。それは、保守二党論というより保守二分論であり、自民党の巧妙な延命策でもある。

第一に、保守党が二つあれば、国会での単独審議、単独採決が自動的に避けられ、野党操縦に苦慮する必要がない。「何もやらなくてもついてくる」はずだからである。そうすれば、いかなる法案も複数政党の出席のもとに可決することができるであろう。

第二に、二つの政党が競争的に共存すれば、どちらも自堕落になることなく党勢拡大に専念するので、結果的には、「保守票」は伸びることになるというのである。すなわち、1＋1＝3になるという思惑である。

第三に、中選挙区制では、ほとんどの選挙区で二人あるいは三人の自民党候補の競合を避けられない。タテマエでは野党を敵にしながらホンネは同志討ちなのである。しかし、政治的立場を同じくするために、公然と敵対するわけにはいかない。もしも、保守党が二つあったら互いに堂々と戦うことができよう。選挙に金がかかりすぎるのも、派閥がなくならないのも元をただせば同志討ちが存在するからである。自民党議員はこんな技術的な面からも保守二党を待望している。

しかし実はこんな虫の良い話はないのである。政党の分裂は枚挙のいとまもないほどくり返されたが、分割されたことはかつて一度もない。論理的にありえないのである。なぜなら、「分割する主体」が存在しないからである。財産分割における親に該当するものが、この場合には存在しないではないか。

それは一軒の家に住む二人の住人に例えることができよう。「一人が出て行って新しい家をもう一つ建てたら、一門の資産がふえるし、おたがいに競争するからより立派になるだろう」と二人が口をそろえて力説する。しかしどちらも相手が出て行くことを期待しているから、いつまでたっても不満をいいながら同居している。彼らは二人とも今の家がどこよりも一番住みごこち良く、自分がすすんで出て行く気持なぞさらさらないのである。

しかし、もしも「保守二党」が現実化するとしたら、それは激しい政争を伴なった分裂以外にありえない。内部からみれば一部の勢力の集団脱党かあるいは集団除名という政治的極限状態が避けられないのである。すなわち、〝飛び出す〟か〝追い出す〟かどちらかの緊迫した行動なくしては保守二党はありえない。たがいにののしり合い憎しみ合って分裂するのであって赤飯と祝杯の壮行会なぞ望むべくもないだろう。

このような保守二分論は、それが有権者の側から問題にされるのならともかく、自民党の内部でささやかれると愚劣さをきわめている。それは、沈みそうなボートに同乗しながら、もう一つのボートをほしがることと同じである。一体どうしてこのような不見識がまかり通るのであろうか。

自民党はついにここまできてしまったのである。一体この時代もそしてわれわれ自身も、この呪われた党と不幸な運命を共にしなければならないのであろうか。

4 革新政権の限界

咲き競う連立構想

昭和四八年は、「政権構想の年」であった。参院決戦での〝保革逆転〟の可能性に色めき立った野党四党が、われ先にと思い思いの政権構想を発表したのである。これらに共通する最大の特徴は、そのすべてが連立構想であるということである。

まず社会党は、前回の総選挙中、成田構想として、全野党勢力による「国民連合政府」の樹立を呼びかけた。これは、昭和四八年二月の党定期大会（次頁写真）に提出され、一〇月には最終案として公式に発表された。

この「国民連合政府」は、「政権の基盤を全野党、全民主勢力による国民統一戦線」に置き、「社会主義化」はできる限り抑え、まず現行憲法下での「民主的改革」を推進するという現実的な姿勢に立っている。また、政策の焦点は、「経済の民主化」「日米安保条約廃棄」「自衛隊解体」の三点にしぼられ、産業の国有化は石炭産業のみにとどめられている。

共産党は、昭和四八年一〇月九日宮本委員長の記者会見で「民主連合政府綱領」を発表し、引き続いて一一月の党大会でこれを正式に採択した。

共産党の「民主連合政府」構想は促成のものではなく、すでに昭和三六年の第八回党大会で採択され、以後の党大会で確認され補強されて今日に至ったものである。

この政府は、①日米軍事同盟の解消と平和中立化、②大資本本位から国民本位への経済政策の転換、③軍国主義の全面復活阻止と民主主義の確立の実現をめざす、といういわゆる革新三原則を基本姿勢として掲げている。さらにこの政府は、国民生活防衛と民主的改革を推進するものであり、決して「社会主義建設をおこなう社会主義政権ではない」というのである。

連立構想に意欲的な社会党首脳。

公明党の「中道革新政府」構想は、昭和四八年九月に開かれた同党第一一回党大会で採択された。これは、かねてから公明党の基本路線とされていた「憲法と議会制民主主義を守る」「日米安保条約に反対する」「大企業優先の経済政策から福祉優先の政策へ転換する」といういわゆる中道革新共闘三原則をより具体化したものである。また、「人間優先」という独自のイメージを強調するため、「社会的弱者の擁護」をこの政権の至上の課題にすえている。全体を一貫して流れているのは、「反自民、反権力、反大資本」

の強い姿勢である。

民社党の「革新連合国民政府」は、その基本的性格を、「暫定政権だが、インフレなど当面の緊急課題を解決し、さらに民主的な社会主義政権への道を開くもの」と規定し、その基盤を「社会、公明、民社」の三党に限定し、共産党を意識的に排除している。そして、この政府の基本姿勢として、①現行憲法の擁護、②福祉国家の建設、③議会制民主主義の貫徹を掲げている。

このようにあわただしく出揃(そろ)った政権構想を前にして、われわれは、その名称を覚えるだけで精一杯である。それでは、これらの四つの構想には、どのような問題点が存在しているのだろうか。

同床異夢

まず、次のような共通点を見出すことができるであろう。

① すべてが、「反自民」の姿勢に立っていること。
② 「革新政権」を名乗っていること。
③ 連立構想であること。
④ 「現行憲法の擁護」と「国民生活防衛」という基本姿勢では一致していること。
⑤ いずれも、「社会主義政権ではないこと」を明言していること。
⑥ ニュアンスを異にする民社党を除けば、「安保解消」でも一致がみられること。
⑦ 四党とも、社会党を連立メンバーとして計上していること。

このように四党の連立構想には奇妙なほど共通点が目立ち相異点を見出す方がよほど困難である。まず、

図31　連立の組み合わせ

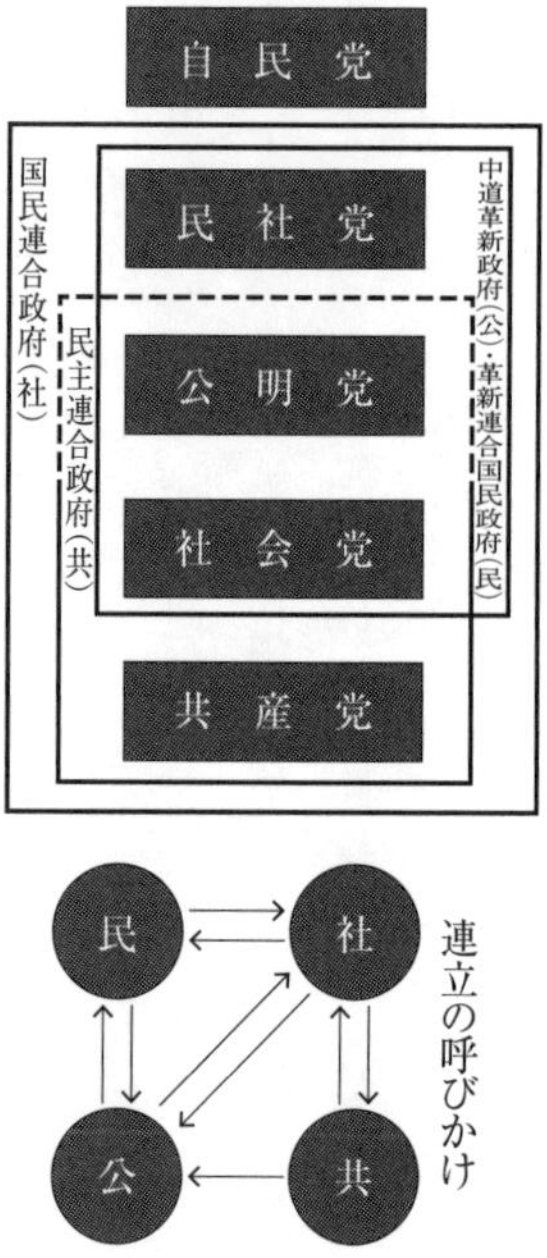

自民党
民社党
公明党
社会党
共産党
中道革新政府（公）・革新連合国民政府（民）
国民連合政府（社）
民主連合政府（共）

民　社　公　共
連立の呼びかけ

政策、政治姿勢では〃大差がない〃と判断して良いであろう。

さて、相違点は、そのほとんどが政権の基盤あるいは主導権の所在に関するものである。

① まず、四つの連立構想の決定的な相違点は、主導権の所在である。すなわち、具体的には首相の所属政党あるいは、〃連立の呼びかけ主体〃のちがいである。四党とも当然のようにそれを自党に置いている。

② 図31のように、「連立の組合せ」すなわち政権の基盤についても、各党に微妙なくいちがいが存在する。共産党と民社党は、たがいに公然と排除し合い、公明党も、「独裁をめざす諸勢力を排除する」として、暗に共産党との連立を敬遠している。全野党の参加を積極的に提唱しているのは、わずかに社会党だけである。

こうして、革新政権の類型は、「社共政権」と「社公民政権」の二つに論理的に整理されてしまう。社会党は、共産党を選ぶか、あるいは公明、民社を選ぶかという厳しい二者択一を迫られるのである。京都府知事選をめぐる府連の分裂劇は、その深刻な序幕といえよう。

タテマエを同じくしながら、ホンネを著しく異にする、いわば〃同床異夢〃の四党は、むき出しの政党エゴによって、せっかくの好機を生かしきれないのである。取り分、分け前を争い思惑を探り合っている間に、「革新政権」という魚はゆうゆうと逃げ去りつつあるではないか。

野党四党は、それぞれが「反自民」を高々と掲げながら、その内実は、「反野党」に明け暮れ、当面の敵をけ落すことに全精力を傾けている。そして、それぞれが、足並みの乱れさえ他党の責任に転嫁し、「利敵行為の政党エゴ」とたがいにののしり合うのである。

四つの連立構想は、はなはだしく似かよっていて、党名が付記されていなければ識別しがたいほどである。しかし四党は、その大きな共通点を認め合うより、むしろ小さな相違点を強調し合うのである。そうでなければ、そもそも党の存在理由が問われるからであろう。

各党にとって、連立構想は、目的ではなく党勢拡大の手段にすぎない。それは、各党がこぞって、世論の統合ではなく世論の分断につとめていることをみればわかる。憎しみ合い、ののしり合い、そして懸命に自己主張する下部党員の争いの中には連立政権のための歩み寄りなど見るべくもない。政党相互の間に、また支持者相互の間に、たがいにその存在を認め合う確かな信頼関係がない限り、連立政権が実現することはありえないのである。

連立構想の最大の悪性は、それが不成功に終わるとき、あるいは難航するとき、責任のすべてが相手方に押しつけられることにある。構想の独善的性格は最後まで不問にふされ、もっぱら他党の責任が、聞くに耐えない口調で糾弾されるのである。それはちょうど、相手の意思も聞かずに、独断で一方的に婚約発表するのと同じである。相手がそれを承諾しないからといって、どうしてそれを責める資格があろうか。たとえ、一見好意的にみえるにせよ、基本的な合意が未だ成立してはいない。すなわち、どちらの姓を名乗り、どちらの家に住むかということである。双方とも、自分の姓を名乗ることを絶対条件にするなら、結ばれるはずはないのである。

われわれは、どうやら、うんざりするほど図星の展開過程を目撃しなければならないであろう。そもそも、政党が「連立構想を持たなければ存在も伸長もできない」というところに、基本的な矛盾と致命的な限界が潜むのである。

さて、革新政党がいかに不毛な抗争を続けたにせよ、遅かれ早かれ、「革新政権」成立の機会は訪れるであろう。それは決して革新政権への信頼や期待によるものではなく、自民党政治への不信と絶望によるものである。もしも、この好機に首尾よく「革新政権」を樹立できたとしたら、それは一体どのような運命をたどるのであろうか。

要求主義政権

この革新政権の形態がどのようなものであるかは未だ不明である。ただそれが、四つの連立構想のいずれでもないこと、そして社会党主導の政権であることはほぼ確実である。

なぜなら、もしも特定政党の連立構想が採用されるならば、他党はそれに従うはずがないからである。現実に出現する革新政権は、その時点での力関係と特殊事情を厳しく反映した連立政権であって、断じていかなる連立構想にも制約されるものではない。

また、公明、共産、民社の三党が他党の主導権を認めるとしたら、それは社会党だけである。したがって、連立がどのような組み合せであるにせよ、社会党主導型の政権である。共産党主導の民主連合政府は、現実には社共政権でしかありえない。それも社会党の一部との連立である。共産党が二〇〇議席を占めたとき、はじめて可能な政権である。

この革新政権は、〝要求主義政権〟という基本的性格を持ち、内政、外交両面でもいくつかの顕著な傾向を示すはずである。

まず内政面では、〝分配専念型政権〟となるであろう。公務員給与の引上げ、民間大企業の賃上げはもちろん、所得の再分配といわれる社会保障費の飛躍的な拡大に専念するのである。自民党が、労働分配率を抑え、民間設備投資の拡大を援護してきたのに反し、革新政権は、何よりも労働分配率の拡大を支援するであろう。また、今までの産業基盤施設に傾斜した公共投資の姿勢を改め、生活基盤施設の拡充に努力するであろう。

このいわゆる「成長から生活へ」という政策転換は、明らかに国民的期待と時代的要請に応えるものである。それは、「調整の時代」の基本的仕事としてすでに指摘した通りである。自民党の没落は、何よりもこの仕事を果しえなかったことによるものである。それは、ひとえに特定産業と癒着してきた自民党政治の体質に由来している。

外交の基本姿勢は、平和共存路線のより明白で、より性急な採択である。自由主義圏との癒着を脱すること、社会主義圏との相互交流を深めることが、至上の外交課題となるであろう。それは具体的には、「安保解消」という外交的な賭けを基軸とするものである。

さて、この生活路線、共存路線という内外の基本路線は、実は「社会主義的性格」のものではなく、それ故に「革新政権」に固有のものでもない。それは自民党政治でも当然可能な道である。いや、連立でない故に、またイデオロギーの制約を受けない故に、自民党政治は、より効果的にこの時代的要請に応えうるはずである。こうして、混迷のすべては、またしても自民党の腐敗と堕落に帰着してしまう。

さて、革新政権は、分配政策の飛躍的な前進と、平和政策の明確な採択によって、われわれにあたかも〝富と平和〟という二つの至宝を一挙にもたらすように見えるが、実はそれは、全面的な破綻の危険を秘めているのである。

それでは一体、革新政権は、どのような矛盾を内包し、どのような政治的障害に当面するのであろうか。

インフレの昂進

まず第一に、革新政権はその要求主義的性格によって、心ならずもインフレを昂進させる役割を果すであろう。

現在の破滅的なインフレは、自民党政治に対する不信感を加速度的につのらせてはいるが、それは直線的に革新政権による物価問題解決への期待につながるものではない。政府攻撃の苛烈さが、人々の不満や怒りを代弁し、その共感を呼んでいるだけである。

革新政権は、物価上昇をくい止めえないどころか、それを一層深刻化させる積極的な要因を含み持っている。すなわち、歯止めのない大幅賃上げを支援することによって、賃金水準を飛躍的に押し上げ、それがサービス料金、製品価格の引上げを招くからである。

革新政権成立の原動力となるのは、大幅賃上げへの期待感に胸をふくらませている総評などの労働組合である。革新政党は今まで、政治資金と運動員の両面で大企業労働者に依存してきた。春闘をはじめ労組の賃上げ要求には、率先して全面支持を与えるばかりか、それを過大に煽（あお）ることによってその支持をつなぎとめてきたのである。したがって、革新政権下における大幅賃上げ――それは空前絶後の上げ幅であろう――は、並みの公約をはるかにしのぐ強い拘束力を持つものである。そこには前述した〝裏切ることのできない関係〟が成立している。

こうして労組の賃上げ攻勢には、いかなる歯止めも取りはらわれ、無制限な要求がそのまま正当化される。しかも革新政権の短命を鋭く直感する大企業労組は、このときとばかり過大な要求を提示することであろう。

年中行事となった春闘。

公務員給与、公共企業体の賃金あるいは生産者米価の大幅引上げは、財政の硬直化を格段に深めるであろう。また大企業における大幅賃上げは、生産性の低い中小企業に、深刻な打撃を与えるはずである。人件費の高騰と一層の人手不足が、経済の二重構造をさらに明白にするのである。生鮮食料品やサービス料金の急騰が、消費生活をおびやかし、頻発する中小企業の倒産が、発展途上の地方経済を暗闇にほおり出すことになろう。

さらに、革新政権の登場は、明らかに経済成長を阻害するであろう。それは成長を政策的に援護しないことによって、また賃金分配を過大にして投資を減退させることによって、さらには、労使双方の成長意欲を阻喪（そそう）させることによってである。

「成長しつつ分配する」というタテマエは、自民党政権も革新政権も同一である。しかし、分配要求を政治基盤にする革新政権は、成長に対しては本質的に無関心、無責任な性格を持っている。革新政権は、量の限られた水槽の水を無計画に飲み尽していく。それは、いわば「食いつぶしの経済」である。しかも、その水槽の水は、他でもない彼らが執拗に批判し反対し続けてきた高度成長政策によって貯えられたものである。革新政党は、「成長の時代」においてさえ、一貫して成長政策に反対していた。

確かに自民党政治は、水槽の水を多くすることにだけ気を取られてきた。水を運ぶ人々が、疲れてのどを渇らしていることを無視してきたのであった。

自民党政治が、企業家を野放しにすることによってインフレを招来したとしたら、革新政権は、分配要求をも野放しにすることによってそれに拍車をかけるのである。いずれも経済の安定的な発展のためには片手落ちである。

公害の激化と私権の壁

第二に、公害も革新政権下で、より深刻な事態に直面するであろう。もちろん、革新政権がそれを放置したり、無視したりするからではない。革新政権によっても何ら基本的な解決が望めないということである。

革新政権はおそらく、産業公害に対して自民党政権よりはるかに強力な規制措置をとるであろう。生活環境についても、生活環境への傾斜的な公共投資を行ない、自然破壊に対しても、より断固とした姿勢が期待できよう。

しかし、これらの努力も、単に公害の足どりを遅くするだけであって、もとより根本的な解決にはほど遠いものである。たとえば、隅田川の汚染についても、汚なくなる速度が鈍化することがあっても、決して美しくなることはないのである。公害病患者の救済が手厚くなっても、公害病がなくなるわけでも公害産業が解体されるわけでもないのである。すなわち、炎を消す力は増しても火種を除去する力は期待できない。隅田川に再び魚が行きかい澄みきった青空と静かな夜がよみがえることはないであろう。

中性洗剤で泡だらけの多摩川。
これは企業の責任ではない。

革新政権が、もしも公害の撲滅までめざすなら、支持勢力の要求に応じることより、支持勢力に義務と責任の供出を迫る力を手にしなければならない。多くの公害企業の労働者たちに職場転換を決意させうるかどうか、生活人に対して、私権の濫用と公徳心の不足を戒めることができるかどうかが何よりの問題なのである。

しかし、既成の革新政党が、競って人々の要求心をせり上げて伸びてきたことを思えば、この願いは絶望的である。実際、「皆さんは正しい。大企業と自民党が悪いのだ」という無責任で安易な論理が、どんなにかこの時代の混沌を深めてきたことだろう。「ゴミが多いのも公害がはびこるのも、すべて自民党政権の責任である」という革新政党の論理は、確かにわれわれを気楽にしてくれたが、反面、われわれの無責任と怠惰をとめどもなく助長することにもなった。ゴミ処理施設を増設することはもちろん必要である。しかし、ゴミを少なくする日常的努力はもっと必要である。

第三に、「あなたに悪いところはない。自民党政治が悪いのだ」という論理への共鳴によって成立する革新政権は、人々の既得権益の死守と過大な権利主張という〝私権の壁〟に直面して行きづまるであろう。その壁は実は、革新政党の援護によって一段と強化されてきたのである。「私的権利と公共の福祉」という係争に際して、革新政党は、党勢拡大の思惑で、きまって私権の側に立ってきた。東京のゴミ戦争は、そんな姿勢がはらむ矛盾が思わずさらけ出された典型的な事例といえるだろう。

新幹線や高速道路網などの国家的規模の公共事業にはこれからきまって成田のような過激な反対運動が随伴するであろう。この全国的な〝成田化〟の波は、既成の革新勢力の理論的な破産をあますところなく浮き彫りにするはずである。革新政権は従来の姿勢から、強引な着工に乗り出すことは許されずいたずらに工事を引き延ばすのが落ちである。

私権の濫用は、この時代のあらゆる社会問題の底流となっている。私権をやみくもに援護し、それによって伸長した革新勢力は、ついにおのれが点火した炎によって追われる皮肉な事態に当面するのである。それは一面、日本の革新政党が、自民党以上の保守的体質を持つことをもの語っている。彼らは、「何でも反対する」ことによって、ついには良いことにも反対してしまったのである。

われわれが互譲の精神を持って、既得の私権に対する制限と規制を申し出る用意がない限り、土地、住宅、公害問題などの根本的な解決など望むべくもない。

また、革新政権は、私権の衝突、地域エゴの抗争に全く無力であるばかりでなく、同様の理由で特殊な公共施設の建設に手を焼くであろう。すなわち、革新政権は、学校、病院、図書館、公園などを増設できても、し尿処理場、ゴミ焼却場、霊園、火葬場、空港、屠殺場などをつくることができない。それらは、著しい不快感を与えるが、必要不可欠な施設である。

政治の真価は、図書館をつくるときではなく、火葬場をつくるときにこそ問われる。革新政権に、われわれの労苦と忍耐を求め、義務と責任を割り当てる力を期待することはそもそも無理であろう。

第四に、前に述べた〝流体の氾濫〟は、革新政権下においてより大規模に、より深刻に勃発するはずである。それは、美濃部都政の経過をみれば容易に推察できるであろう。革新都政はいわば絶好の〝逃げ道〟を持っていた。不測の危機に当面したり、失政を犯すたびに、それを自民党政治の責任にすれば良いのであった。解決したのは革新都政の力であり、未解決や失敗は中央の責任として転嫁すればすむのであった。〝ストップ・ザ・サトウ〟という美濃部知事の姿勢は、革新都政に不可欠なものなのである。これは東京都だけではなく、すべての革新自治体に通用するまたとない逃げ道となる。実際、「革新」町政や「革新」市政が自壊したときでさえ、革新政党は、中央の自民党政権のせいにしてきた。

しかし、革新自治体に逃げ道はあっても、革新政権に逃げ道はない。それが行きどまりだからである。事情は一変して、すべての責任が革新政党に集中してくるであろう。

自民党は、タテマエとしては、労・使・流体の三者を包括するマクロの視点に立っていた。しかし革新政権は、タテマエとしても労働組合に足場を置き、部分勢力の代弁者となっている。流体の氾濫に対してはどのような効果的姿勢も用意されてはいない。

外交の破綻と国際摩擦

第五に、革新政権は、性急な平和外交によって国際摩擦を一挙に深めるであろう。特に、革新政権の外交的切札である〝安保解消〟は、思いがけない国際的逆境を招くかも知れない。

すでに、日米安保条約は初期の役割を終えて形骸化しつつある。アメリカの基地維持能力が低下したこと、米ソ、米中関係の好転による国際環境の変化やベトナム休戦、あるいは日米の相対関係の変化など、一九六〇年当時と比べて事情は一変してしまっている。安保条約は今や、むしろ日米の友好関係を擬装するという奇妙な役割を果すのである。

安保条約の解消が〝反米姿勢〟に基づくものではないことは共産党でさえ強調している。しかし、〝イデオロギー外交〟の帰結としての安保解消は、彼らの思惑に反して国際摩擦の思わぬ増大をもたらすだろう。革新政権がいかに、反米政策ではないと強調し、イデオロギー外交ではないと念を押しても、アメリカをはじめいわゆる自由主義諸国は額面通りに受けとらないのである。イデオロギー政権がそれを断行する限り、イデオロギー的挑戦と受けとるのが最も自然だからである。商品ボイコットが一ヶ月も続けば、日本経済はひとたまりもない。

安保条約はすでに時代的役割を終えている。できる限り早く解消することが望ましい。しかしその仕事は、あくまでも最も妥当な時機に、最も自然な形で、しかも非イデオロギー政権の手によって行なわれなければならない。無用の波風を立てて国益を損う(そこな)ことだけは避けるべきである。

革新政権の外交は、イデオロギー的性格を持つため、独善的で教条的になりがちである。ともすれば「外交には相手方がある」という当然の事実を忘れ、一人芝居を演じてしまうのである。また、内政の行

新安保条約の批准書を交換する日米代表（昭和35年6月）。
その時代的役割はうすれた。

きづまりに対する焦りが、外交的な賭けを誘出する危険も多い。外交的な蛮行は直接、支持勢力の利害にかかわらないからである。

しかし、内政における失敗は、対内的に処理できるが、外交的な失敗は、とり返しのつかないものである。すなわち、政権の交代などの国内事情で弁解できるような安易なものではないのである。革新政権の外交も、自民党政権の外交も、等しく日本の外交としての責任を免れることはできない。

革新政権が内政で失敗しても、外交で見るべき成果をあげなくとも良い。それは登場するだけで、新しい時代への有力な手がかりとなるだろう。しかし、外交にだけは片意地を張らないことを願うばかりである。性急な平和外交は、平和ではなく戦争さえもたらすことがある。

〝連立政権〟の本質的限界

さて第六に、革新政権は、「連立政権」であるために、致命的な限界を内包している。

まず連立政権は、それを構成する諸党派のいずれにとっても〝過渡期の政権〟であり、〝暫定政権〟である。それは来たるべき単独政権への足がかりであって、決して終局の目的ではない。そうでなければ、そもそも政党という概念そのものが成立しないからである。もしも、革新連立政権が終着駅であるなら政権を樹立する前に、政党として合同統一されなければならない。暫定政権である革新政権は、暫定であるために本質的に無責任な性格を避けられない。

また、連立政権は、各党が「功績を奪い合い、失政を転嫁し合う」という一般的な習性を持つ。政権の運命より、政党の運命の方が大切にされるからである。

したがって連立政権は、難問を据え置き、失点を少なくするという消極的な姿勢に傾くのである。政党は、例外なく臆病になり萎縮してしまう。

さらに、連立政権は、不測の危機に対応することができない。それは具体的な〝政策協定〟によって結合されているため、「協定書に書いてない事態」に直面すると全く無力である。

一体、政治の最大の役割は、〝予期せぬでき事〟に対処することである。政策協定にしばられて機動性と柔軟性を失なった政権は、われわれの運命を引き受ける基本的な資格を欠いている。特にそれがイデオロギー政党の連立である場合、その危険は倍加されるのである。

先のイギリスにおける政変をみるまでもなく、連立政権は通常、思いがけず成立するものであり、予定されたり目標とされたりする性格のものではない。連立構想を臆面もなく掲げるのは、驚くべき政治的無知か、あるいはあこぎな政治的手段としてである。

また、革新連立政権は、その成立の瞬間、反自民党政権という唯一のきずなを失なうことを忘れてはならない。まがりなりにも足並みを整えるのは、自民党政権が存在するおかげあって決して自律的なものではない。自民党政権が倒れたとたんに、結束が乱れ、分裂が始まるのである。後続するのは、イデオロギー政党特有の理論闘争に名を借りた俗悪で陰湿な権力争いである。

このように、連立政権は、連立構想に書いてない事由によって厳しい制約を受けている。

持ち札の払底

革新連立政権は、かつてない異常な混沌を招来して破産する。それは、政権を明け渡すというより、投げ出すというみじめな終わり方を演ずるであろう。

結局革新政権は、結果的にみれば心ならずも「自民党政治」の延長上を走るのである。自民党政治がもたらした時代の混迷に、決定的なダメを押すのである。

戦後の長い保守政治が、いかに堕落し、失政を重ねても、われわれには革新政権というもう一つの持ち札が残されていた。したがって、保守政治への絶望が、そのまま政治の絶望につながるものではなかった。しかし、革新政権が破産するとき、われわれはついに既成政治のすべてが破産したことを思い知らされるであろう。そのとき、画用紙の表と裏が使い尽されるのである。常備していた予備タイヤが、使いものにならないことを知ったとき、絶望感はついに極限に達するであろう。

革新政権は、イデオロギー政権である故に柔軟性を失ない、要求主義政権である故に説得力を欠き、そして連立政権である故に責任能力を欠く。

革新政権は決して〝政治の流れを変える〟ものではない。それはまさしく自民党政治の下流を担当するものである。今やわれわれは、流れを変えることができない以上、流れを早めることを心がけねばならない。自民党政権の敗退と革新政権の破産を、できる限り早く、できる限り短く大急ぎで体験しなければならない。傷を治すことができなければ、少なくとも傷を深めることを避けねばならない。そして、すべてを完全に納得したら新しい努力を惜んではならない。

自社連立の可能性

さて最後に、「大連立」すなわち自民、社会両党の連立の可能性についても検討を加えなければならない。なぜなら、見方を変えれば、革新連立より自社連立の方が、はるかに現実的可能性が高いのである。それはおおむね次のような理由による。

①　革新連立は、それが〝予定されたもの〟である故に、より成立しにくいものである。あらかじめ公然と陳列されてきた〝連立の条件〟はすでにひとり歩きをしていて、政変時の優れて流動的な局面の中では、むしろ障害になってしまうであろう。すなわち、条件の公開によって妥協の公開をも迫られるために、有効な妥協がいかにも生まれにくい。予定外の妥協はそのままその党の敗北感と路線変更に直結するからである。

②　自民党敗退のときは、同時に、深刻な政治的、社会的危機のときでもある。革新政権が晴れて誕生の機会を与えられるにしても、それは決してわりの良い役まわりではない。損はあっても得のないような出番である。このとき、党の体面に傷をつけたくないと願う狡猾な政党は、巧妙に連立を逃げるであろう。もちろん、連立工作の過程には、逃げるための口実はふんだんに用意されている。そして一党でも逃げれ

ば、革新政権は流産してしまうのである。

③　自民党は、過半数を割ったにせよ、「第一党」としての道義的責任から組閣工作に努めなければならない。また、自民党は、単独であれ連立であれ与党でなければ生きられない体質を持っている。自民党は常に、政権への意欲を満身にたぎらせているのである。

④　革新政党の中でも、社会党は〝革新の盟主〟としての自負心から、また「第二党」としての道義的責任から、連立を逃げることは許されない。

⑤　自社両党は、戦後史の基軸となってきたこと、個人的交流が緊密であること、あるいは同世代政党である点で、意外に信頼関係が成立しやすい具体的事情を持っている。

⑥　イデオロギー政党間の連立がきわめて困難であるのに比してイデオロギー政党（社会党）と非イデオロギー政党（自民党）の連立ははるかに容易である。実際、自民党は、名目だけの〝理論的な譲歩〟などいとも気前よく応じるであろう。そして、常に名を捨てて実をとってしまうのである。

⑦　社会党からすれば、革新連立では最高責任を引受けねばならないが、自社連立では補助的な責任しか生じない。すなわち、同じ連立参加でも責任の軽重は質的に異なるのである。

⑧　したがって自社連立では、革新政権の可能性が温存され、社会党に致命傷を与えない。

⑨　社会党にとっては、保守党との連立は片山、芦田両内閣で経験ずみである。この両内閣の破局は、社会党の内部分裂によるものであり、保守党の裏切りによるものではなかった。いつ逃げるかわからないイデオロギー政党よりはるかに信頼できることは身にしみているはずである。

このように、ここしばらくの政局は、革新連立を表の流れとしつつ、裏では自社連立の流れを強めて行くのである。それはタテマエとして自社両党の口にのぼらないだけに、一層可能性を秘めている。連立とは本来そういうものである。

さて、自社連立の業績と運命については、あらためて多くを語るには及ばないであろう。それは、「挙国一致内閣」の色合いを持つため、その破産は、名実ともに既成政治の破産であり、戦後史の最終幕となろう。そして後続するのは、めまぐるしく組合せの変る短命な連立内閣である。

こうして既成政治は、ついにすべての可能性を閉じる。残されるのは、かつてない社会的混沌と、政治的荒廃である。そして持ち札を使い果したわれわれをよぎるものは、右翼ファッショへの危険な誘惑に他ならない。

5 待ち構える右翼ファッショ

ヒトラーの不気味な影

この時代をなりゆきにまかせるとき——すなわちわれわれが、今まで通りにすごすとき——その落着点は、まちがいなく右翼ファッショである。坂を降りるトロッコ、制動力を持たない既成政治は、衝突と分解なくして停止することはできない。

ヒトラーの登場を許したことは、単にドイツ史の汚点であるばかりでなく、世界史の汚点である。その俗悪さと欺瞞性、測り知れない惨害は、のちのちまで歴史をめくる人の心を暗くするであろう。われわれは、このワイマール共和国の末期と、戦後日本の破滅的な終局との類似性をしかとわきまえなければならない。われわれは、右翼ファッショを忌み嫌い、それを小馬鹿にしていながら、その実、見えざる手でそれを手招いているのである。

確認しておかなければならないのは、われわれがもしも右翼ファッショの出現を許すことがあったら、それはわれわれのだれかの責任ではなく、われわれのすべての責任だということである。いかなる政党も、いかなる人々も、断じてその責任を免れることはできない。

ヒンデンブルク大統領の信任を受けて、ついに首相に就任するヒトラー（1933年1月）。甘言と中傷に満ちた宣伝戦術が右翼ファッショの道を開く。

危険な短絡

われわれは現在、無意識のうちに右翼ファッショの登場条件を着々と整備している。それは何よりも、われわれがこの時代、この政治に代るべき何ものも用意してはいないからである。実際われわれは、戦後体制が崩壊すれば戦前体制に復帰すること、戦後的価値感が破産すれば、戦前の価値観を取り出すことしかできない。過去という代案しか持たず、帰るという方策しか知らないのである。「戦後」への絶望が一気に「戦前」への郷愁に短絡してしまうのである。この「二度目の戦前」は、それなりに本格的な時代精神に支えられていた「最初の戦前」に比べて、われわれの想像を絶する惨劇を招かずにおらない。

それではわれわれは、具体的にどのような短絡をしつつあるのであろうか。

① まず議会制民主主義が有効に機能しなくなると、すぐさまそれを原則的に否定し、直接的な政治行動に共鳴し、強力な独裁者の出現を待望する。

② 経済主義が行きづまると、物を徹底的に排撃する精神主義に憧れを持つ。〝大和魂〟〝武士道〟がこれ見よがしにもてはやされる。

③ 自由経済が破綻をきたすと戦前的な統制経済が頭を持ち上げる。

④ 文明の貧しさに対する不満が旧文明への郷愁をかきたてる。この時代の文化的な貧しさは、われわれの心の貧困と創造性の涸渇の正確な投影である。

⑤ 過激派暴力がはびこると、即座に治安の強化が待望される。それが生まれる時代背景は一向に問題とされない。

⑥ 貿易危機がさし迫った課題になると、がぜん防衛力の増強が説得力を持つようになる。またもや武力によって経済関係を維持しようとするのである。

⑦ 日本の世界政策、アジア政策の不在が叫ばれると、大東亜共栄圏の妄想が、ただちに想い起こされる。

⑧ 青少年の非行や無気力が問題にされると、愛国教育、道徳教育の必要性が強調される。

⑨ 性道徳、公徳心、愛国心などがすたれ、家族関係や師弟関係が乱れると、「国家による道徳の強制」が期待される。

⑩ 共産党が躍進すると、いかがわしい反共主義の横行をも黙認してしまう。

このような短絡はすべて、右翼ファッショへの流し目であり化粧声である。

右翼ファッショの政治基盤

ムッソリーニは、はじめイタリア社会党の機関紙の主筆として社会主義運動に熱中した。彼のファシズムは、およそ民主主義や社会主義と相容れるものではなかった。それはその後の不幸な歴史過程がありありとものを語っている。しかしこのファシズムは、「資本家への重税」「労働者の経営参加」などを綱領の中に掲げていた。また、ヒトラーのナチ党も、「独占的大企業の国家管理」、「大企業における労働者への利益分配」、そして「不労所得の廃止」「土地投機の禁止」などを高らかに唱い、労働者や低所得層の中にくいこんで行ったのである。あのフランス史の道化役、ルイ・ナポレオンでさえ、「貧困の絶滅」という著書をあらわし、労働者、社会主義者の支持をとりつけた。それは「社会主義は死んだ！　社会主義を語ることは、それの追悼演説をすることにほならない」といわれたほど、社会主義が深刻な挫折感に打ちのめ

図32　短絡の図式

されているときであった。

右翼ファッショは、きまって社会主義の仮面をつけて現れ、その挫折を待ちかねたように急襲し、そしてその政治基盤をさん奪することによって権力を手にする。

さて、われわれは、右翼ファッショの登場を容易にし、あるいはそれに寄与するさまざまな政治的、社会的傾向を持っている。前述した短絡が、登場の口実を与えるものであるとしたらこれらは登場の場を提供するものである。

① 政治の主体と客体がますます分離されつつあること。すなわち、政治をするものと政治をされるものが切り離され、請負的な性格が深まっていること。これは、「大衆」という言葉でわれわれを一括する姿勢として表れている。革新政党の前衛意識や、自民党の管理者意識は、大衆の想定の上に成り立っている。特に、「弱い大衆」「しいたげられた大衆」という革新政党の大衆観は、「大衆」に過大な被害者意識を植えつけ、その結果右翼ファッショの受入れを容易にしている。すなわち、革新勢力に絶望したとき、ただちに強暴な右翼ファッショに身を投げだすのである。

② 「大衆」を想定した政治運動は、きわめて技術主義的な傾向を持つ。中傷、悪口、甘言が満載されたアジビラが舞い散り、独善的な説得、威圧的な動員が展開される。右翼ファッショの政治技術は、それをさらに大がかりに、さらに悪質にしたものである。すなわち、「大衆操作」という本質では、何ら変わるところはない。既成政党の技術主義は皮肉にも、右翼ファッショの手口に対して免疫をつくっているのである。

③ 革新勢力の、構想、政策、スローガン、公約偏重主義は、右翼ファッショの危険な本質を見すごさ

せてしまう。すなわち、人々は、右翼ファッショをも、その掲げる綱領で理解しようとするであろう。それは目を疑うほど盛りだくさんの約束で満ち満ちている。ヒトラーもムッソリーニも空虚なスローガンで人々を狂喜させた。

④ 反共主義は、脱党者、除名者、転向者などにおいてきわ立っている。革新勢力の破産によって、「大衆の転向」という事態が現出すれば、裏切られた支持者たちは、より極端でより声高な反共主義に走る。ムッソリーニも社会党から除名された。

⑤ 自民党政権、革新政権がともに破産すれば、右翼ファッショに対する有効な対抗力が存在しない。既成の保守、革新勢力はともにうしろめたさから消極的な反対勢力の域を出ない。特に革新政党間の憎悪に満ちた抗争に、右翼ファッショはほくそ笑むであろう。事実ドイツ共産党は、ナチスより社会民主党を最後まで敵視していた。

⑥ われわれは、要求主義の風潮によって、「他人も損をするなら、自分も損をしても良い」という哀しい心情を持っている。すなわち、節約も不自由も、外から平等に強制されるならば、それを甘受するのである。これは、強権的な右翼ファッショにとっては絶好の土壌となろう。

われわれは現在、自分で考えることを忘れてしまっている。そして自分で動くこともやめてしまっている。道路の脇に足を投げ出してふてくされ、偽善者と野心家の行進をうつろな眼で見やっている。彼らは、われわれにこびを売り、甘言をささやき、克明な見積り書を見せながらしつこく認め印を要求する。われわれは、そんなさまざまな政党を投げやりな態度で品定めし、「より少ない努力で、より多い利得」を約束する政党と、無感動に握手する。こんなわれわれは、たとえ動かなければならないときがきても、みずから動くことはせず、何ものかに「動かされる」ことを願うのである。

失なわれた良識のとまり木

この時代の、最大の——そして最悪の——特性は、良識が沈黙していることである。良識がそれにふさわしいとまり木を持たず放浪していることである。

時代が精彩を放つとき、そのふんいきは、この上なく健康で陽気で、かつ自由である。艶やと活力に満ち、その香りは高い。正直、誠実、素朴さが時代精神の骨格をつくり、あらゆる虚偽と俗悪さが鳴りをひそめてしまう。それは、良識が強い発言力を持ち、良識が政治の礎石となっているときである。

良識とは、善意と誠意に発する健全な判断力である。それは「より良くする」という控え目で現実的な目標のために精魂を傾ける情熱である。

良識は、正常な感覚に基づくために、あらゆる異常さと不自然さに目をそむける。またそれは、偏見なき精神に根ざす故にいかなる狂信的な教条も受けつけない。さらに良識は、高度の自立性を背景としているため自由である。すなわち、自己の社会的な持ち場をまっとうしている故に、それからの制約を受けていない。

また良識は、憎しみや疎外感を行動の動機としない。それ故に憎悪、敵意、疎外感をむき出しにする政治勢力に共鳴しない。それは、時代を問わず制度を問わず、常に最も深いところで人間社会を支えてきた。妥当な道、自然な道、最良の道、建設的な道を忍耐強く探し、一年一年、一日一日を精一杯の力で支えてきた。良識は、「うますぎる話」や「性急な話」にはいつも懐疑的である。卓抜した平衡感覚こそそのきわ立った特性である。

想えば、ヒトラーの強権に、最初に抵抗戦線を編成したのは伝統的保守主義者たちであった。ドイツ帝国からワイマール共和国まで、その底流を重く流れていた良識こそ、ナチズムの最初にして最強の対抗力なのであった。

自民党政治は、この良識からしだいに見放されてきた。今や良識は、とまり木を失ない、絶望的な目で既成政治のおのずから崩れ行くさまを見やっている。

緊急の課題は、「批判勢力」を強化することでも、もうひとつの批判勢力をつくることでもない。新しい「責任勢力」を編成することである。良識を統合すること、健全な世論を再構築すること、信頼関係を再編成することである。右翼ファッショの道を封じるためにはそれ以外の方策はありえない。

それでは、「責任勢力」とは何であり、「批判勢力」とはどのようなものであろうか。

第4章

責任勢力と批判勢力

批判勢力の伸長は責任勢力の失格の確かな目安である。責任勢力の役割は、批判勢力と対決することではなく、その妥当さを貪欲に呑みこんでいくことである。

戦後経営に意欲を燃す社会党の結成大会（昭和20年11月）。
しかしその後30年を経て、ついに責任勢力に成長しえなかった。

1　批判勢力の役割と限界

社会党の功績

戦後政治史において、自民党はほぼ一貫して政権を担当してきた。小党分立と政局の不安定に悩み続けた先進諸外国と比較すれば、その長期性と安定性はほとんど奇跡的であったといって良い。

しかし戦後政治は、決して自民党が独力で運営してきたものではない。かりに「批判勢力」特に社会党が果した偉大な役割がなければ、それは全く異なる不幸な歩みをたどっていたにちがいない。

自民党はかつて、一度として新憲法への愛着や忠誠を感じたことはないであろう。それは常に、この上なく目ざわりでいまいましい存在であった。自民党政治は確かに、戦後処理外交や経済発展に画期的な業績を残したが、反面、新憲法の具体化を軸とする「民主化」にはほとんど無関心であった。むしろ、すきあらば改正して、戦前の国体に復帰しようとする「反動的性格」を持っていた。いわば戦後史とは、自民党と新憲法が織りなした微妙な葛藤の歴史でもある。

図33　戦後経営の図式

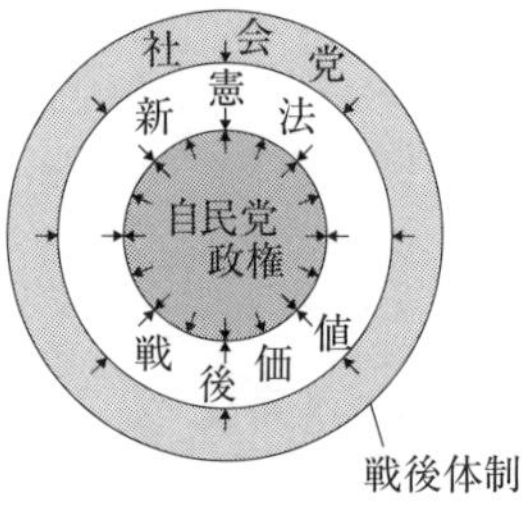

社会党
新憲法
自民党政権
戦後価値
戦後体制

それでは社会党は、どのような、具体的な役割を果してきたのであろうか。

①　まず終始、新憲法の強力な監視人であったこと。特に、憲法改正を意図して提出された鳩山内閣の小選挙区法案（昭和三一年三月）を廃案に追いこんだ功績は大きい。この時点でもし自民党に、憲法改正を許していたら、天皇制強化、再軍備、家族制度の復活など全面的な反動化が避けられなかっ

たであろう。特に再軍備は、徴兵制、核武装、海外派兵、ベトナム介入などをもたらし、日本は経済大国であるばかりでなく軍事大国としても、世界の脅威となっていたであろう。

②社会党はまた、多くの反動的な立法を阻んできた。廃案に追いこんだもの（例えば警職法）、変形をもたらしたもの（例えば、紀元節を建国記念日に）、あるいは無言の圧力で提出すら断念させたもの（例えば日の丸や君が代の法制化）など、枚挙にいとまがない。

③さらに、成立した破防法や安保条約については、現実的な運用を厳しく監視し、その拡大解釈と放漫な活用を抑制した。破防法は、ついに空文のような経過を余儀なくされている。

④また現実の政治過程においても、ともすれば反動的な自民党の政治運営を強く規制してきた。特に教育行政や警察行政の民主化に果した直接、間接の功績は無視できない。

⑤社会党は、労働組合運動を育成強化することによって、新しい労使関係の確立に寄与した。また、護憲運動、原水禁運動などさまざまな社会運動を組織し指導することによって、戦後の民主化の流れに止めがたい勢いを与えた。

このように戦後史は、社会党が戦後価値という形式を担当し自民党が戦後権力という実質を担当することによって、はじめて完結した営みを続けてきたのである。それでは、そんなかけがえのない役割を果してきた社会党が、なぜ凋落の運命をたどったのであろうか。

社会党凋落の時代背景

図34は、昭和三〇年代以後における社会党の凋落ぶりを示したものである。

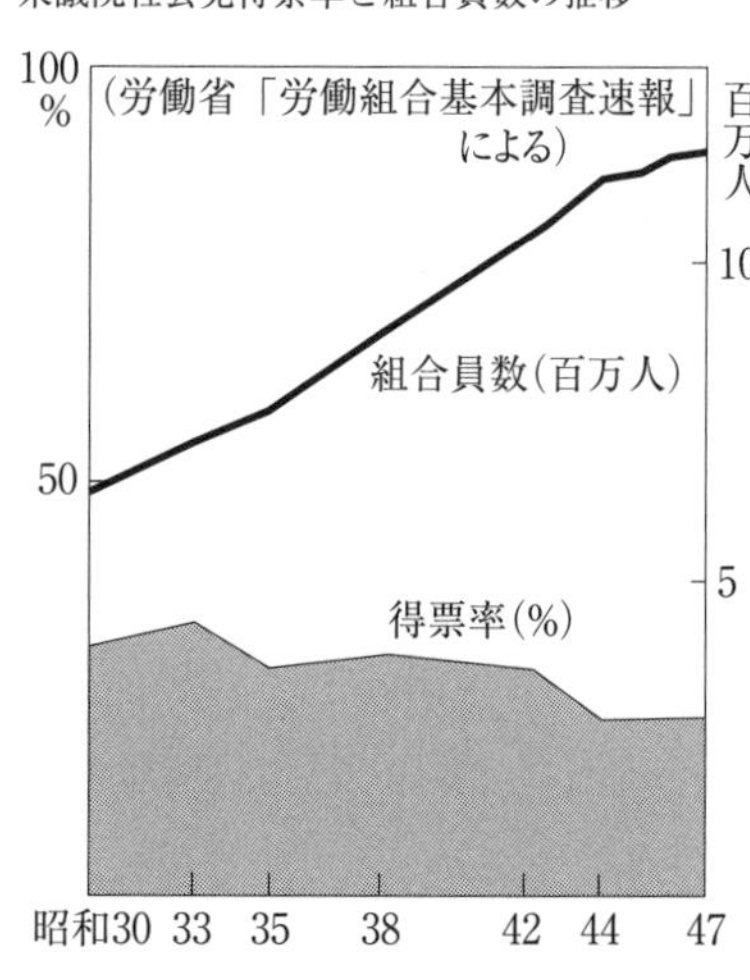

図34　社会党の凋落
衆議院社会党得票率と組合員数の推移

かつて昭和三〇年代には、社会党のめざましい進撃によって、社会党政権のま近かさが取りざたされたものであった。それは、経済発展によって労働組合員数が増加し、第一次産業就業者の激減が自民党の政治基盤を侵蝕するという見通しからであった。しかし、社会構造、就業者構成の予測通りの変化にもかかわらず、社会党の得票率は三三年選挙を頂点として思いがけない凋落の道を歩んだのである。

昭和四七年選挙における微増も、決して主体的な条件の変化によるものではなく、自民党政治への不信の高まりと、共産党の躍進に対する反共的批判勢力の不安に負うところが大きい。社会党の凋落も単に一時的現象ではなく、優れて構造的な背景を持つのである。

まず第一には、一貫して社会党の標札として掲げられてきた「安保廃棄」「憲法擁護」の二大スローガンが、次第にかつての精彩を失ない陳腐化してきたことである。安保条約がすでに政治問題としての優先性を失なったことについては前章でふれたが、憲法擁護も同じようにかつての迫力を失なってきている。

すでに戦前政治家のほとんどが退場したこと、戦後民主主義が根をおろしてきたこと、戦後世代が戦前世代を圧倒しつつあることによって、帝国憲法の信奉者はほんの部分的勢力になりさがっている。自民党内にも今では、消極的支持者ばかりでなく積極的支持者も増加し、「このままでやっていく」ことについて、暗黙ではあるが確かな合意が存在している。もしも現在憲法改正ののろしをあげたら、まず最初に党内からの強い反発を覚悟しなければならない。右翼ファッショでさえ、憲法を改めるという手法ではなく、全体を葬るという手法をとるであろう。このように色あせた政治的争点にかたくなに執着しているところに、社会党凋落の最大の原因がある。

浅沼委員長の刺殺（昭和35年10月）。
彼は党勢の頂きにおいて象徴的に死んでいった。

第二に、社会党は、安保や憲法をはじめ、基本政策（マクロ政策）をかざして選挙戦に臨んできた。外交、防衛、教育などの基本政策の重要性はいうまでもないが、議会選挙の一義的な争点にはならない。自民党の若手議員の「外務政務次官をやれば選挙に落ちる」という声をかみしめるべきであろう。基本政策の動向が、直接投票行動を左右しないのは、日本の議院内閣制の欠陥によるものである。しかし、社会党がそれへの現実的な洞察を欠いていたことは否定できない。実際、選挙に強い社会党代議士など、選挙区では自民党か社会党か識別できない実態である。彼らは、安保や憲法が〝票にならない〟ことを熟知している。

第三に、社会党は、社会問題の重心が、「生産の場」すなわち職場から、「生活の場」すなわち地域に移動してきたことを軽視した。昭和三〇年代後半から、労働者の意識には基本的な変化が現われてきている。すなわち、人々は〝職場で働く自分〟より〝地域で生活する自分〟をより強く自覚するようになった。職場への帰属意識がうすれ、地域への帰属意識が高まったのである。それは、職場における人間関係に失望したこと、仕事に対して生きがいを感じなくなったこと——職場共同体の破産ということもできよう——さらには、物価、公害など生活の場が侵蝕されるようになったことなどさまざまな要因によるものである。

　こうして投票行動は、労働者としてよりも生活者として行なわれるようになった。生産することより消費すること、稼ぐことより使うこと、働くことより生活することに人々の関心が傾くようになると、労働組合は今までのように人々のすべてではなくなった。それは賃上げをもたらしてくれる便利なところ以上のものではないのである。

　第四に、社会党は、イデオロギー政党であるため、また階級政党であるため時代に対する柔軟な対応力を持ち合わせなかった。特に労働組合とのぬきさしならない関係は、社会党の伸長をはなはだしく妨げた。昭和四〇年当時にはすでに、労働組合は議員登場ルートとして確立され、資金調達網としても制度化され、労働貴族、野心家、偏狭な教条主義者たちによって占拠されていた。かつて運命を託して自発的に引き受けられた資金カンパやデモ参加も、今では、とりたてられるもの、かりたてられるものに一変してしまっている。支持と参加を強要することは、退潮する政治勢力の何よりの症候である。

　第五に、民社党の存在が、社会党の自然な変質を妨げたことも無視できない。昭和三五年の民社党の分離は、単に議席数を減少させたり、党内左派の力を高めたばかりではない。それは社会党から路線変更の機会をとりあげてしまった。おそらく、民社党さえ存在しなかったら、社会党は成長の時代に「民社化」していたことだろう。すなわち民社党は、その性急な結党により皮肉にも日本における民主社会主義の本格的な成育にとって最大の障害となったのである。社会党はその後、「江田ビジョン」などの柔軟な提案を次々と退け、意地にかけても階級政党、イデオロギー政党としての路線を堅持することになった。

かくして、現在の社会党がかもし出すふんいきは、〝古さ〟そのものである。そこには昭和三〇年代の風俗と感覚が、みごとなまでに保存されている。

マクドナルドのためいき

一九二四年、イギリスの労働党には結党以来はじめて政権担当の機会が訪れた。党首マクドナルドは勇躍組閣にとりかかったが、彼は思いがけない事実を知って長嘆息したのである。それは「われわれの党には、有能な批判者は数知れないが、閣僚の適任者はほとんどいない」ということであった。この最初の労働党内閣は、確たる成果をあげることなく、わずか一〇ヶ月で倒壊してしまう。しかしマクドナルドの本心は、「労働党が政権をとれば国家を破壊するという流言が事実無根であることを示す」（施政方針演説）ことにあった。実際当時のイギリス世論も「その成績いかんではなく、まさにそれが成立しえたという事実」を評価した。こうして、イギリス労働党は、批判勢力から責任勢力へと苦難の道を歩む。深刻な理論対立と内部抗争、二度目の政権の失敗とマクドナルドの除名など、さまざまな試練を経て労働党はみごとに成長する。一九四五年、総選挙を圧勝して登場した労働党内閣は、統治能力を備えた責任勢力として面目を一新していたのである。しかし考えてみれば、この間二〇年に及ぶ長い年月が費されていた。

ドイツ社会民主党も同様であった。一九一八年、彼らは突如として「落ちてきた政権」にとまどった。政権を引き受ける意志も力も持たない彼らにとって、それは迷惑この上もないものであった。統治能力を持たない社会民主党は、支離滅裂な政治運営からついにはヒトラーに国を投げ出してしまった。彼らには、政権を取ろうとする意欲はあったが、政権を引受けようとする責任感覚はなかったのである。

こうして政治勢力には、批判勢力と責任勢力という二つのきわ立った類型を読みとることができる。

責任勢力とは、いついかなるときにでも国家の運命を引受ける意志と力を持つ勢力である。それは黙々としてその責任を果し、もっぱら批判と攻撃を受けて立つ。一方批判勢力は、責任勢力の放恣と横暴を抑制し、もっぱらそれを批判し攻撃することに専念する。いずれも円滑で妥当な国家経営にとって、不可欠な要素である。それではまず批判勢力とは、どのような特性を持つのであろうか。

批判勢力の特性と限界

批判勢力は、現実には批判政党として議会に進出する。それは①イデオロギー政党、②階級政党、③反対政党のいずれか、あるいはいくつかを特徴的な性格として備えている。それらは批判政党である限り避けられない属性でもある。

①　まず、批判勢力は、その自衛本能から、あるいは批判原則の必要や党勢拡大の便宜からしばしばイデオロギーを掲げる。イデオロギーは人間の組織原理として最も安易で有効であるが、反面その勢力の性格に多くの悪影響を及ぼす。それは図35に示すようなものである。特に、硬直性、独善性、個人の矮小化、官僚主義などの弊害は大きい。

②　批判勢力は、部分勢力に立脚するため、あるいはイデオロギー政党であるために、おおむね「階級政党」を自称する。これは、社会問題や社会的不満が、特定階層に傾斜して帰属するからである。すなわ

ち、部分的な不満や批判を統合するゆえに、その部分勢力を政治基盤にせざるをえないのである。
階級政党はまた、その「想定された階級」の枠内(わくない)で、独立した共同体を構築するという性向を持つ。あらゆる社会領域で新たな組織をつくりそれを育成するのである。こうして「何でも間に合う共同体」がつくられ、間に合わないものは責任勢力のせいにされる。それはまた宿命的に部分勢力であるため、閉鎖性、排他性、感傷性あるいは秘密性という陰湿な性格を招くのである。
③ さらに批判勢力は、本質的に反対政党である。批判すべき敵の存在が常に不可欠なものとして要求される。そして反対政党であるために、非現実性、無責任性、没主体性を免れることができない。特に、複数の批判政党がしのぎをけずるとき、批判をたがいに増幅し合いその性格を深める。一体、批判や反対には歯止めはないものである。それを抑制するのは、「責任勢力への現実的意志」だけである。
また、反対政党は、より厳しい批判を可能にするために、「調査、暴露」的技術に深入りする。

図35 批判勢力の特性

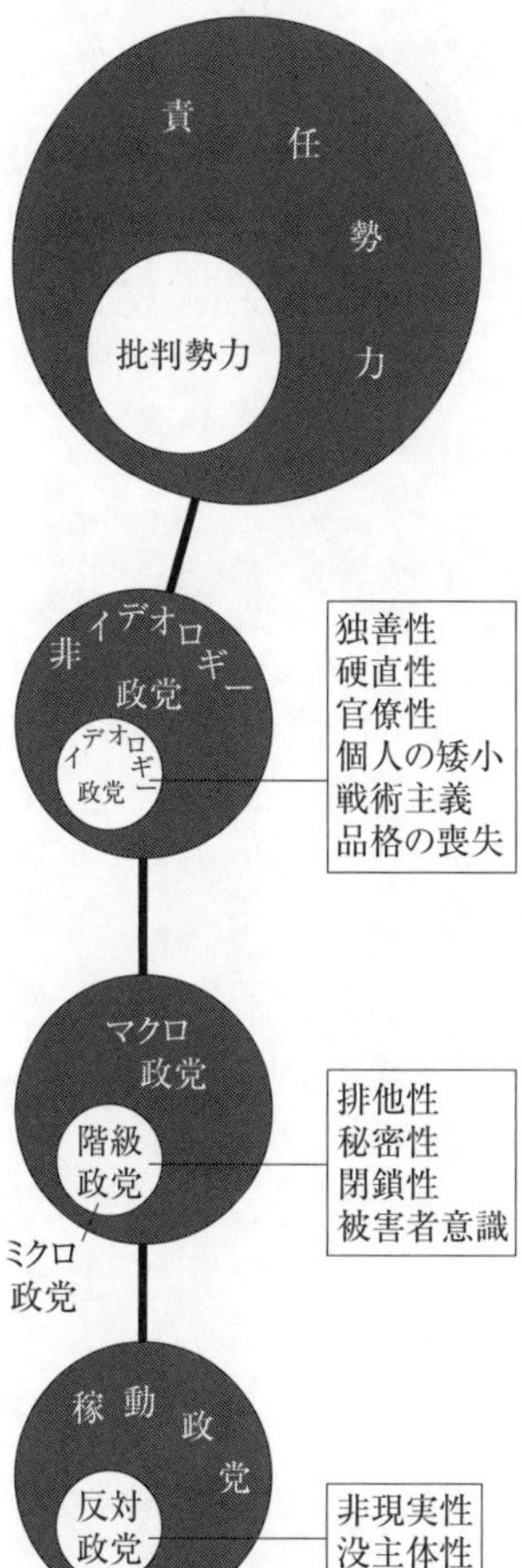

さてこのような批判勢力の特性は、その存在を強固にするが、一方それを「永遠の批判勢力」として限界づけてしまう。三〇年代以後の社会党の生きざまはその典型的なものとして観察できるであろう。

社内報を手に企業参考人を厳しく追求する野党議員(昭和49年2月衆院予算委員会)。

批判勢力の課題

批判勢力はもちろん、現実政治の中でも大きな役割を果している。

① 責任勢力の放恣を抑制すること(抑制力)
② 責任勢力への提案を行なうこと(提案力)
③ 新しい社会問題を発見し、それを組織すること(問題発見力)
④ 少数者の意見を尊重し代弁すること(代弁力)
⑤ 自由な立場から大規模で長期的な構想を示すこと(構想力)
⑥ 落伍者、疎外者を収容すること(収容力)

などである。

しかし、国家経営の面からみれば、最も理想的な姿は「二つの責任勢力」が競争的に共存することである。アメリカ、イギリス、西ドイツ、最近のフランス、あるいは戦前の日本はそれに近い。一方の責任勢力が政権を担当しているときに、他方が批判勢力として存在するという姿が望ましいものである。統治能力を備えた批判勢力は、統治への意志と責任によって、みずからの批判を自動的に抑制する機能を持つのである。

さて、日本の批判勢力が、もしもその限界を突破しようとするならば、責任勢力への意志を具体的に行動で示さなければならない。その行動とは、「革新」政党の合同統一である。それに踏み切らない限り、いかなる弁明も説明も無用である。そのためにはまず、前述の批判政党の三つの特性を捨て去ることが緊急の課題であろう。

2　責任勢力の性格

アメリカの「革新主義」

一九世紀末葉から二〇世紀初頭にかけてのアメリカ政治史は、「革新主義の時代」と呼ばれる。この革新主義をめぐってくり広げられた二つの責任勢力すなわち民主党と共和党の攻防の中には、責任勢力の真髄――とりわけその政治的柔軟性――が鮮やかに表われ出ている。

南北戦争後、アメリカには社会主義的、急進主義的諸原則を掲げたさまざまな小党の興亡が続いた。経済の急激な発展が、既成のアメリカ社会に大規模な構造変化をもたらし、工場労働者や自作農民などの新たな社会層を生み出したからである。しかしその頃、民主党も共和党も、ともに老化し新しい社会不満に応える熱意を失なってしまっていた。両党は識別しがたいほど同化し、なれ合いの政治対立にわれを忘れ

図36　アメリカ革新主義と二つの責任勢力人民党

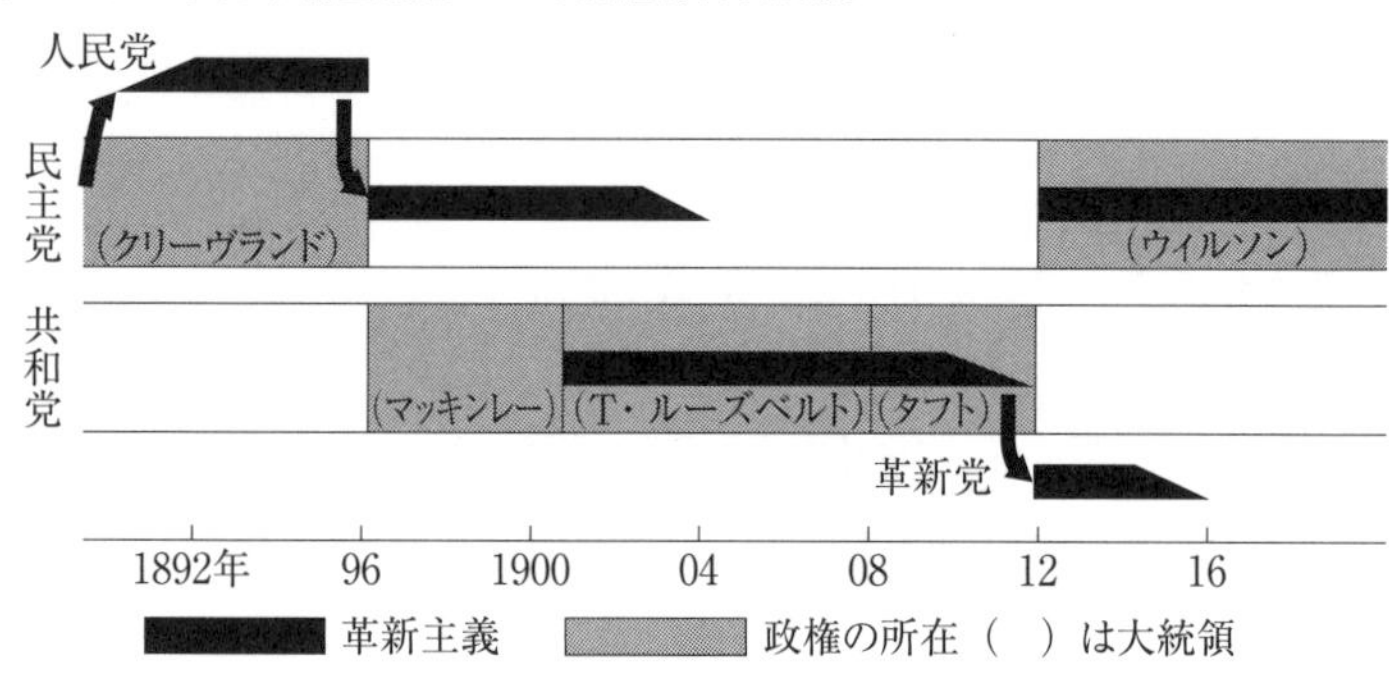

ていたのである。

未分化の左翼勢力は、やがて「人民党」に統合されひとつの政治潮流として急速にその勢いを高めていく。そして、一八九二年の大統領選挙には、独自の候補（元民主党員）を立てて、二大政党の支配権に真向から挑戦したのであった。

彼ら――それはポピュリストと呼ばれた――は、この選挙で一〇〇万票を越える得票をあげたが、それは当時の政治地図からすればほとんど奇跡的なことであった。人々は一様に仰天するとともに、新しい時代の海鳴りをしかと感じ取ったのである。

しかし、人民党の進出がいかに画期的なものであれ、それはアメリカ政治の全体からみればほんの取るに足らないものであった。ペンシルヴァニア州ひとつをとっても約一〇〇万票のうちのわずかに八七〇〇票をえたにすぎないのである。

人民党の目的は、「革新主義」をより所に、時代が生んだ政治の空隙に腰をおろすことではなかった。一年でも早く、一日でも早く「革新主義」を現実政治に反映させることにこそ、彼らの行動目標は集中されていた。

彼らは、快進撃の途上であっさりと人民党を解散し、民主党に合流する。何と、巨大な責任勢力である民主党を公然と乗取りにかかったのである。

一八九六年、大統領候補を指名する民主党全国大会は、終始革命的な熱気にあふれていた。ポピュリストとその支持者たちは、現職大統領クリーヴランドの再指名をはねつけ、頑迷な保守主義者を一掃し、三六歳の青年ブライアンを候補に指名するとともに、驚くほど急進的な綱領を採択させてしまったのである。

ブライアンは、「働く民衆は茨(いばら)の冠をかぶせられるべきではない！」と、腐敗政治に妥協なき戦いを宣告する。さらに彼は「畑をたがやし、種をまく人々、家畜を飼育し、店で働き、森林を伐採し、鉱山で採掘する人々、共和国の富を生産し、平和のときは最大の重荷を負い、母国の国旗のためにはいつでも生命を捧げようとする人々」に向かって力強い連帯の呼びかけを行なった。そして民主党綱領は、「われわれは労働のあらゆる権利を保護するに必要な法律の通過を要求する」と誇り高く唱(うた)ったのである。こうして「革新主義」は今や晴れてアメリカ政治を二分する一大勢力として浮上することになった。それは何にも増して、批判勢力として安住することを頑強に拒否したポピュリストたちの高度の政治的見識によるものであった。

一方共和党は、「この突然の危険な革命的攻撃」に正面から対決する決意を固め、筋金入りの保守主義者マッキンレーを候補に立てて選挙に臨んだ。彼らは、「無秩序の勢力が横行し、火事場泥棒たちがにせの灯火をかかげて、国家という船を暗礁へおびきよせようとして浜辺にひしめいているこのにがにがしい時代」を収束しようと、巨大な資金を投入して既成保守勢力の総力戦でこれを迎えた。

史上類例のない激烈な選挙は、約七五〇万票対六五〇万票でマッキンレーの勝利に終わる。しかし、以後マッキンレーは、革新主義六五〇万票の強圧に対して「正面攻撃か、譲歩か、それとも牽制か」と絶えず頭を悩まさねばならなかった。

一九〇一年、マッキンレーの暗殺によって副大統領から大統領に昇格したセオドア・ルーズベルトは、一転してこの「革新主義」を共和党政府の基本姿勢として採択してしまう。彼は、ポピュリストと同じ激しさで、富の偏在と金権政治に対決し、次々と革新的な政策を実現していった。一部の人々は、これを見て、「ブライアンのお株を奪った」といって笑い合った。彼らは、いつどこにでもいる〝生まれながらの批判勢力〟でしかなかったのである。

こうして革新主義は、わずか一〇年で、公式に〝共和国の顔〟となった。革新主義を共和党に奪われた民主党は、一九〇四年の選挙を迎えてブライアンを退け、かつての伝統的保守主義に立ち帰っていった。そして、この選挙は、革新主義を高々と掲げた共和党のルーズベルトが圧勝する。ついに革新主義は、名実ともに最大の政治勢力に成長したのである。

その後ルーズベルトは、タフトを後継者にして一線を退くがこのタフトが革新主義を捨てるや、共和党を脱党して「革新党」を旗上げし、一九一二年の大統領選に再出馬する。

しかし、この選挙では、民主党のウィルソンが圧勝することになった。それは、共和党が分裂して責任勢力として弱体化したこと、さらに民主党が、またもや革新主義を高く掲げたことによるものであった。タフトの捨てた革新主義の旗をウィルソンがひろいあげたのであった。役割を失なった革新党は、いさぎよく解散し、またもや共和党に復帰していったのである。

責任勢力の真髄

このめまぐるしい政治過程には、二つの責任勢力のしたたかなまでの柔軟性と、アメリカ的批判勢力の高度の見識が随所に散りばめられている。特にポピュリストたちの果した偉大な役割は、新しい責任勢力の編成をめざすわれわれに多くの示唆を与えている。

①　まず彼らは、古い責任勢力との連続性を保ち、それを明示することによって、広い信頼を手中にした。人民党は、民主党の腐敗を憂い、しかも党内改革に絶望した旧民主党員によって指導されていた。また人民党候補ウィーヴァもかつて民主党員であった。こうして彼らは、新奇なものの唐突なものにつきものの特有の不安感と不信感をぬぐい去ることに成功した。

②　政治姿勢や体質で非妥協的であった彼らも、組織面ではきわめて柔軟であった。政治姿勢では柔軟で、組織面で非妥協的な日本の革新政党とは全く体質を異にする。しかもポピュリストたちは、人民党を強固な党組織とすることを避け、つねに責任勢力との合流を意識していた。

③　彼らは、民主党という巨大な勢力に飛びこむことによって、運動の過度な熱狂と性急さを抑制した。すなわち、革命的な熱情を日常化させることに成功したのである。運動の拡大過程には「熱狂」が不可欠である。しかしそれは、飛躍力とはなっても持続力とはなりえない。人々に把えがたい不安感を与えても重厚な信頼感を与えない。

④　彼らは、階級政党やイデオロギー政党に短絡しなかった。これは、古い責任勢力と連結されていたからであり、さらに、アメリカ労働界の見識にもよっていた。当時のアメリカ労働総同盟は、労働者のみの独立の政党構想にはすべて反対した。彼らは、二大政党のひとつを占拠することが、「革新主義」の実

現のために最も早く最も妥当な道であることを確信していた。

⑤　ブライアンの演説にもあるように、彼らは「共和国の運命」に関して強い責任を感じていた。これは、責任勢力の重要な属性である「国家感覚」を示すものであった。

⑥　さらに彼らは、既成政治の全体に挑戦することによって、部分勢力としてそれに組みこまれることを避けた。結党大会におけるポピュリストたちの激しい攻撃は、一政党に対してでなく全政党に向けられ、政策の小ぜりあいではなく、姿勢と体質に集中した。彼らはつぎのように言明した。

「投票箱も、州議会も、また連邦議会も腐敗しきっており、それはさらに司法省にまで及んでいる。国民の道義はすたれた。新聞はたくさんの補助金とひきかえに口輪をはめられ、世論は沈黙をしいられている」

彼らは、いわば縦割りのアメリカ政治を横割りにしたのであり、既成政治に割りこんだのではなく、それを持ち上げたのである。

われわれは、彼らの水際立った行動に目を見張るとともに、われわれの政治とのあまりの類似性に舌を巻くばかりである。実際、急激な経済発展と新しい社会不満、そして腐敗し硬直化した既成政治——時代背景はこの時代とそっくりである。最大のちがいは、いまだに「われわれのポピュリスト」が登場しないことであろう。

責任勢力の三つの感覚

われわれの時代、われわれの政治の混迷は、なぜもたらされているのであろうか。「野党の多党化」という批判勢力の分立現象からか、それとも批判勢力のふがいなさによるものだろうか。そうではない。何よりも自民党が責任勢力として失格してしまったからである。すなわちわれわれは、責任勢力をひとつとして持ち合わせていないのである。そのいまわしい実態はすでに詳述してきた。いわばわれわれは、基軸を欠いた政治にふりまわされているのである。

政治には一瞬の休みとてない。それはわれわれの生命に休みがないからである。この休みなき責任を受けて立つ意志と力を持つ勢力こそ「責任勢力」に他ならない。それは、時代の良識を統合し、国民的な合意を実現していく勢力である。そして、責任勢力は、いかなるときでも逃げることは許されない。つねに、「最小の犠牲で最良の道」を摸索しながら、休むことなく人々の運命を引受けていく。

責任勢力は、まずわれわれが「他でもないこの国に生きていること」、そして「他でもないこの時代に生きていること」、さらに、一部の人々ではなく「すべての人々が生きていること」という三つの厳粛な事実認識に立たなければならない。それはそれぞれ「国家感覚」「時代感覚」そして「責任感覚」という言葉で表わすことができよう。これらのひとつでも欠くならば責任勢力は、その基本的資格を失なう。

〈国家感覚〉責任勢力は、「国家」の置かれている現実的な位置を冷徹に洞察する眼を持たなければならない。諸国家との個別関係、国際社会との一般的関係、潜在する変動要因などを、ありのままに観察し、柔軟に対応できなければならない。そのためには、何よりも、「国家の存在」という当り前の事実を忘れてはならないのである。

われわれの日常生活は、好むと好まざるとにかかわらず、国家という枠組の中で営まれている。そしてこの「国家」は、厳しい国際環境の中で、自立すること以外に、何らの窮極的な保障なく存続しているのである。

国際社会には確かに、それなりの規範秩序が存在している。張りめぐらされた条約網、一般国際法、国際道徳、世界世論をはじめ、国連や各種の経済機構の活動、スポーツ・文化の交流、世界宗教やさまざまなインターナショナルの社会運動が、重層的に国家間の信頼と依存関係を深め、その恣意的な国家活動を厳しく制約している。しかしそれらも、窮極的には物理的な強制力に依拠してはいない。善意の人がともすれば裏切られるように、国際社会も善意と誠意だけでは乗り切れない熾烈な生存の競争にさらされている。

われわれは、国際社会の変動のほんの一部しか予測できない。一〇年前、二〇年前に、われわれは現在の世界の果してどれほどを見通していたであろうか。われわれはまず、「予測力の的確度」について謙虚にならなければならない。歴史はそれほど「思いがけない事態の勃発」を満載しているのである。

国際社会の洞察には、いかなる独断も偏見も無用である。特に、イデオロギー外交は、国家感覚を否応なく鈍らせてしまうであろう。ひとりよがりの理想主義外交も全く同様に、国家を思わぬ窮地に追いこむ。実際、歴史は理想主義外交が狂人国に逆用され、惨たんたる結末を招いた例をくり返し記述している。ウィルソンの民族自決、チェンバレンの宥和政策はその最も悲劇的な事例であろう。

もちろん、現実主義的な外交と理想主義が同居できないわけではない。理想を持たない外交は、哲学を持たない生き方と同じである。問題なのは、何が「理想」であり、何が「現実」であるかを正しく見きわめることである。独善的な理想主義ほど他国にとって迷惑なものはない。

〈時代感覚〉責任勢力はまた、この時代の位置づけを正確に認識していなければならない。そして現出するあらゆる事象を素直に受け止めなければならない。「起きたことは起きた」「起きないことは起きない」と認める当たり前の率直さが何よりも必要である。すなわち、〝事実としての時代展開〟に目をつぶることは許されない。

政治は、歴史の歩みより早やすぎても遅すぎても有害である。ロビェスピェール、トロツキー、シアヌークなどは走り過ぎて失脚し、プーランジェ、シャルル一〇世、岸首相などは、流れを押しとどめようとして自滅した。問題なのは、彼らが単に失脚するからではなく、血と瓦礫を残して失脚するからである。かつてドイツ帝政が崩壊してワイマール共和国が出現したとき、チャーチルは、「カイザーの幼孫を王に立てた民主的な君主制こそ望ましい」と共和国のゆくえを懸念した。彼は、「この上なく民主的な」ワイマール憲法と、当時のドイツ国民の政治水準との大きな隔りを心配したのであった。

時代感覚を持たない政治勢力は、時代に二度の不幸をもたらす。なぜならそれは、「異常への進行」と「正常への復帰」の双方に、おびただしい流血が伴なうからである。

責任勢力は、経済、社会をはじめあらゆる領域の発展段階を正確に読み取らねばならない。また、教育、道徳、風俗、文化の掛け値なしの水準と、とりわけ政治意識の成熟度を深く理解していなければならない。そのためには、何よりも独善的な歴史観に立って、時代の経過を観察してはならないのである。

正確な時代感覚は、「無理のない政治」を可能にする。時代に妥当な進展と望ましい転換をもたらし、その上、犠牲を伴なわない。

〈責任感覚〉 責任勢力は、「一人の落伍者もださない」という強い責任感覚を持たなければならない。階層、地域、政治的立場、世代を問わず、そもそも国家に包摂されるすべての人々の運命を、最後まで投げ

責任勢力は、すべての人々の運命を引き受けなければならない。

出さない決意を基礎にしなければならない。

したがって責任勢力は、決して「部分勢力」に堕落してはならない。特定の圧力団体や社会階層、あるいは特定地域の意志を代弁する勢力は責任勢力としての資格を欠いている。立ち遅れや不均衡の是正、あるいは円滑な時代経営のために、一時的に部分勢力に加担し援護することはありえても、それに埋没してしまうことは許されないのである。

批判勢力の躍進は、責任勢力の失格の指標ということができる。批判勢力が伸びるのは、責任勢力が、その役割を果さず部分勢力の代弁者となりさがっているからである。責任勢力によって無視されている人々の意志が、批判勢力として登場するのである。

責任勢力には、〝許しがたい敵〟は存在しない。それは、選挙技術や治安の強化によってではなく、ただその政治内容によって批判勢力を迎え打つ。

さて、三つの感覚は、それぞれ独立したものではなく、根底で断ちがたく結合されている。これらを有する政治勢力は、いわゆる統治能力を持つ〝まかされる政党〟として信頼をえるのである。

失格した責任勢力

一九世紀初頭のヨーロッパをまるで箱庭のように自在にかけめぐったオーストリアのメッテルニヒは歴史に対する類いまれな洞察の眼を持っていた。一八三〇年、七月革命によってフランスの王位についたルイ・フィリップを横目でみて、彼はその不幸な運命をいち早く予言した。「彼の王位は、共和国のもつ民衆の力、帝国のもつ軍事的栄光、ナポレオンの天才と力、ブルボン家を支えた正統性――それらを欠いている。彼の王位がいつまで保たれるかということは、一に偶然に依存するであろう。」

実際のところこの凡庸な王は、見せかけの人民主権論をかざしながら、ただ人気取りにうつつをぬかすだけであった。彼は連日のように、コウモリをぶらぶらさせてパリの街をうろつきこびを売りながら市民たちに握手を求めて歩いた。

この七月王政はその後わずか一八年で倒され、王は失意のうちにフランスを後にする。

メッテルニヒは、ルイ・フィリップが時代の良識からその本体を見破られていること、したがって強固な責任勢力によって支えられていないことを目ざとく見通していた。責任勢力を基盤としない政権が、人気取りと見せかけに熱中することは、今も昔も変りはない。責任を果すことのできない政権は威信を欠き、そして威信を欠いた政権は時代の良識から見捨てられてしまうのである。

「自民党政治の性格」は、すべて失格した責任勢力に特徴的な症状である。それは、単に自民党ばかりではなく、日本の既成政党のすべてに共通して見受けられよう。

さて、それではわれわれは、危機の時代に臨んで、新しい責任勢力を編成しうるのであろうか。放浪する時代の良識に、再び集結の場を設営できるのであろうか。それとも、右翼ファッショが凄惨な最期を遂げる日まで、なすところなく時代のなりゆきを見守らねばならないのであろうか。

われわれには、未だ有効なひとつの道が残されている。新しい責任勢力を編成する具体的で現実的な道、それがわずかに残されている。

第5章
新しい責任勢力の基本姿勢

新しい責任勢力にとっての基本的な合意が検討される。それは、われわれがもう一度、個人から出直すこと以外ではない。

メーデーのデモ隊が去った後は一面ゴミの山であった。
そこには弁明の余地がないほど時代の素顔がうかがわれる。

1　企業の対抗力となれ

見せかけの企業責任論

昨年来、〝企業の社会的責任〟論が、ジャーナリズムをにぎわしている。土地投機、買占め、品不足の偽装、価格の異常な引上げ——ニクソン・ショック以来企業の横暴ぶりは目にあまるものがある。社会的責任論は、このような企業の放恣に対する世論の厳しい風当たりに対応して登場したのである。

昭和四八年三月、経済同友会が「社会と企業の相互信頼をめざして」と題する提言を行なうと、これをかわきりに経済団体も個別企業もいっせいにこの課題に正面から取組む姿勢を明らかにした。ときを同じくして日本商工会議所は、「企業行動にモラルを」という異例の呼びかけを行ない、日本貿易会は「総合商社行動基準」を作成し、さらに経団連は、五月の総会で「企業の責任体制を自主的に強化し、増大する企業の社会的責任を全うする」という決議を採択したのである。

しかし、企業および経済団体の側から展開される社会的責任論は、本質的に見せかけのものである。それはちょうど、自民党政権における〝追加、演技、応急〟の政治と同質の巧妙なポーズでしかない。すなわち、利潤原理がみごとに貫徹した〝構造と体質〟を持つ企業は、みずから社会的責任を果すはずがないのである。なぜなら、社会的責任を果すということは、利潤原理と決定的に矛盾するからである。

日本経済新聞社は、東証一・二部上場の大企業六四一社のトップ経営者を対象に「企業の社会的責任」に関するアンケートを行なった（昭和四八年八月）。その中に、企業のトップが考えている社会的責任の実

制止も聞かず売り場に殺到する人々（昭和 48 年 11 月）。
まぼろしの品不足を演出したものは誰か。

図37　経営者の社会的責任意識
製造業・非製造業の全体平均（%）

項目	%
立地主義型	
工場の緑化	66.9
工場周辺の公共施設費負担	56.3
過密地からの工場移転	44.6
工場の公園化	8.0
営業政策型	
廃品回収	50.5
商品の値下げ	42.7
モデルチェンジの自粛	31.0
社内対策型	
企業内教育の拡充	46.3
定年制の延長	35.2
地域貢献型	
コミュニティーへの寄付	25.5
社内福祉厚生施設の一般開放	24.7
保育所・老人ホームへの援助	14.4
市町村議会への参加	7.8
従業員のPTA等への参加	7.1
社会奉仕型	
交通安全運動への参加	31.8
身障者・老人雇用	25.3
文化関係財団等の設立	14.1
発展途上国への平和部隊派遣	11.5
企業内教育の一般開放	4.9
その他	
省資源のための節約運動	73.2
政治献金	1.9

態を示す興味深いものがある。図37をみると、われわれが期待している社会的責任とほど遠いばかりかはなはだしく的はずれな意識を持っていることが明らかである。しかも、この統計は、あくまでも意識調査であって、現実に履行されているものではない。

元来、企業が負っている社会的責任には、全く異質な二つの類型がある。「対内的責任」と「対外的責任」がそれである。対内的責任とは、いうまでもなく企業本来の古典的な責任である。ひたすら利潤の増大に専念し、それをより多く、より公正に企業の内部構成者（株主、従業員）に分配することである。この対内的責任は、企業内部の責任倫理であって、利潤原理と矛盾しないだけでなく、それに寄与する性格を持っている。

企業責任とは何か

こうして企業のトップが考えている社会的責任は、そのほとんどが対内的責任の範疇(はんちゅう)に色分けされてしまう。

それでは企業の「対外的責任」とはどのようなものであろうか。実は、それこそ狭義の社会的責任であり、われわれの要求するものである。

「対外的責任」とは、企業の存在、発展、活動、集中などがもたらす、さまざまな社会的悪影響や社会悪に対する責任である。すなわち、企業の有する反社会性に対する責任なのである。もちろん、それらは心ならずももたらされるものであって決して好んで生み出しているものではない。

現在、山積している社会問題はことごとく企業の放恣に由来している。そしてそのほとんどが「成長の時代」以後、特に「調整の時代」に入ってから表面化したものである。いま、企業と断ちがたい因果関係を持つ社会問題を列挙するならば、図38のような概念図を描くことができよう。

これらの社会悪に対する責任こそ、「企業の社会的責任」といわれるものである。しかし、この社会的責任は、後述するように、企業の側から自発的に引受けられる性質のものではない。もしも、自発的に引受けられるとしたら、それは見せかけでしかありえないのである。

儀式と化した大企業の株主総会。
ここから対外的責任意識は生まれない。

企業が好んで果そうとする見せかけの対外的責任としては、次のようなものが目につく。

① 地域社会への寄附行為や奨学金制度
② 研究所、財団、文化施設および教育機関などの設立
③ 社内の厚生施設や緑地の一般開放
④ 盆踊りなどの地域行事への参加や主催
⑤ 交通安全運動をはじめさまざまな社会運動への参加や呼びかけ
⑥ 地方議会への参加、もしくは特定地域代表の応援

これらは、地域社会との関係に限定された部分的なものであるが、それでもそこには企業の偽善的な姿勢をうかがい知ることができる。すなわち、①〜③までは、いずれも、企業利益の〝地域への還元〟といわれるものであり、④〜⑥は、顔を出すことによって反発を緩和するという政治的技術である。

図38　企業活動と社会問題

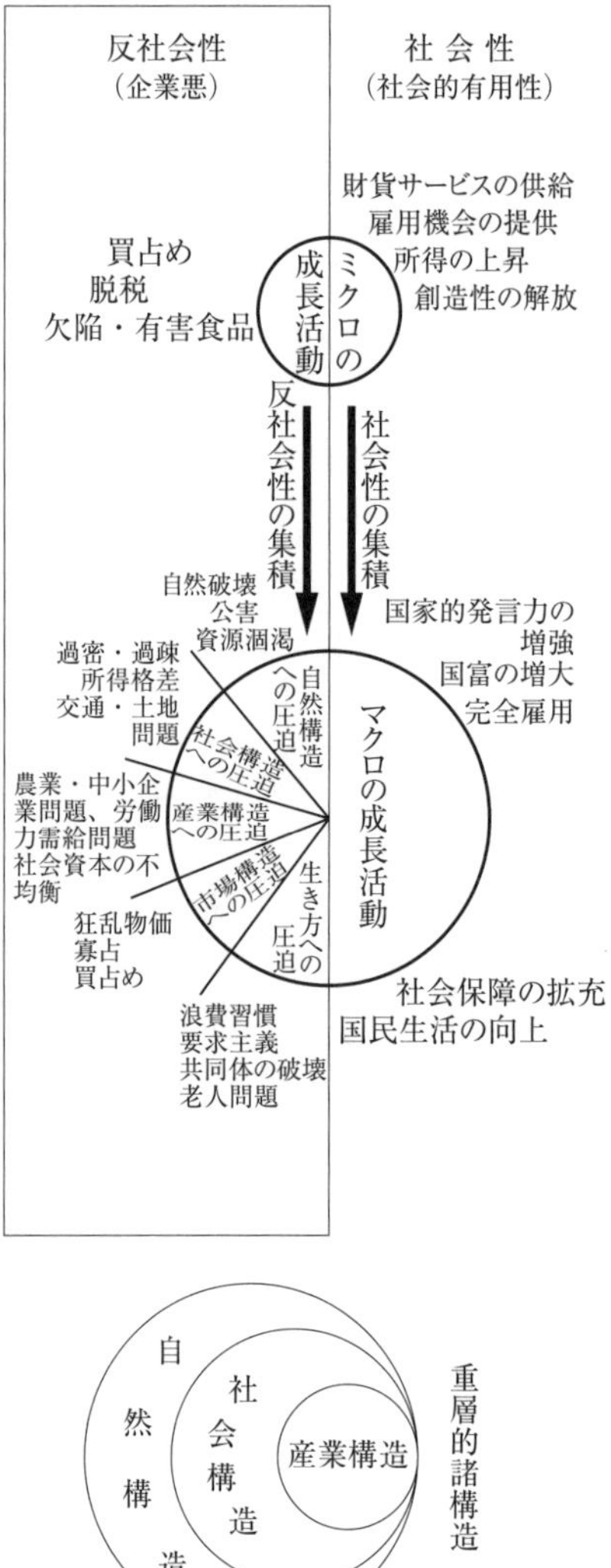

利益の社会的還元は、通常、奉仕とか慈善という尊大さを伴なって仰々しく行なわれる。しかしこれらは、実は、固定資産税や法人税の増税によって吸収し、財政面から事務的に行なわれるべきものである。そもそも、企業は、その増収分を、賃上げか、増税か、もしくは値下げによって社会的に還元すればよいのである。企業のもっともらしい奉仕活動は、社会的責任をあいまいにするどころか、企業の本質そのものまで不明瞭にしてしまう。

企業の本質

われわれが、「企業の社会的責任」を論ずるときには、まず次のような企業の本質的な性格を絶えず確認してかからなければならない。

① 企業は、「利潤追求」をその存在理由とし、しかも活動と存続の一義的な動機としていること。かりに、他の動機があるにせよ、それらは最後的に利潤動機によって負かされてしまう。

② 企業は、それがいかに大規模であれ、本質的に「私企業」であること。しばしば企業が装う公的性格は、明治以来の日本経済の「官民一体性」がもたらした特殊日本的な性格である。それは、企業の発展が国家の発展に直結していた時代の遺産にほかならない。

③ 企業の存在および活動は、先験的に社会的善でも社会的悪でもない。すなわち、企業は、いわば原始的存在であって価値判断以前のものである。それはちょうど、われわれの欲望が善悪以前の事象であるのと同じである。

林立する工場のエントツ。

④ したがって企業の社会的有用性は、その時代、その社会の現状に沿って経験的に確かめられなければならない。われわれの欲望が社会的制約を受けるように、企業もまた外的な制約によってはじめてその社会性が認められる。したがって企業は、むしろ「反社会的」という推定を受けていると言ってもよいであろう。

⑤ 企業は、その本性から対内的な責任感覚を持っているが、対外的にも部分的な道義を持って

いる。それは「取引社会」における道義である。しかし、この取引社会は、われわれの社会の総体のほんの一部であって全体ではない。しかもその上、取引社会における道義心は、競争市場や契約社会の維持に不可欠なものであって、利潤原理に抵触しないばかりか、その機能の安定と円滑化に寄与するものである。

⑥　いわゆる社会的道義については、企業の恣意的な判断に委ねられていること。たとえ一般社会から放擲（ほうてき）されても、取引社会から放擲されなければ、企業は生きられるのである。

⑦　企業の社会的有用性はすべてがそれ相当の（あるいは過分の）代価をえていること。したがって企業は、その有用性を存在の口実として強調することはできない。製品の有用性は、価格で支払われ、雇用機会の提供という有用性は、労働によって支払われているのである。しかも製品は、利潤の手段であり、雇用はその結果であって、決して目標ではない。したがって企業は一面では、存続さえしていれば、社会的に有用だということもできよう。しかし、その有用性はあくまでも〝精算ずみ〟のことであって、社会的責任論の逃げ道とはならない。

　このような企業の本質は、論理必然的に「企業は社会的責任を果さないものである」という命題を導き出す。企業の社会的責任は、あくまでも「道義的な責任」という実質を持ち、それ故に「期待はできても当てにすることはできない」ものなのである。

　しかし、かまびすしい社会的責任論議に耳を傾けると、未だにそこには、企業への幻想が渦巻いている。すなわち、あたかも企業が社会的責任を主体的にしかも自発的に果しうるような錯覚がはびこっている。それは、おそらく次のような特殊な事情を背景としているものであろう。

①　創業者社長、あるいは世襲社長をいただく企業においては、現実に、社会的責任を果そうとする真

実の努力があり、それが企業一般の性格と同一視されるからである。このような特殊な企業においては、経営者の個性がそのまま企業の個性であり、その個人的な道義性が、企業のそれと一体化しているのである。すなわち創業者においては、利潤追求が生きがい全体の中で相対化されているため、しばしば経済合理主義に反する企業行動として現出するのである。値上げ攻勢に反発して原価以下で安売りする八百屋の主人などはその好例であるが、それと同様の姿勢が創業者社長にもかすかに残っているのである。しかしこのような姿勢は、外部から歓迎されても内部からは袋だたきにされるものである。それどころか、背任罪にさえ発展しかねないであろう。いわゆるサラリーマン重役にそれを望むのは、養子に家を売れと迫るのと同じことである。

② 競争場裡においてマイナスを無くする努力も、しばしば社会的責任の引受けと混同されている。すなわち、それを行なわなければ信用の失墜を招き、需要の縮小と利益の減少をもたらす恐れがある場合である。廃品回収や欠陥商品への配慮などはその典型的な例といえよう。それらは実は、個別企業の消費者サービスであり、他の企業との熾烈な競争に打ち勝つ有力な武器なのである。企業Aがそれを怠れば、企業Bが伸長するという「商品や企業が代替可能な場合」に限られることを注意しなければならない。

③ 生活者としての虐待を、労働者としての優待によって緩和しようとする傾向も無視できないものである。社長公選制、労働者の経営参加や株式所有などのいわゆる企業内民主主義の導入はその好例である。これらは、対内的な責任体制を改善することによって、労働者の不満を解消しようとするものであるが、それは、生活者の不満をいささかも消し去るものではない。ただ、労働者と生活者は、図39のようにわれわれの同一人格の中に同居しているため、ともすれば全人的な満足を錯覚させるのである。企業内の責任

体制の変革は、その善悪は全く別にして、社会的責任論とは次元の異なる問題であることを忘れてはなるまい。

④　経済団体や企業の側からの大々的な社会的責任論の展開が、あたかも企業がそれを果しうるような期待感を醸成した。すなわち、企業は先手を打つことによって社会的責任の押しつけを免れたのである。実際、商社、電力をはじめ、いち早く社会的責任論をふりかざした産業ほど悪質な企業活動をしてきた。

企業側からの宣伝に特徴的なことは、対内的責任と対外的責任の著しい混同である。それは現在のジャーナリズムの中にも根強く流れている。

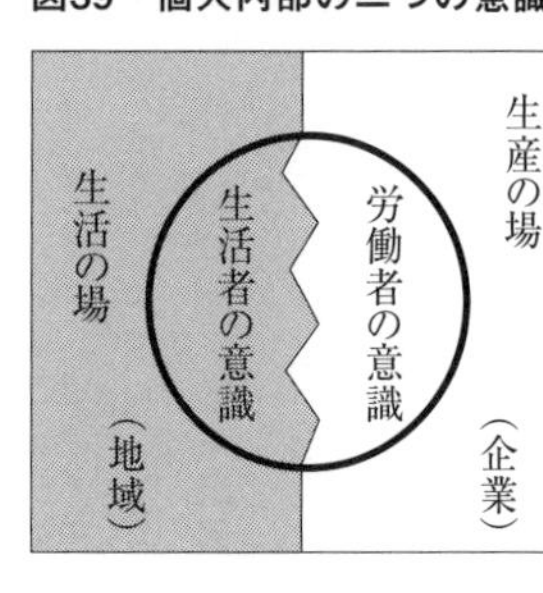

図39　個人内部の二つの意識

そもそもわれわれが、利潤原理と市場経済を容認するのは、それが人間の創造性の誘因として優れているからである。それがわれわれの英知と活力の発掘や動員にきわ立った働きをするからである。社会主義国では、例外なく「創造性」が権力によって管理され封殺されている。われわれは、この創造性を、無限の牧野に解き放つことによって、より深く、より広い未知の境涯を期待している。創造性は、優れて個性的なものであり、しかも価値判断の制約を受けない原始的なものである。われわれは、創造的天才が、その時代の価値と規範によって圧殺された多くの悲劇を想い起こすことができよう。

近年、ソ連をはじめほとんどの共産主義国が、中央集権的な統制経済に失敗し、つぎつぎに利潤概念と市場原理の導入に踏み切っている。実際、ノルマを重さで指定すれば、ぶ厚い鋼板がつくられ、枚数を指定すれば大きさのまちまちのものがつくられてしまうのであった。そうかと言って、重さと枚数を指定しても、結局、粗悪な材質を防げないのである。

われわれは自由経済の優れた特性を知るとともに、またその限界をも知らなければならない。私企業が野放しのまま活動しえたのは、無限の資源、無限の労働力、無限の立地、そして無限の市場に無限の自然など、すべてが企業活動にとって無限の広がりを持っていたときである。われわれが当面するさまざまな壁は決して自由経済に固有のものではなく、社会主義経済にも共通するものである。それらは、まさしく新しい壁である。

まずわれわれは、企業の活動と製品に対して絶えず実質的な価値判断を与える判定者を用意しなければならない。そして、その横暴を抑止し、その悪性を除去する対抗力を備えなければならない。われわれは、企業に「財貨・サービスの供給」以上の何ものも期待してはいない。しかも、需要があるからといって常に社会的善でもないのである。それは短銃やアヘンを思い浮かべれば明らかであろう。

われわれは、企業に決して「良いことをする」ことを求めているのではなく、たかだか「悪いことをしない」ことを求めているにすぎない。それを企業に求めえないことが論理的に明らかにされた以上、われわれは大急ぎで「対抗力」の編成に乗り出さなければならない。

それは、ほかでもない「政治」であり、窮極的には「われわれ自身」なのである。

政治の役割

企業の放恣を厳しく抑止し、その健全な活動を実現することが、この時代の政治に課せられた最大の役割である。すなわち、本質的に、〝両刃の剣〟である企業に対して、その善性を保護し悪性を除去する、

四日市石油コンビナートの偉容。
それは抜き身でさらされる両刃の剣である。

いわば庭師の役割こそ政治に与えられた何よりの使命である。企業の対抗力としての政治は、次のような段階的な役割を果さなければならない。

① 特定産業、経済団体からの政治献金を拒否し、政治の主体性を確立すること。自由な政策決定権を手にした政治は、企業に対するニラミを取り戻すことができる。すなわち、企業との癒着を断つことによって、政治は企業の放恣に対する抑止機能を果すことができる。そのためには、「法人による政治献金」を禁止する立法を行なわなければならない。

自民党は現在、無法者に買収された代官のようになっている。企業の専横を、いまいましげに、「見て見ぬふり」をしているのである。

② 現行法規の効果的活用によっても、現在の企業悪はかなり強く規制しうるはずである。企業と自民党との癒着は、単に新規立法（たとえば超過利得税）を骨ぬきにするにとどまらず、既成の諸法令をも空文化してきた。たとえば独占禁止法一つをとっても、三菱三重工、八幡・富士などの大型合併や、大企業の株式持ち合いによって、名ばかりの惨状を呈している。大手商社六社だけで、資本金総額約一四〇〇億円に対して、実に八〇〇〇億円にのぼる他社株式を所有しているのである。

③ 現行法の活用によっても阻止できない企業悪については、個別に立法措置を積み重ねていくべきで

ある。いわゆる無過失責任の適用拡大や法人累進税の採択、あるいは、格別の責任が要求される「大企業」を具体的に格づけることなど、法改正や新規立法は、あらゆる面から必要とされている。

④　このような努力を通じて、政治は、「企業の社会的責任」に対する国民的合意を形成していかなければならない。

それにはまず、企業責任の基本的性格を、今までのような「道義的責任」から「法的責任」に転換していくことが必要とされる。すなわち、企業悪に対する制裁を、道義的非難から法的処罰に転換する姿勢を打ち出さなければならない。

また政治は、無限から有限に転じたもの――資源、労働力、土地、自然、市場など――に対して、最終的な管理者としての責任を引受けなければならない。すなわち、これらの諸要素に対する強力な保護者とならなければならない。なぜなら、極大利潤を追求する企業は、常にいつでも、これらを無限のものと想定するからである。

つぎに、法人に対する新たな法概念を導入しなければならない。従来の法概念を突破して、企業組織全体に対する刑事的処罰の可能性を検討すべきである。企業活動停止処分、解散命令、企業分割、規模縮小、利益没収処分などがその例である。

⑤　最終的にわれわれは、企業の本質、社会的責任の本質、あるいは政治の基本姿勢を明文化した「企業法」ともいうべき一般法を創出しなければならない。それは個別に蓄積される多量の企業関係諸法令から帰納的に導かれるであろう。

われわれがまず乗り出すべきことは①の段階である。政治が利潤原理と一体化されている現状においては、いかなる企業責任もまったく無意味である。

個人に帰れ

さて、政治が企業に対する有効な対抗力となりえないこと、したがって企業が野放しのままに悪行を続けていることは、窮極的にはわれわれ「個人」の責任である。政治が企業をとりこにするためには、われわれ自身に基本的な意識転換が要求される。もしもわれわれがそれを拒絶するなら、企業は左右の古典的な統制経済によって圧殺されるほかはない。われわれの目標は、あくまでも企業を殺すことではなく、それを有効に生かすことである。

それでは、われわれの側に要求される課題とはいかなるものであろうか。

① 企業活動が生み出す反社会的な諸影響の責任は、その企業体に関係するもの、帰属するもののすべてによって引受けられねばならない。単に経営者や担当部門の責任ではなく、社員、労働者を含めたすべての内部構成者の責任である。実質的に、内部の責任体制の不備から生じた問題であっても、それは対内的に問われる問題であって、対外的な抗弁の事由とはなりえない。

このような観点からみれば、公害における〝経営者の刑事責任〟という法的処理は稚拙な処方といわざるをえない。企業責任は社会に対して何人かのいけにえを捧げることによって解決されるものではない。

② したがって労働者は、その属する企業が社会悪を伴なうとき、営業停止、解散命令をも甘受する覚悟を持たねばならない。その結果生ずる職場転換、職業再訓練あるいは失業救済などは全く別個の政治課題である。ひとつの会社を邪悪な企業としてつぶそうとするなら、自分の会社がつぶされる可能性をも認

めなければならない。新潟の第二水俣病問題では、昭和電工の労働組合は、自発的に実地調査を意図した数名の女子社員を、なんと除名処分にしようとさえしたのである。

③　労働組合は、賃上げ、労働分配率の拡大に関心を集中している。それは正当である。しかし、その基本的性格をより正直に確認しなければならない。ストに対する風当たりを避けるため、〝弱者救済〟などのもっともらしいスローガンを掲げることは争議の正当性をぼかし偽善的な色彩を深めてしまう。賃金闘争に的をしぼったかつての「太田路線」は正しかったといわなければならない。

④　さらにわれわれは、企業の日本的な家族主義や愛社精神から訣別しなければならない。すなわち、経済社会の一部である職場社会を、社会の全体ででもあるかのように受けとめる姿勢を捨てなければならない。職場は、われわれの世界の一部であってすべてではない。企業の行動原理も組織原理も利潤動機によって冷酷なまでに貫徹されている。それは決してわれわれの生きがいや価値観を基準に決定されているものではない。そしてそうであるからこそ企業はその存在を許されているのである。

土下座するチッソの島田社長。
彼は虚しいいけにえにすぎない。

そもそも利潤を追求しない企業はない。もしあるとしたらそれは存在意味を持たないどころか、存在を続けることさえできない。利潤原理は、この上なく非人間的である。しかし、この非人間的な原理を導入することによって、われわれは最も人間的な〝創造性の仕事場〟を手中にしている。この非人間的な原理を採択し管理しているのはわれわれ人間であるという自覚こそ、この原理に、高度の人間性を与えることができるのである。

⑤ われわれは、われわれ自身の内部における〝企業人と社会人〟――労働者と生活者といってもよい――の相剋において、社会人を勝利に導かねばならない。利潤原理に従う自分とそれを拒否する自分との激しい戦いにおいて、拒否する自分に政治的自己を発見しなければならない。そこにこそ、企業の放恣を規制する政治的力の源流が発するのである。それは、経営者、労働者などの対内的立場にいっさい無関係な緊急の課題である。

⑥ それは、われわれが、この時代に生き、この社会に生きる、「個人」に立ち帰ることである。「個人」の立場から、公正に冷静に、企業の望ましいあり方を考え、その意志を、「政治」を通じて反映することである。そして、職場においては、利潤原理に身を委ね、許された範囲――それは社会人としての自己の意志によって決められたもの――において利益の極大化と創造性の開発に専念すればよい。

企業への対抗力は、近年さまざまな形態で噴出している。公害反対闘争、消費者運動、過激派暴力、住民パワー――脈絡のない運動が、企業に対してゲリラ戦を展開している。しかし、これらは散発的である故に無力であり、射程距離が短い故に無効である。確かにそれらは、政治に無視しがたい影響を与え、人々の自覚を促進させはするが、決して企業の放恣を規制する決定力とはならない。すでに、総労働人口の六八%がエンプロイイ(雇用者)として企業に帰属している。主婦、学生、農民などの企業外の人々がいかに反企業を叫んでも、それだけでは全く無力である。せいぜい、既成革新政党のエゴによって利用され分解してしまうのが落ちであろう。

われわれは、既成イデオロギーを拒否した視点から、企業を凝視し、強力な対抗力を編成しなければならない。対抗力とは、〝企業内部の誰か〟に向うものではなく、〝企業そのものの反社会性〟に対抗するものである。

この基本姿勢は、新しい責任勢力にとって不可欠なものである。それはおそらく、われわれに、全く新しい第三の社会像を推察させよう。そしてそれは、この時代に〝自立している個人〟が立ち上がり、大同団結することなくして、決して不可能なことである。

新しい責任勢力は、この姿勢を内政面の共通の基盤とするとともに、対外政策においては、次のような基本姿勢に立たなければならない。

2　対外膨張の抑制力となれ

〝日本人〟への抗議

インドネシア・ジャーナリズムの第一人者モクター・ルビス氏は、ジャカルタの反日暴動に関して、次のような厳しい警告をわれわれに発している（『世界週報』昭和四九年二月一二日号）。そこには、日本の企業と日本人の海外における赤裸々な姿があますところなく述べられている。

彼は、この「なすべきこと、なすべきではないこと」という報告の中で、具体的に、日本および日本人の海外における態度変更を迫っている。それは、われわれ日本人の一部に向けられたものではなく、その

燃えあがるジャカルタの日本人住宅（昭和49年1月）。
東南アジアを歴訪する田中首相を待ち受けていたのは反日暴動であった。

すべてに向けられたものである。
まず彼は、「なすべきではないこと」として次のことを挙げている。
① 日本人はどんなやり方であってもインドネシア人より優れているかのように振る舞うべきではない。インドネシア人は、インドネシアが日本なしに生きていけることをよく知っている。世界には他に多くの工業国があり、インドネシアはそれらの国々から技術、資本、資本財、経営上のノウハウを借りたり、買ったり、あるいは取得することができる。世界的な天然資源の枯渇に伴ない、インドネシアは石油、ゴム、スズその他の産物に関して日本以外の市場を容易に見つけることが可能である。
② 日本人はインドネシア人と付き合うに当たっては一点のやましさもないほど誠実であるべきだし、インドネシアとの関係において現在の経済的、財政的な優位を振り回すべきではない。

（合弁企業で、中古の機械を新品と偽ったり、合弁事業のインドネシア側をあやつり人形扱いしてはならない）

③　インドネシアの資本と経験が生かされ、すでに発展している経済分野に立ち入るな。（技術水準の低い産業、繊維のような伝統的産業、農業、沿岸および内陸漁業、……）

④　政府高官たちにワイロを贈るな。インドネシア政府はジャカルタ暴動のあとで政府高官たちに対し、贈り物の受領、あるいは積極的に商売することなどを禁止する通達を出した。そこで政府高官たちにこのきまりを守らせるようインドネシア政府を支援せよ。

⑤　政府高官たちとあなたがたの企業との特殊な関係をつくるな。もし特定のある政府高官を非常に気に入った場合には、政府の公職をしりぞき、公明正大なパートナーになるようすすめよ。彼らの妻や親類を重役の一員に指名してはならない。

⑥　将来、長期間にわたってインドネシアの天然資源を日本しか使えないようにしたという印象を与えるな。それは日本経済のインドネシア支配という印象を強める。

⑦　公害防止装置をつけずに、日本の公害企業をインドネシアに移すな。

⑧　インドネシアを日本の原材料供給地としてのみ扱うな。

⑨　日本にとってしてほしくないことをインドネシアに対してするな。

さらに彼は、「なすべきこと」として次の点を指摘している。

①　インドネシアの文化的、社会的ビヘービアを学ぶよう努力せよ。

②　日本人の専門家が見つからない場合には、インドネシア人を日本企業のコンサルタントに任命して、インドネシアの政府と社会の中にあって建設的なやり方で進むべき方向を決める手助けをさせよ。

③　あなた方の企業が存在している地域住民としっくりいくように努力せよ。種々の社会活動、スポーツ慈善活動に参加して企業を地域社会に同化させるようつとめよ。その存在を周辺住民にとってもまた意味あるものにせよ。

④　インドネシア語を学べ。日本語や英語よりやさしい。

⑤　上は管理レベルに至るまで企業にインドネシア人を雇い入れよ。

⑥　その土地特有の習慣、宗教を重んじよ。

⑦　合弁企業のパートナーを求めているなら、政府からでなく、インドネシアの実業界から選べ。誠実なインドネシア人ビジネスマンはずいぶんといる。

⑧　可能な限りの最短期間内に最大の利益をあげることを求める姿勢でなくて、インドネシア国民のために経済発展の全般的な成長の一翼を担い、貢献しようという精神で来てほしい。

⑨　インドネシアの天然資源（木材、鉱物など）をできるだけ多くインドネシアで加工するよう努力せよ。

彼は、「なすべきではないこと」を述べることによって、日本人が現に「していること」を明らかにし、「なすべきこと」を述べることによって、「していないこと」を抗議するのである。彼は親日的で謙虚でしかも、インドネシアの最高の知性である。彼は、「私の仲間であるインドネシア人のために書くのならば、インドネシアにとっての〝なすべきではないこと〟〝なすべきこと〟の一覧表もつくるだろう」と付記することを忘れてはいない。この報告は、インドネシア人の標準的な抗議なのである。

癒着を断て

モクター・ルビス氏の抗議は、決して対インドネシア関係に固有のものではなく、すべての東南アジア諸国、あるいはすべての諸外国に共通のものである。

日本の真の外交課題は、もちろん〝共産国から身を守る〟にあるのではなく、また〝平和共存外交だけを推進する〟ことにあるのでもない。すでにくり返し述べてきたように、それは経済大国化、経済進出に伴なう国際摩擦の増大と貿易危機にある。すなわち、それは成長の時代以後の日本の営みが生んだ新しい問題なのである。

田中首相は、石油危機とそれに伴なう深刻な経済混乱のさ中に、東南アジア諸国を歴訪した。内政面での苦境を、外交成果によって緩和しようとする周知の習性によるものである。しかし彼は、これらの友邦諸国で思いがけない反撃にさらされてしまった。実際、歓迎されるものと思いこんでいた彼の政治的不見識は驚くべきものである。そして、政府も自民党も、このような事態を少しも予見していなかったのであった。そこには、すでに国家感覚と外交能力を欠いた既成政治の姿が集中的に表現されている。

それでは、われわれは、いかにしてモクター・ルビス氏の指摘に対応したら良いのであろうか。

図40のA図は、日本の政治家と企業、そして外国の政治家と企業との間の癒着関係を示したものである。aは公式な政治関係であり、bは経済関係である。そして、cおよびdは、日本の政治家と他国の企業、日本の企業と他国の政治家の間に存在する金銭や利権を伴なう癒着関係である。これを〝たすきがけの癒着〟と名づけるならば、このたすき状に交叉する癒着こそ、日本の外交の最大のガンである。それは、日本のわれわれ一般国民を無視しているばかりでなく、他国の一般国民をも著しく無視し、さらにわが国の

図40　たすきがけの癒着

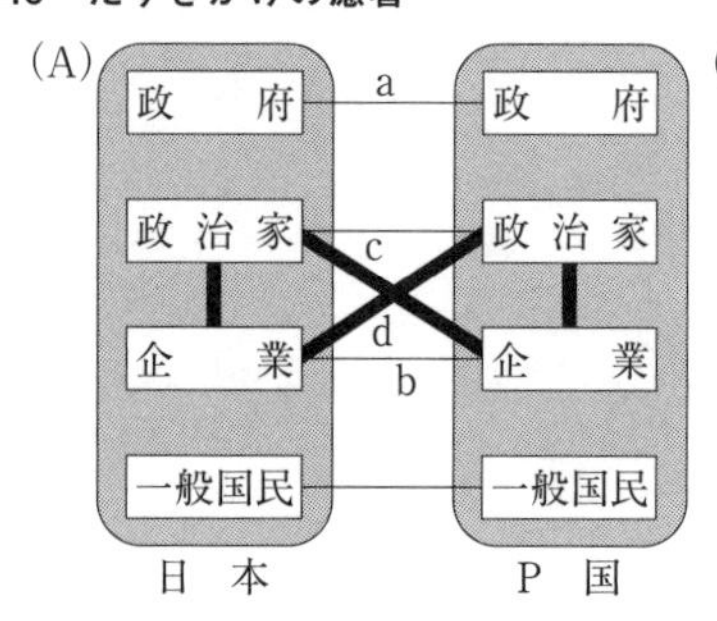

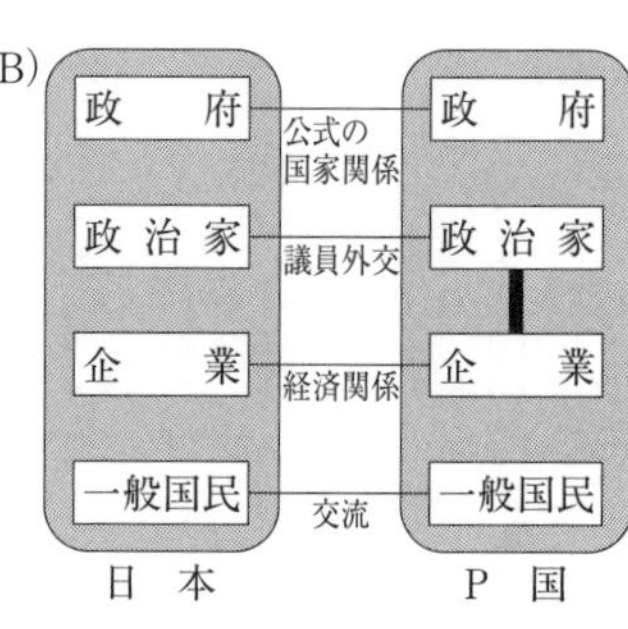

自由で柔軟な外交姿勢の障害となっている。

　われわれは、まずこのたすきの癒着を解かねばならない（B図）。そして、そうでない限り、あらゆる外交論議は不毛である。

　cの癒着、すなわち日本の政治家と他国の企業との癒着は、いわゆる「ロビー」と呼ばれるものである。インドネシアロビー、韓国ロビー、台湾ロビーをはじめ、中国ロビー、ソ連ロビーなど「ロビー外交」は花盛りである。これらが、「自由主義国との連帯を深める」とか「共産主義国との交流を深める」という大義と結合されると、外交は、ぬきさしならない泥沼にはまり、どす黒い色合いといかがわしいふんいきをかもし出すのである。

　モクター・ルビス氏は、日本の企業とインドネシア政府および政治家との癒着を示唆している。それはdの関係である。

　それを断つには、まずcの関係を断つことが先決の問題である。政治家がロビー外交に没頭していて、どうして企業の不徳を責めることができよう。国家の外交的フリーハンドを制約するこのようなたすきがけの癒着は、厳しい立法措置によって処断されなければならない。その上ではじめて本格的な外交論議が可能となるのである。

　対外的に膨張を続けてやまない日本は、これからますます他国の反発に直面するであろう。それは、日本が、「なすべきでないこと」をしなくても、また「なすべきこと」を完全に果しても、おそらく避けがたいものである。なぜなら、大国化それ自体が、他国の不安と羨望を呼び、そして既成秩序の構造変化をもたらすからである。

経済進出における横暴、海外旅行における不徳を抑制する力は、政治の力以外にはありえない。そして政治がその抑制力を手に入れるためには、癒着を断つことが何よりの課題である。

抑制力となれ

「たすきの癒着」を排除したら、われわれは、次のような外交努力を積み重ねることによって、国際摩擦を最小限にくい止めなければならない。

① 経済活動に当たっては、信義と誠実の原則に徹底し、純粋に経済次元で解決しなければならない。できる限り安く売り、できる限り高く買うという誠実な経済関係は、多少の政治的混乱の中でも生き残るものである。

② 外交関係を悪化させる企業活動は、厳しく取締るべきである。そのためには、国内におけるのと同様に、企業責任を法的に規制しなければならない。

③ 経済圏を政治圏あるいは軍事圏に転換させてはならない。経済支配を安定させようとしたら、それは必ず政治支配の誘因となる。われわれは、誠意ある経済活動を積み重ねることによって信頼をかちえ、そして安定的な経済関係を形成しなければならない。

④ 日本の国益を正直に追求するとともに、相手国の利益をも充分に配慮しなければならない。経済、

技術援助をはじめ、低生産性産業の育成に力を惜むべきではない。そのためには、日本の産業構造の大胆な変革をも必要とされよう。

⑤　さらに、他国の特定政権と一体化した政治的・経済的関係を結んではならない。政権が交代しても維持される外交、経済関係が望ましい。

⑥　海外における日本人企業、および海外旅行者の言動に、適切な指導と監督を行なわなければならない。玉本事件、売春観光をみるまでもなく、日本人は世界に恥を散布して歩いている。

モクター・ルビス氏の抗議は、「日本にとってしてほしくないことをインドネシアに対してするな」という言葉の中に集約されている。今こそ日本の企業および日本人に高度なモラルが切実に要求されているのである。

個別処理の原則

さて、われわれがいかに対外膨張を抑制し良識ある国家活動を営んだにせよ、さまざまな外交試練が日本を悩ますことは避けられない。すなわち、国際社会は主体的条件の整備だけでは乗りきれない厳しい本質を持っている。みずから火事を起こさなくても突然火の粉が飛んでくるのである。

われわれは、このような不可測な事態に対して次のような基本姿勢で臨まなければならない。

まず第一に、みずからの国家的利益を正直に明示し、相手国の利益と立場を充分尊重した上で、最も現実的な妥協点を見出さねばならない。偽善的な姿勢だけは厳につつしむべきである。

つぎに、イデオロギー的な外交姿勢で対処してはならない。イデオロギーは、外交処理をより困難にし、妥当な解決を妨げずにおらない。

さらにわれわれは、外交試練に直面したとき、第三国をそれに巻きこんではならない。まず自国だけで完結した外交努力に集中すべきである。他国に依存する外交処理は事態を一層複雑に、しかも深刻にしてしまうであろう。

結局、われわれの外交姿勢は、「ひとつひとつの試練を、誠意をこめて、しかも全力で乗りきっていく」こと以外にはありえない。そのような具体的努力の中から、諸外国の信頼をえていくことこそ唯一にして最良の道である。抽象的な平和論や、遠大な世界構想があって悪いわけではない。しかし、国家の道義や信頼は、具体的で個別的な努力の中からのみ生まれるものである。日本はまず、大言壮語するのをやめて、個別の外交課題に真正面から取組むことによって、おのれの生き方を探索していかねばならない。それを「個別処理の原則」と呼ぶなら個別処理の原則こそ、新しい責任勢力に不可欠な外交原則である。

3　新しい国民的合意

古い国民的合意

堕落した政治、危機の経済、退廃的な世相、それに荒廃した人間関係と無感動な人々――おそらく、この時代ほど終末感が重く漂う時代はかつてなかったことであろう。実際われわれは、何ひとつとして建設的で創造的な成果を挙げることができないでいる。

しかし考えてみれば、実はこの時代ほど広汎な国民的合意が可能な時代もめずらしい。「成長から生活

歴史的な握手をかわす毛主席と田中首相。
華やかな手打ち式の陰には新たな暗雲が立ちこめている。

へ」「老後保障の充実」「社会的弱者の擁護」「物から心へ」そして「共存外交の推進」など、各党の政策スローガンにはほとんど差異が認められない。あるとしても予算編成上の「金額の相異」がせいぜいであろう。それは、その背景に広汎な国民的合意が存在するからである。しかし、それにもかかわらず、われわれは決して、国民的合意が存在しているという事実を実感してはいない。むしろ逆に、階層、地域、政党から隣人に至るまで、はなはだしいくい違いがあるものと錯覚している。あたかも、われわれに多くの選択の余地があり、それに見合う多くの政治勢力があるものと思いこんでしまっている。それは何よりも、既成の政治勢力が保守革新を問わず、世論の統合ではなく、世論の分断にやっきとなってきたからであり、かつ、常識を放置していたずらに新奇を競っているからであろう。

まず第一に、外交的には「平和共存外交の推進」という大幅な合意が成立している。それは、日中国交回復に反対する政党がなかったことを考えれば明らかである。対共産圏との交流の緊密化は、すでに国民的合意であり、時代の

図41　新しい問題構造

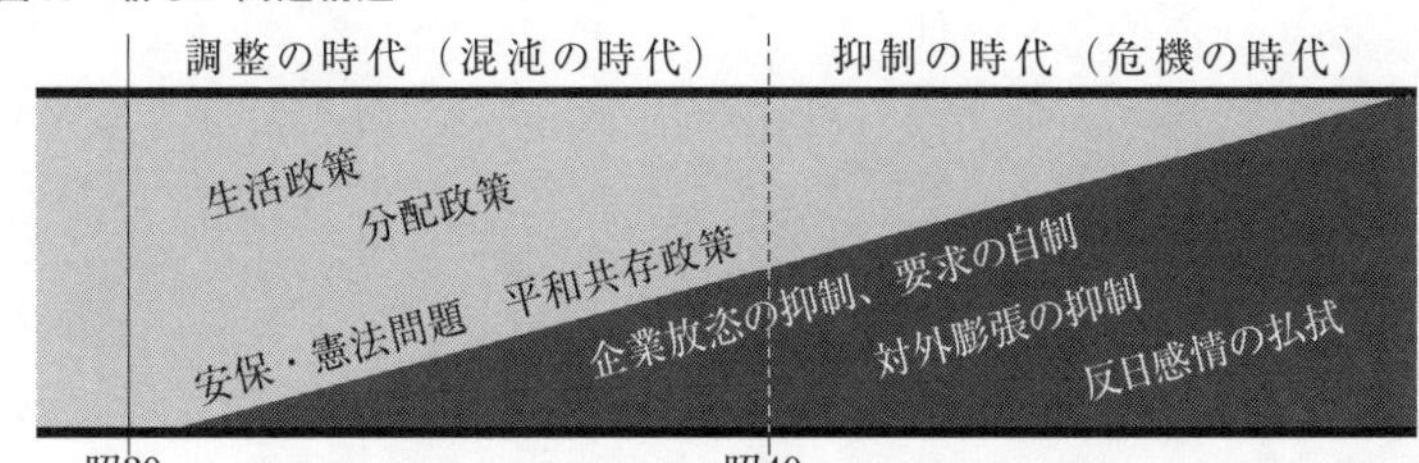

潮流である。それは、もはや政治が恩着せがましく口にすべき重大事件ではない。むしろ、その遅々とした足どりこそ問題にされる必要があるだろう。

内政面では、生活政策への転換も広い合意を形成している。それが進捗しないのは、ひとえに自民党と産業界との癒着によるものである。賃上げなどの分配政策、生活基盤の整備や社会保障の充実などの再分配政策は、既成政治の枠内でも充分可能である。いずれも〝金銭で解決される問題〟である点でみごとに共通している。

対外膨張の抑制、企業悪の封殺などは、何よりも予算では解決されない問題である。これらを新しい波というなら、われわれは、古い波さえ未だに乗り越えてはいない。そして古い波を前にして主導権争いの格闘を演じている間に、新しい波はすぐそこまで押し寄せ、われわれをひとたまりもなく呑みこもうとしている。疑いなくそれは、さらに大きく、さらに激しい波である。

われわれは、共存政策、分配政策を、できる限り早く、できる限り大規模に片づけなければならない。そして、引きのばされてきた「調整の時代」を終わらせなければならない。それは危機の時代を乗りきる肩ならしである。

色あせた絶対価値

われわれの政治社会には、三つの絶対価値が、不動のものとして鎮座している。ひとたび、それを口にするなら、すべての人々、すべての政党がとたんに押し黙り、道を譲ってしまう。それは、外交面での「平和国家」、経済面での「福祉国家」、そして政治面での「民主主義の擁護」である。

われわれは、誤解を恐れず、この三つの絶対価値を相対化する努力を始めなければならない。

まず第一に、「平和国家」は、決して既定の平和共存路線の延長上には存在しないことを認識しなければならない。共存政策によってえられた平和が、膨張による軋轢によって相殺されてしまうのである。

第二に、分配の拡大と平等化に関心を集中する「福祉国家」は、企業活動が生み出す害悪によって、元も子もなくなる恐れを含んでいる。砂ぼこりと騒音の中でのゆたかな生活は、果して人間に真の安らぎをもたらすであろうか。もしも、それを回避しようとするなら、抑制と節約は不可欠である。それは明らかに、既定の福祉国家路線と抵触してしまう。

さらに第三に、「民主主義の擁護」が権利の拡大に関心を傾斜させてきたことを考えると、義務と責任の供出が要求されるこの時代にどれほどの力を発揮できるのであろうか。民主主義は、すでに「守るべきもの」から「使うべきもの」に転換していて良いはずである。われわれは、戦後史の苦しい営みの中で民主主義を国家の所有物とするに至ったが、しかし決してわれわれの所有物とはしていない。民主主義は使うことによってのみ強化され定着する。そして「民主主義を使う」とは、権利を主張することではなく、自発的に責任を引受けることである。

われわれは、もう「平和国家」「福祉国家」「民主主義の擁護」といたずらに口にする怠惰から脱出しなければならない。それらが、あまりにも軽々しく、あまりにも無内容に口にされてきたため、われわれはもうその真髄さえ忘れかけている。それですべてを片づけようとするのは、われわれの政治的不毛さのあかしではないだろうか。

「平和」「福祉」「民主主義」はもちろん至上の価値である。それが不当であるというのではもちろんない。しかし、そこに理論的に安住する政党が、一体われわれに何をもたらしたのであろうか。彼らは、この体裁の良い看板の陰で惰眠をむさぼっているだけである。

世論の建て直し

新しい責任勢力の仕事は、古い国民的な合意を早急に実現するとともに前述した内外両面での基本姿勢についての新たな合意を形成していくことである。それは、新しい世論の本格的な建て直しを推進していくことでもある。そして、その中から、新しい道義、価値、文明観そして政治制度を摸索していくことにほかならない。

新しい責任勢力のあり方を考えるとき、そこには、われわれ個人の態度変更が容赦なく要求されている。すでに企業責任と対外膨張の項で言及したことの他に、次の諸点が指摘できるであろう。

① まず、政策より政治姿勢に重心を置くべきである。現在、政党、特に革新政党は、「政策のセールスマン」のようになり果てている。確かに「政策」は重要である。しかし、それに対処する政治姿勢はもっと重要である。さらに、その背景であり母体である「政党の構造と体質」は決定的に重要である。われわれが、事実この眼で確かめうるのは構造と体質だけであるから。

すでにあらゆる問題領域において、政策はほぼ出尽しているといってもよい。妙手、奇手などはありえないのである。われわれに必要なのは、新たな政策をつけ加えることではなく、細分された政策群を統合し、国民的合意を実現していく意志と力である。

② われわれは、小異を捨てて大同につくという古典的な教えを想い起こすべきである。わずかの差を誇張する態度をやめて、ひとつひとつの合意を積み重ねていかなければならない。自己の政策領域をかたくなに確保してその独自性を競う愚劣さから脱出しなければならない。相違を発見する努力は徒労だが、合意を発見する努力はつねに創造的である。

③ われわれは、〝新奇〟を深追いすることはやめて、常識に立ち返らなければならない。

新奇、珍奇、奇抜――われわれの前に新しいものが提示されるとき、それはきまって〝奇の字〟を伴なっている。新奇さの横行は、時代の混迷と退廃の何よりの証左である。

一体、真に新しいものは、つねに最も本格的で、しかも普遍的である。それは、時代を超え制度を超えて、人々の心を強く打つはずである。

④ われわれは、いわゆる〝マイホーム主義〟を突破して進まなければならない。単に、納税の義務を果し、仕事をするだけでは、決して社会的義務を完遂していることにはならない。なぜなら、ほとんどの人が、〝ひと通りの義務〟を果していながらなおかつ、われわれの時代は座礁してしまったからである。われわれは、並々ならない「家庭への義務感」の一部を、社会への義務のために分譲しなければならない。確かに〝健全でゆたかな家庭〟は、〝健全でゆたかな社会〟の単位ではあるが、決してそれは全体ではない。実際、すべてを家庭へという、われわれの過剰なマイホーム主義は、結局のところ、健全でゆたかな家庭への最大の脅威としてはね返ってくるであろう。

⑤　すべての人が、自己の職業、自己の立場の原点に立ち返り、あらためてその社会的意味を厳しく再検討しなければならない。われわれは、果して、基本的なこと、本質的なことを忘れずに生きているであろうか。職業や社会的立場は、「生活の資」を得るというわれわれの個人的必要性の以前に、何よりも「社会的必要性」があるから認められているのである。われわれは、この厳しい社会的要請に、個人として、どれほどの決意で臨んでいるであろうか。職業や組織に対する社会通念の陰に、個人としての自己を隠してはいないであろうか。学生は学ぶということ、教育者は教えるということ、商人は売るということ、そして農民は耕すということ――すべての人が、その社会的価値と個人的資格を、厳粛に問い質さねばならないであろう。なぜなら、われわれが今までどおりすごす限り、時代も今までどおりの軌道を走らざるをえないからである。

結局、われわれに必要なのは、徹底した正直さ、素朴さ、健康さであり、みずみずしくとらわれのない精神である。われわれが、社会生活を営む上で最も必要なものが、今こそ政治に必要とされているのである。そして、まずとりかかるべき作業は既成の価値、世論、通念を厳しく検証していくことである。

終章

新人よ自民党解体の斧となれ

新しい責任勢力の編成―それは至難の業である。しかし、もしもわれわれがそれを省略するとしたら、われわれは一切を無に帰することになろう。新人の役割は大きく、そして厳しい。

不気味に鎮まる夜の国会議事堂。

1　党内改革への絶望

迷えるハト

今まで自民党内で、ハト派、進歩派と呼ばれてきた人たちは、「党内民主主義の確立」を旗印に、昭和四九年二月六日、「党正常化連絡会議」――略して「党正連」――という新グループを結成した。しかしこれは、決してハト派が本格的に党改革に立ち上がったことを示すものではない。むしろそこには、無力感に包まれて混迷するハトの実態が、浮き彫りにされているといえよう。

「党正連」は、青嵐会の無法さに手を焼く議員たちの被害者集団として生まれた。代表世話人の田村元氏がみずから規定するように、それは無頼な青嵐会から身を守るために結束した「町内会の自警団」である。実際、今年に入ってからの青嵐会の粗暴な言動は目にあまるものであった。党大会への野次マイク持ちこみ、党総務懇談会における浜田幸一氏の机ひっくり返し事件、あるいは青嵐会の国民集会における倒閣宣言、宇都宮徳馬氏の議員辞職問題への言いがかり、日中航空協定をめぐる一連の言動などハト派は青嵐会の蛮行におろおろするばかりであった。

こうして、「無法者から緊急避難する」（田村氏）ために結成された党正連は、その動機によって決定的な限界を越ええないのである。

すなわち党正連は、反青嵐会を結成の動機とするために、本質的に受け身な消極的性格を持っている。それは、青嵐会がなければ存在意味を持たず、青嵐会の反乱が激化しなければ、みずからの活動も存続しえない。

　しかし、党正連の最大の不幸は、青嵐会から身を守ろうとするあまり、実質的には現在の党体制の防波堤の役割を果してしまうことである。党執行部は、ハト派を青嵐会の矢おもてに立たせることによって、実に巧妙にその矛先をかわしている。それは、田中・大平の主流派が、党正連に強力な援軍を送りこんでいることをみてもわかる。

　ハト派の真の相手は、青嵐会を産み落した現在の党体制そのものである。青嵐会との不毛な対決にのめりこんで行くかぎり、ハト派は、既成の党体制の中に埋没してしまうだけである。

会合する党正連（昭和49年2月）。
中央が代表世話人の田村元氏。

　ハト派——そう呼ぶのが妥当かどうかは別として——は、より積極的、より本格的な行動を期待されてきた。青嵐会が右へ引張ろうとするならハト派は左に、そして青嵐会が後へ引き戻そうとするなら前へ押し進めるところにこそ、ハト派の貴重な役割があったはずである。党体制の擁護者ではなく、党改革の旗手こそわれわれの期待であった。進歩派、ニューライト、自民党の良識として最高の評価を与えられ、この党に対する最後の望みをつなぎとめてきた彼らが、もしも立ち上るとしたら今をおいてはありえないはずである。この期に及んでもいたずらに沈黙と無為を続けるとしたら、一体今まで何ゆえに存在してきたのであろう。それは結果的には、自民党の古さを新しさで、悪さを善良さで、あるいは反動的な体質を進歩的な装いで包み隠すヴェールでしかないことになろう。

ハト派は、青嵐会の出現を好機に、党体制の基本的な変革に乗り出すべきなのである。その具体的で現実的な第一歩は、自民党「立党の精神」の全面改定と、国民協会の解散である。これらは、いわば最小限の仕事であって、決して、自民党構造を一新させるものではない。もしもこの提案さえ実行しえないとしたら、ハトはまさしくはく製である。

「立党の精神」の改定

自民党の「立党の精神」の全文は、綱領、党の性格、党の使命、党政綱の五項目から成り立っている。いずれも、昭和三〇年一一月一五日の自民党結党とともに採択されたものである。その後、四〇年代初期に、基本憲章、青年憲章、労働憲章あるいは婦人憲章などがあいついで追加されたが、「立党の精神」には何らの変更もなく今もって党の基本姿勢として生き続けている。当然のことながらその内容は驚くほど古い。それは明らかに、青嵐会よりもっと古いものである。

ハト派、進歩派と呼ばれる人たちも、党員であることによって当然に「立党の精神」の拘束を受けている。彼らが、その改定作業に乗り出さないかぎり、それへの共鳴者、忠誠者とみなされることは当たり前のことである。

「立党の精神」の改定は、実質的には青嵐会の追放を意味するだろう。新しい立党の精神は、青嵐会の掲げる古い立党の精神を反古(ほご)にしてしまうからである。すなわち、新しい錦の御旗は自動的に古い旗を廃棄してしまう。そのとき青嵐会が脱党するか、それとも沈黙するか、もとより彼らの自由である。

さて、「立党の精神」は具体的に次のような改定を必要としている。

① 反共イデオロギーを排除し、むき出しの対決姿勢を捨てること。対決姿勢は、みずから責任勢力の資格を捨て、部分勢力になりさがるものである。この姿勢は、「立党の精神」の随所に強く打ち出されている。

◇階級独裁により国民の自由を奪い人権を抑圧する共産主義、階級社会主義を排撃する（党の性格三項）
◇極左、極右の全体主義と対決する（同上四項）
◇斗争や破壊を事とする政治理念を排し（同上五項）
◇土地及び生産手段の国有国営と官僚統制を主体とする社会主義経済を否定するとともに（同上六項）
◇その終局の目標たる世界制圧政策には毫も後退なく、特にわが国に対する浸透工作は、社会主義勢力をも含めた広範な反米統一戦線の結成を目ざし、いよいよ巧妙となりつつある（党の使命）
◇共産主義及び社会主義勢力の乗ずるところとなり、その急激な台頭を許すに至った（同上）
◇独裁を企図する共産主義勢力と階級社会主義勢力と徹底的に斗う（同上）
◇外交の基調を自由主義諸国との協力提携に置いて（党の政綱）
◇容共的破壊勢力を排除し（党則前文）

原文のまま

このような偏狭な対決姿勢は、三〇年当時の緊迫した時代背景から生まれたものである。また、保守合同の最大の誘因が、社会主義革命への差し迫った危機感であったことを考えれば、新党の結束を深めるためには、強硬な対決姿勢が何よりも有効であったことであろう。しかし、この時代感覚が、それから二〇年を経て現在まで自民党のタテマエとして持ちこされていることこそ問題である。「立党宣言」の中にも「少なくとも十年後の世界を目標に描いて」と明記されている。しかし、すでに二〇年近くの年月が経過しているのである。

責任勢力は部分勢力に対決するためのものではない。それは時代の危機に対決すれば良いのである。部分勢力、批判勢力の提言は、できるかぎり貪欲に呑みこみ吸収していけばよい。そもそも部分勢力とは、個別の問題で対決することはあっても、基本姿勢として対決するには及ばないのである。

② 憲法改正条項を削除し、現行憲法への忠誠を明記すること。

「党の政綱」には「現行憲法の自主的改正をはかり――」とあり、「党の使命」には「現行憲法の自主的改正を始めとする独立体制の整備を強力に実行」することがはっきりと唱われている。すなわち、「憲法改正」は今もって自民党の党是として存在している。しかもそれは、三〇年当時の〝反動的改悪〟をめざすものなのである。しかし現在、自民党はこれを実質的に断念するに至っている。確かに少数の人々は依然としてそれに固執してはいるが、大多数の人々は、暗黙のうちに「このままでやっていく」ことに合意している。特に、ハト派、進歩派と呼ばれる人々は、現行憲法の歴史的意味を積極的に評価しているのである。

おそらく、いつの日か、現行憲法が一新される日は来るであろう。しかし、それは、憲法が古くなったという理由によるものであって、〝新しすぎる〟という理由ではないだろう。すなわち、われわれが、憲法より前へ進んだときであって、追いつけないからではない。それは今までの改正論とは全く異質な、より民主的でより適正な憲法への改正である。もとより時代の進展と意識の成熟度が決定することである。

③　経済に対する時代認識のズレを修正すること。

「立党の精神」の背景にある経済観は、〝復興経済〟である。それが時代の妥当性を欠いていることはいうまでもない。

「党の使命」には「経済は自立になお遠く、民生は不安の域を脱せず――」とあり、「党の政綱」には「通貨価値の安定と国際収支の均衡の上に立つ経済の自立繁栄と完全雇用の達成をはかる」とある。さらに、「一部労働運動の破壊的政治偏向はこれを是正する」と構え、労政における治安政策的な色彩を濃厚にとどめている。

保守合同への努力を重ねる領袖たち。
左から三木、鳩山、岸、重光、石橋、芦田の各氏。

④　新しい時代要求を盛りこむこと。

たとえば、次のような事項が掲げられなければならない。

◇企業活動の放恣に対する断固とした姿勢
◇平和共存外交の確認
◇成長政策と生活政策とのバランスある発展
◇労働運動の積極評価
◇土地などの公共財に対する新しい姿勢

携帯マイクで野次を飛ばす青嵐会の会員（自民党大会。昭和49年1月）。

◇海外経済活動における高い道義
◇「立党の精神」を五年ごとに再検討することを明記

これらの改定内容は、あくまでも最小限のものである。これらは、現在の自民党にとっても、抵抗なく受容できる現実的なものである。

さて、この改定作業は、現行の「立党の精神」を相対化できる人たちによって進められることが最も有効である。すなわち結党以前から政界入りし、結党に参画したベテラン議員たちが先導し、ハト派の中堅、若手議員がそれを強力に援護していくことである。具体的には、藤山愛一郎、宇都宮徳馬、石田博英、河野謙三、赤城宗徳、井出一太郎、三木武夫などの各氏が適任であろう。この人たちは、世代的にも閲歴においても、首相と同等かそれ以上であるゆえに、その行動は強い影響力を持つ。

しかし、このような努力も、決して自民党の構造と体質を基本的に変革するに至らない。それはせいぜい青嵐会のような俗悪な集団を封殺するだけであって、決して自民党を蘇生させる決定打ではない。ただこの改定作業は、決してきれいごとではすまされないために、その泥試合の衝撃が、眠り続けてきたハトの眼を否応なくさますことになるかも知れない。そうであれば、この行動は、新しい責任勢力への本格的な胎動の糸口となりうるだろう。

国民協会の解散

ハト派の第二の仕事は、国民協会の解散を提案し実現することである。すでに世論はいうに及ばす、経済界や自民党内にさえ、国民協会の強権的な献金割り当てや取り立てに対する批判の声が高まっている。この国民協会を解散することは、自民党と企業との癒着を断つための現実的な始動である。

国民協会は、自民党と経済界の間に介在することによって、その癒着関係をぼかす役割を果している。自民党は、資金の調達機関と配給機関を組織的に分離することによって世論攻撃の集中を巧妙に避けているのである（A図）。

国民協会の解散（B図）は、次のような具体的な成果をもたらすであろう。

① 図のように、自民党と企業の癒着が直接化されることによって、自民党政治の構造がむき出しにされる。

② したがって自民党は、不当に超過利得をあげた企業または産業から、政治献金を受けることができなくなる。なぜなら、資金調達面でも自民党に直接的責任が集中するからである。

③ また、自民党は、今までのように政治資金を割り当てたり、取り立てたりすることもできなくなる。

図42　国民協会と自民党

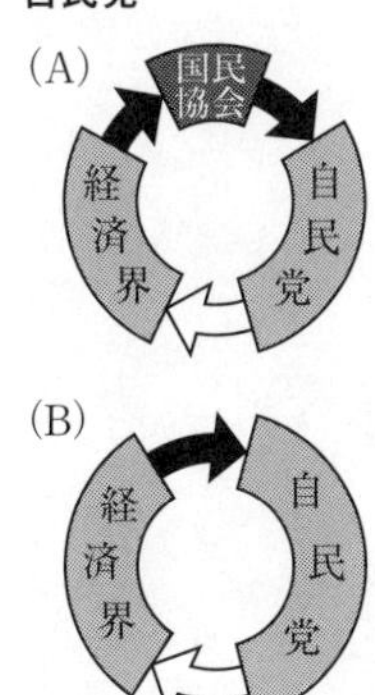

〝取り立て屋〟が強引なのは、当事者双方の複雑な事情と無関係だからである。こうして自民党は、自発的な献金に依存して党運営に当たらざるをえないという窮地に陥る。

そもそも集めた資金より集まった資金の方が、はるかに拘束性の小さいものである。なぜなら、そこには条件や約束が付随せず、せいぜい思惑がとりかわされるにすぎないからである。実際、拘束力のない献金が、どれほど多量であっても、それはわれわれの関知するところではない。

④　国民協会を解散させる行動に参加するハト派の人々は、以後個人的に、測り知れない道義的責任を負うことになろう。それはまさしく、いまわしい構造と絶縁する彼ら自身の具体的意志表示である。実はそれこそ、この行動の最大の成果なのである。そして、それは、解散の成否を問わずもたらされる。

さて、自民党は、前述したように、より多く使うことによってしか党勢を維持できない構造と体質をもっている。国民協会の解散が、党収入の減少をもたらすなら、それは一挙に党構造を根底から揺さぶる原動力となろう。またもしも、依然として党収入が激増を続けるとしたら、自民党はより足早やの低落を避けられないであろう。なぜなら、協会の解散によって、自民党は、その悪質な機動装置をまる出しにして走行しなければならない。

国民協会の解散もまた、現在の自民党の資金流路に対する最小限度の提案にすぎない。直接的に資金流量の規制までめざすものではないからである。それは、終わりではなく、ほんのささやかな始まりにすぎない。

政治家の勇気

この二つの期待は、ハト派に対するいわば最小にして最後の期待である。しかし、このような控え目な期待も、われわれの側からすれば、祈るような気持で待つことしかできない。すなわちそれは、本質的に当てにできない性質のものであり、もとより、われわれの主体的行動の前提条件として組みこむことはできない。

われわれはもう、自民党の内部からなされる「党の近代化」提案に絶望してしまっている。それを信用するには、あまりにもしばしば裏切られてきている。国民協会は、他でもない党近代化の名において結成され、派閥もまた、例外なく、〝党近代化をめざす政策集団〟として名乗りをあげたのである。

福田派の会合。派閥解消をめざす「党風刷新連盟」を基盤にして生まれた。

事実、自民党内には、「党の近代化」に反対する人は、ひとりとして存在しない。結党以来、それはすべての総裁によってすべての自民党政治家によって、情熱的に叫ばれてきた。われわれは、彼らが「党の近代化」を叫ぶとき、その確かな意味を理解できない。けだし、現在の自民党は、言葉のいかなる意味においても断じて近代的ではないからである。それは、腐敗と堕落と老化の極限に達している。

もはや、「党内で地道に改革をすすめていく」というもっともらしい弁明に耳を傾けることはできない。「党近代化」が進まないとしたら、それは、〝近代化を叫ぶ人〟が、同時に〝近代化されねばならない人〟であるからである。今、自民党政治家にとって最も必要なことは、党を改革することではなく、まず自分自身を改革することである。そもそも、党の構造と体質が、自分のそれと同質であるという認識から出発すべきである。「自分はこう思うが、党は残念ながらそうではない」という言葉によって自己の無為を弁明する態度は許されないのである。すべての人が、党を悪者にすることで自分の責任を逃げていたら、良くなることはありえない。「構造と体質」が自分と別個に存在しているのではなく、自分もそのかけがえのない要素となっていることをまず知るべきである。

自民党政治家は、すでに個人的な責任感を失ない尽しているのであろうか。それを望むこと自体過酷なのであろうか。もう絶えて久しく、われわれは、政治家の責任、道義、勇気のきわ立ったさまを見たことがない。かつて復興の時代においては、一法案の帰趨が政治生命さえ左右した。思えば現在の自民党に領袖として割拠する有力な人たちは、幾たびとなく除名や脱党問題を引き起こし、自己の政治生命を休むことなく瀬戸ぎわの緊張にさらしていたものであった。

一体、政治家の勇気とは、自己の発言に政治的、社会的立場を賭けることでなくして何であろう。政治的抹殺をも恐れず、信ずるところをまっとうすることでなくして何であろう。もしも真実、党の構造と体質を憂慮するならあえてそこから離脱する以外に道はないはずである。「党の近代化」をめざすなら、何よりもその旗手としての個人的な資格を完備することが先決ではないだろうか。すべてはそれから始まるのである。

しかし、実は、われわれには、この道——良識派の脱党——まで閉ざされてしまっているのである。それは、あの宇都宮辞職問題が象徴的にもの語っている。

宇都宮徳馬の心痛

昭和四九年二月はじめ、宇都宮徳馬代議士は、金大中事件氏に対する自民党政府のあいまいな処理に抗議して、政治家としての個人的責任を、「議員辞職」という形で果そうとした。この一件は、大平外相はじめ多くの人々によって慰留され、また党正連の活動へのほのかな期待によって一応保留にされることになった。

彼の辞意の直接の動機は、金大中事件であったかも知れない。しかし、彼みずから明らかにしているように、その真意は「自民党の体質に対する絶望」(『週刊現代』二月二一日号)にある。

青嵐会から集中砲火を浴びた彼は、青嵐会を「あれはおデキだ」と断定した。「このおデキは、自民党が糖尿病にかかっているからできる」(『サンデー毎日』二月二四日号)のであり、「まだまだひそんでいるものが相当ある」ことを彼は鋭く洞察する。

宇都宮徳馬氏——彼はおそらく、この時代の良識として、政治的人格として、最も良質なものであろう。その国家感覚、時代感覚そして厳しい責任感覚は、りりしく気品に満ちた面相の中に凝縮されている。彼が、のろわれた自民党史の中に呑みこまれなかったことは、奇跡といっても過ぎてはいない。それは、彼自身の高潔な個性とともにいくつかの特殊な要因によってはじめて可能なことであった。

辞職問題で記者会見する宇都宮徳馬氏。

まず彼は、一貫して派閥に所属することなく孤高の立場を貫ぬいてきた。派閥が、自民党の基本的構造であったことを考えれば、彼はその外にいることによって自己の堕落を阻止したのである。それは彼が、製薬会社の経営によって資金の自活能力があったことも幸いしている。

第二に、他の政治家たちのように大臣の椅子の争奪にうつつをぬかすことがなかった。すなわち彼は、人事の面でも、党から恩を受けてはいない。当選九回、議員歴二二年にして、彼は今なお大臣未経験者である。

第三に、彼は、成長の時代を通して自民党の経済至上主義の外にいた。彼は、日中国交回復にすべての政治的情熱を傾け、成長の時代をいわば横目でみていたのである。成長の時代の落穂に雀のように群がり寄っていた政治家たちとは、その体質をはなはだしく異にする。

このような要因の他に、若くしてマルクス主義の洗礼を受けたこと、陸軍大将であった父、宇都宮太郎氏の功罪に対する深い思慮などが、彼の人格と行動に多くの影響を与えていることであろう。

しかし、このような立場を貫ぬきえたのは、何よりも彼本来の天与の個性によるものであろう。

一体政治的個性とは、優れて偶然の所有物である。それが時代の表舞台に押し出されるのは、おそらくその個性と歴史とのふしぎな折り合いによるものであろう。卓抜した政治的個性にただひとつ共通するものは、彼らがいかなる状況にも呑まれず時代の流れにも流されないことである。彼らは、その力を意志的にではなく、本性的にたずさえている。

彼の「議員辞職」が問題化したとき、われわれは、なぜ彼が〝自民党脱党〟の道をとらないのか不審に思い、強い不満を禁じえなかった。この〝最高の良識〟の脱党は、おそらく強固な自民党構造の最も枢要な釘をぬき、解体への確かな突破口を開くことは疑いない。この一般的な疑問に対して、彼はつぎのように述べている。

「二七年から二〇年以上も党内にいて、自民党の体質がいよいよいかんのであれば、いずれにしても責任があるわけだ。いきなり外へ出て悪口をいうわけにいかんところがある」（前掲『週刊現代』）

彼は、自民党の腐敗に対する一人の党員としての責任を痛感しているのである。つねに党に対する主体性を保ち続けた彼が負うべき責任なぞ、あまたの政治家たちのそれと比べれば、ほんの取るに足らないものである。しかし彼は、党の腐敗を許してきた「少なくとも不明の責任」を、ぬけがけでは免れえないものとして深刻に受けとめる。そこに帰属してきたというそれだけで負うべき連帯責任が、彼の脱党を許さないのである。

「もし脱党ということだと、わたしは十分な批判はできないけども、責任を感じて、責任を十分とって、はっきり議員を辞めれば、党に対する批判は非常に自由にできると思うね」（同前）

彼は、自民党の腐敗を見過ごしてきたという〝政治家としての個人的な責任〟を、議員辞職によって明確に精算し、あえて白紙から出直そうと決意したのであった。

「わたしは、もしも辞職が許されることになれば、日本の政治というものを、いまの政治の廉潔性の問題とか、高度成長が行き詰まっちゃった問題とかね、石油危機とかで――。そういう経済問題を含めて、根本的に日本の政治を考えなおしたいという気持ちが一面においてあるんですね」（同前）

彼の真意は、この言葉の中に語り尽されている。しかし、結局のところ彼は、自民党を脱党できなかったばかりか、議員辞職さえ、許されなかったのである。

宇都宮問題のなりゆきは、われわれに実に多くの重大なことを教えてくれた。

まずわれわれは、宇都宮氏が脱党できなかったことから、すべての人が脱党できないことをはっきりと知った。筆頭の良識の限界は、そのまま標準的な良識の限界をものの語るのである。金が輝やかないほどの暗闇(くらやみ)において、鉄や鉛に何を望みうるというのであろう。

また、辞職問題の過程で、「私も脱党するから一緒に脱党しよう」という申し出がひとつとしてなかったことは、われわれの絶望に致命的な追い打ちをかけるものであった。おそらく、彼の脱党は、ハト派、進歩派、良識派と呼ばれてきた人々に対して、この上なく過酷な踏み絵を強いるものであろう。彼らは宇都宮氏を〝慰留する〟ことによって、実は、踏み絵から巧みに逃げたのである。

「不明の責任」をも、しかと受けとめようとする彼には、忘れられていた〝政治家の責任意識〟が脈打っている。たとえ、すべての人が許したとて自分は許さない——責任遂行の最終的認定者を自己に課す厳しさ、それは良識の属性である。独善を嫌い、批判者への安住を拒み、ぬけがけを執拗に抑え、ひたすら本格を求める心、それは良識に固有である。すなわち、自民党の良識派は、同罪意識にさいなまれるあまり、極悪に対してさえ居直ることをしないのである。

われわれはついに、自民党がみずからの力で再生できないことを知り尽した。そしてさらに、良識派の脱党によって一挙に解体に導くという秘かな期待をも放棄せざるをえなくなった。今やわれわれは、党内改革への完全な絶望に到達している。

外からの解体

「新しい責任勢力の編成」という至難の作業について、ようやく具体的な道が明らかとなりつつある。それはわれわれ自身の手で、自民党の解体を余儀なくさせる力をつくり出すことである。すなわち、外的な力で自民党を解体の淵に追いこむことである。

さてここで、「自民党を隅に押しやる新しい責任勢力をつくれば良いではないか」という素朴な疑念に応えなければならない。なぜわれわれが、自民党を打倒する道ではなく、自民党を解体する道を選ばなければならないか。それは大略つぎのような理由による。

① われわれには、既成政治をなりゆきにまかせる時間的余裕が与えられていない。じり貧を待ち、破産を待つことは許されていない。完全な出直しを試みるには、あまりにも〝危機の時代〟は足早やであり、その危害は大きい。

② いまだに自民党には、二五〇〇万人の人々が信頼を寄せている。それはかつてのように〝積極的信頼〟ではなく、いわば〝消極的信頼〟であり、ついて行くのではなく、つれて行かれるのである。自民党支持者のほとんどは、党の現状を憂い、そのゆくえに心を悩ましている。彼らは自民党が、ふたたび誇り高い責任勢力としてよみがえることを切望する。彼らは、新しい責任勢力においても主要な礎石となる意志と力を有している。

③ いわゆる良識は、自民党に最も多く、最も強くつなぎとめられている。特に、明治、大正世代のそれは自民党に集中的に帰属している。彼らはいわば〝底辺の宇都宮徳馬〟である。彼らは、自民党の腐敗と没落の責任を、みずからのそれとして律義に受けとめる。自民のゆくえに確かな絶望感を持ちながら、なおかつこの報われない道行きに随行するのである。彼らの強い責任意識と一途な忠誠心は、他党への寝返りを許さない。

④ 新しい責任勢力はほとんど例外なく古い責任勢力と連続性を持つ。それは、時代が変わってもそれを組成する人が変わらないからである。責任政党が連続性を示すのは、その実体である責任勢力の連続現

象の一環に他ならない。究極的にはわれわれの社会的諸関係の連続性の投影である。革命、クーデターなどの暴力的政変によっても、この連続性を断ち切ることはできない。

⑤　自民党は、唯一の非イデオロギー政党であり、唯一の責任政党であった。それは、イデオロギーの信仰を拒絶し、批判者への定住を嫌う人々にとって、たったひとつの住家であった。

⑥　われわれがめざすのは、思想の制覇でも国家社会の転覆でもない。この時代を、この日本を、そしてわれわれ自身を〝より良くする〟という素朴な願いが、真実履行されていく政治である。自民党という俗悪な指揮者によって不協和音を奏でるわれわれのオーケストラをよみがえらせるためには、まず指揮者を弾劾することである。しかし、指揮者を追うに急なあまりオーケストラを四散させ、ステージを踏み荒らすことは、われわれのとる道ではない。

このように、われわれにとって自民党解体の道は決して省略できないものである。もしもこの困難を避けて通るならば、われわれは自民党の破産とともに時代の破産をも覚悟しなければならない。

自民党解体の最も現実的で具体的な目やすは次のものである。

まず第一に、経済団体および特定産業（業界団体）の名における献金を受けないこと。これは自民党収入に格段の減収を招かずにおらない。現在の自民党は、収入の減少どころか、収入の頭打ちによっても実質的な解体を余儀なくされるであろう。なぜなら、買収は、その額がより増加することによってのみ、効果を発揮するのである。すなわち、買収費用は、明らかに物価よりも下方硬直的である。

自民党という衣服は、政治資金という一本の糸だけで縫い合わされている。この糸に異変が起きれば、さしもの巨大な衣服も一挙に解体を余儀なくされてしまう。

第二に、自民党は、前述した〝新しい基本姿勢〟を採択しなければならない。これは、いわば自民党の思想的解体といえよう。しかしこれも一本の糸を抜くことによって必然的にもたらされるだろう。なぜならそれは、〝構造と体質〟と一体であるからである。

このような自民党の実質的な解体が、当面具体的にどのような政治局面を現出するかは不明である。自民党の再生か、あるいは自民党の分裂か、それとも民社、社会などを巻きこんだ政党再編成か——それはその時点での特殊な事情が加味された複雑なものであろう。しかし、もとより基本的な問題ではありえない。われわれの関心はあくまでも、新しい政治原則に立脚した責任勢力の編成にあるからである。

われわれの緊急の仕事は、自民党の解体を余儀なくさせる力をつくることである。そして後続する流動の中で、新しい責任勢力編成のための実質的役割を担当することである。すなわち自民党の中からではなく、自民党の外から、新しい責任勢力編成ののろしを高々と掲げることである。

具体的にはその役割は、「当選しても自民党に入党しない無所属新人の蜂起」に依存している。

2　解体の構図

解体の斧

自民党解体の斧となるべき無所属新人は選挙に際して少なくともつぎのような姿勢を明らかにしなければならない。

◇自民党の解体を打ち出すこと

◇特に、産業との癒着を厳しく追及すること
◇政策論より政治の体質論に標的をしぼること
◇当選しても自民党に入党しないことを宣言すること
◇前述した基本姿勢を明確にすること
◇地域問題に没入しない
◇良識層を結集すること

これらのすべては、実は「当選しても入党しない」ことの中に集約されている。実際、新人は、入党拒否宣言をすることによって途方もない重圧を一挙に背負わなければならない。具体的には次のような事態が、新人の行動を厳しく制約するであろう。

① 社会的に無力になる。就職、進学、取引きの世話をはじめ、行政機関の優先利用など日常的な世話活動はほとんど不可能になる。世話活動の延長には自民党入党の道が避けがたく設けられている。

② 地域への利益誘導はほとんど不可能となる。その結果、地域エゴをむき出しにする頑迷な保守派の反発を受ける。

③ 既成の組織や団体からの支援も絶望的となる。それらはおおむね既成政党や地方政治家と結ばれている。

④ 既存の地方議員からの応援はまずありえない。政治的な系列化は市町村会まで完結している。たとえそうでなくとも自民党的な〝構造と体質〟はみごとに貫徹されている。

⑤ 党、派閥からの資金援助は望めず、また思惑的な献金もありえない。

渋谷ハチ公前の選挙風景（昭和47年12月）。
新人の登場は、まず選挙のふんいきを変えるだろう。

⑥　無意味な政策論争を仕掛けられる。自民党候補となれば、無言のうちに〝党の政策体系〟を背景とすることができる。

⑦　運動についてのあらゆる非難が「個人」に集中する。党やイデオロギーなどの逃げ場を持たないからである。

⑧　「政治家になる」ことで受けるさまざまな個人的利益をすべて断念しなければならない。

このように「当選しても自民党に入党しない」という宣言の中には、新人の受けねばならないおびただしい困難が盛りこまれている。もしもこの困難を突破できるとしたら、それは自民党をはるかに上まわる買収選挙か、あるいは政治の原点に立ち返り、人々の信頼関係を丹念に積み重ねて行く以外にはない。前者はもとより無意味である。

新人が背負うこの過酷なまでの重圧は、実は時代の打開者に共通するものである。この重圧をはねのけ、制約を突破するところにこそ、新人の果すべき一義的な役割がある。もしも、この突破が一ヶ所でも実現すれば、自民党構造はたちまち瓦壊し、その体質は変質を余儀なくされるであろう。なぜなら、後続する多数の新人たちが、各地でいっせいに火の手をあげるからである。

「保守系無所属」

このような新人は、おそらくマスコミや既成政党から、「保守系無所属」のレッテルを貼られることになろう。しかし、このレッテルはこだわるに及ばない。

マスコミや既成政党、否それればかりでなく社会常識一般が、新しいものを既存のものさしで規定しようとする。そして、それで測りえないものは、すべて〝新奇なもの〟として特別の分類箱に投入してしまう。それは、古来、人間社会の自衛本能に深く根ざしている周知の習性である。

しかし、われわれが送り出そうとする無所属新人は、いくつかの点で、従来の「保守系無所属」と決定的に異なっている。

まず、この新人は自民党員ではない。今までの保守系無所属候補は、非公認であっても党員であることでは共通していた。

また、この新人は、自民党に公認申請をしない。この点でも〝公認漏れ〟のかつての保守系無所属と相違する。

さらに、当選しても自民党に入らないことで全く異質である。昭和四四年総選挙では一四人、四七年では一六人の「保守系無所属」が当選したが、彼らは例外なく自民党に入党して行った。

このように、従来の保守系無所属は、自民党入党を予定された人々の別称であった。彼らは、選挙区の事情、派閥の力関係などで、やむをえず非公認に甘んじたのである。

さて、「保守系無所属」とは、見方を変えれば、しこたまの可能性に満ちた容器である。それは、現在の日本の議会政治でほとんど唯一の余白である。硬直化した議会地図の中にあって、未分化で原始的な政治勢力の噴出を許す唯一の空隙といっても良い。

「保守系無所属」という色分けは、すでに常識の中に定着し市民権をえるに至っている。それはまず、人々に、非イデオロギー性を推断させ、いわゆる「諸派」の持つケレン味を感じさせない。そしてまたそれは、「無所属」という言葉の本来の意味合いから、優れて包括的で無定型である。おそらくこの空隙は、新しい時代の突破口を開こうとするわれわれにとっては、またとない手がかりとなるだろう。

無所属で当選を果した石原慎太郎氏。彼もまた入党せざるをえなかった。

この無所属は、青島幸男、野末陳平氏などの「二院クラブ」に吸収される参議院の無所属とも本質的に趣きを異にする。彼らは、政権への可能性はもちろん、それへの意欲も、また能力も持たない。彼らは、いわゆる「純粋無所属」であり、永遠の無所属である。彼らにとっては、無所属そのものが終着駅であり、自由で公正な批判にかけがえのない役割を見出している。

「保守系無所属」という呼称は、一面では多くのマイナスイメージを連想させるであろう。まず〝自民党との秘密の関係〟を憶測させることは避けられないはずである。また、

「保守は悪く、革新は良い」という無内容にして強力な俗論に対決しなければならず、地域エゴや買収選挙など自民党選挙にまつわる悪印象まで背負いこまねばならない。しかし、常識から認知されているという積極的効用を考えれば、これらのマイナスはいわばとるに足らないものであろう。

解体への痛撃

自民党解体をめざす無所属新人の国会進出は政治に全く新しい局面を開くことであろう。これは〝新しい責任勢力の編成〟を企図するわれわれにとって、唯一の、しかも最も現実的な道である。

このような新人の進出は、自民党に対して、つぎのような具体的な衝撃を与える。

① いわゆる「自民党新人」の道を閉す。すなわち、従来の虚飾はすべて通用しなくなるのである。今まで、人々は「自民党に入らなければ何もできない」という俗論を信じてきた。それゆえに自民党に苦もなく呑みこまれていく新人を当然のことのように赦し、あるいは同情すら寄せていた。しかし、自民党に対する主体性を貫ぬく新人の登場は、彼らにいかなる弁明をも赦さない。これからの新人は「無所属新人」か「自民党新人」かという避けられない厳しい選択に直面しなければならない。

② すでに役割を終えた「自民党旧人」政治家の退場をうながす。「自民党新人」特に若手議員たちは、身をもって戦後史を担当してきた旧人政治家たちと比べて、はなはだしく見劣りする。彼らは、見識、力量ともに、古参議員の足下（あしもと）にもおよばない。〝無能な相続人〟たちの進出は、旧人に退場を促すどころか、かえって居座（いすわ）りの口実を与えるだけである。旧人の役割を越える真の新人の登場だけが、旧人総退場の道を開く。

③　無所属新人の登場は、自民党の古さと悪さを浮き彫りにする。「政治や権力には、不正や腐敗はつきもの」という常識を一掃し、自民党の腐敗を白日の被告席に引き出す。

④　また彼らの登場は、自民党の良識派にとって待望の呼び水となるであろう。党外の行動に呼応して、良識派は、脱党か、あるいは、党内改革への妥協なき行動に立ち上るはずである。そうでなければ良識派は、厳しくその政治責任を問いつめられ逃げ道のない窮地に追いこまれてしまう。

⑤　無所属新人の登場は、広く人々の心に痛切な問題を投げかけずにおらない。広汎な国民的議論を巻き起こし、朽ち果てた世論の体系は、根底から検証の波に洗われることになろう。そして人々の色あせた政治常識に対して、かつてない変革の機会を提供するはずである。それは、まちがいなく新しい責任勢力編成のための最初の地ならしである。

　これらのさまざまな波及は一体となって自民党の構造と体質に、容赦なき痛撃を浴びせることになろう。しかもそれは、

永田町の自民党本部。

新人集団の政治技術によるものではなく、登場そのものに由来するものである。すなわち、新人の政治的影響力は、量的な力というより質的な力といえるであろう。この力は、ほんのひと握りの集団であっても、いやたとえ一人であっても自民党解体への決定力となるものである。

さて、自民党は、前回昭和四七年の総選挙で、当選数を二八八人から二七一人へと一七人も減少させている。無所属当選者（例外なく自民党に入党）を加えても、三〇二人から二八五人へと同じ数の減少を示している。しかも議席総数は、前々回（四四年）の四八六から四九一へと増加しているのである。おそらく、今後とも回を重ねるたびに一〇～二〇人の減少は避けられないであろう。

このように瀬戸ぎわに追いつめられた自民党政権の下では、無所属新人の登場は、量的にも政治的脅威となりうるであろう。もしも一〇人の当選人を出すことができれば、それは国会活動の場でも強大なキャスティング・ボートを握ることができよう。無所属新人は、既成政治の泥沼と化した国会活動に呑みこまれることなく、徹底した是々非々主義を貫ぬかなければならない。そして、自民党との緊張した折衝の中で、路線変更と体質の転換を厳しく迫らなければならない。

無所属新人の最大の役割は、新しい時代の突破口を開くことである。議会に再び草創の熱気とみずみずしさを取り戻し、政治を信頼の土台に据え直すことである。裏門や通用門からこそこそと出入りする政治家たちを退け、堂々と政治への正門を開け放つことである。最も本格的で最も広大な道を開くことによって、望ましい新人のための通路を開設することである

〝全(まった)き新党〟の愚

さて、このような新人が登場する時代背景は年々成熟しつつある。お互いに連絡のない未開文明が、独力で火の使用を思いついたように、共通の時代背景と政治風土を持つ選挙区は、同様の新人待望論に満ち満ちている。第一次大戦が、サラエボの一発の銃声で始まったように、新人のおびただしい輩出は、ほんの少数の気鋭の決意にかかっている。

無所属新人は、原則的に、自力でこの困難を突破して来なければならない。自立し自活して、新しい政治基盤をつくり出さなければならない。決して、政策協定、共通スローガン、あるいは同志的結合に性急であってはならない。たとえ相互に無連絡であっても、また未知でさえあってもこの政治的効果に変りないからである。

われわれの最も警戒すべきことは、〝全き新党〟への誘惑である。新党への短絡によって、われわれは、せっかくのうべかりし果実を捨て去ることになろう。

「自由民主新党」「新自由民主党」という党名でわれわれは何を連想するであろうか。おそらく、生まれ変った自民党の新しい名称を想うであろう。しかし実は、これらの政党は、現実にいま存在しているのである。

政治資金規正法に基づいて届け出られた政治結社は無数にある。政党を名乗るものも数百に及ぶであろう。「自由民主党」の傍系を思わせようとする政党も、これら二つばかりではない。何と「正統派自由民主党」まで現に実在するのである。

「世界党」や「日本党」には誇大さのもつ面白みがあり、「大衆アイデア党」などは愛敬を感じさせる。

「国民党」「日本人民党」「日本労働党」あるいは「日本中道党」となると、もっともらしさがあるため、かえって強い嫌悪感を覚える。

「全く新しい新党をつくる」という議論は、純粋で理想主義的であるため強い説得力を持っている。しかしこの〝全き新党〟論には多くの欠陥が潜在している。それはわれわれの試みを一挙に無にしてしまうような致命的な欠陥である。もしも、新人がさまざまな重圧に抗しきれずに、新党という体(てい)の良い逃げ道をつくるとしたら、果すべき時代的役割は望むべくもないであろう。

① まず、〝全き新党〟は、既成の政党系列に割りこむことによって、「既成政治」の中で相対化されてしまう。それは、たかだか〝多党化現象〟のひとつの因子として片づけられよう。

② 新党は、〝新しい政策体系〟を要求される。しかし、「政策」はすでに出尽していて変わりばえは期待できない。それでもなお、政策面で目立とうとするなら、新奇さ、珍奇さを深追いするだけである。それは一九世紀アメリカの「禁酒党」や、戦後イタリアの「凡人党」のように〝変りもの集団〟になりさがり、歴史の笑覧に供されるのがせいぜいである。

③ しかし政党は、単独で政権をめざすという基本的性格を持つため、政策論を放棄し、あるいは軽視することは許されない。すなわち、政治の体質論は、政党の一義的な結成動機とはなりえないのである。したがって、自民党の構造と体質の変革に的をしぼるわれわれの行動は、本質的に政党の常道と抵触する。

④ 新党は、おおむね疎外者の収容所に陥りがちである。既成の政党や政治家にさえ相手にされない粗悪な政治的人間にとって新党は絶好の逃避所なのである。実際、地域社会においては、後発(こうはつ)の政党ほど人材の貧しさが目立つ。それは、政党の理念の高邁さにかかわらない傾向である。また、この時代において、

かりに新しい社会層を開拓したにせよ、おそらく脱政治、脱政党票といわれる政治的無関心層でしかないであろう。

⑤　新党が党勢拡大を企るためには、日常性を突破した熱狂性、とめどもなく純化する教条性、そして組織維持のための官僚性が不可欠である。熱狂性と教条性は、無から有を生む原動力とはなっても、多数の人々の共鳴をかちえる力とはなりえない。むしろ、病的なまでの教条信仰や、ひとりよがりの独善性が、飛躍的伸長の障害となるのである。

⑥　新しいものは、それがいかに本格的なものであっても、〝新しい〟というだけで、特有の不気味さとケレン味を発散する。それは、まともな人々にとって越えがたい障壁となるだろう。われわれは、いかに良質な品物に見えても、それだけでは決してその利用者とはならない。具体的な信用の手がかりを必らず必要とする。たとえば著名なメーカーの標示、信頼できる小売店、あるいは身近かな人々の推せんによってはじめて、その品物の愛用者に踏み切るのである。

⑦　既成政党がすべて壊滅した終戦直後の新党運動と、既成政党が硬直化している現在のそれとは、事情を大きく異にする。しかも、終戦直後のぎりぎりの政治状況においてさえ、〝全き新党〟は袖にされている。

このように〝全き新党〟論は、およそ論外の結末を招くであろう。残るのは、ほんのささやかな自己満足だけである。もとより、新しい多数派、新しい責任勢力の編成を意図するわれわれの採る道ではありえない。

もしも、われわれの新人に共通の広場が生まれるとしたら、それは「新人連絡会議」ともいうべき連絡機関が好ましい。それも決して焦るには及ばない。無用の性急さは、えてしてまがいものの友である。間に合わせの連帯や見せかけの協調は厳に慎しむべきである。

「新人連絡会議」は統制の場ではなく信頼の場である。もしも、思わせぶりな政策協定を画策するならば、すくみの傾向を免れることはできない。それは一見同志的な連帯を思わせるが実は、融通手形のように無内容な相互依存を深めるにすぎない。自民党解体と入党拒否の確認、そして前述の基本姿勢を共有できればそれだけで充分な信頼関係を成立させうるであろう。

待たれるミラボー

われわれの行動が、思いがけない早さで雪崩現象を呼ぶとしたら、そのきっかけは〝二世新人〟の参加である。すなわち、賢明な二世候補が入党を拒否してわれわれの戦列に加わるときである。

二世候補は次のような理由で、新しい責任勢力のための画期的な役割を果すことができる。それは、歴史的な役割と断定しても決して過言ではない。

① 自民党に参集する二世新人を、一挙に卑小なものに変えてしまう。おそらく彼らは、まぶしさを失うばかりか、一転して肩身の狭い存在に陥るだろう。

② その地域の、いわば主流の良識を新しい責任勢力のために拠出する。無名の無所属新人は、散在する良識を統合しなければならないのに反し、二世は、すでに地域の責任を引き受けている〝統合されている良識〟を、ただちに供出できるのである。

③ また彼らは、当選可能性が著しく高いため〝解体論〟に格段の決定的な現実性を与える。彼らの合

流によって、われわれの道筋は一層早く、一層確実なものとなろう。

この困難な役割を果しうる二世新人は、具体的にはつぎの場合によりたやすく発見しうるであろう。

ⓐ親が派閥の領袖であった場合——親が派閥の一般議員であったときは、親の義理は道義的に二世に相続されるが、親が領袖のときは、党はともかく派閥からはかなり自由な存在である。

ⓑ親が無所属を名乗る知事の場合——このとき二世は必らずしも自民党入党の義理を有しない。特に、自社連立を県政の基盤とする知事の二世は、その知名度と権威を借用しつつ自由な政党選択が可能である。

ⓒ親が自民党以外の政党に所属していた場合——たとえば、親が社会党議員であれば、〝保守系無所属〟に立脚することは容易である。

すなわち、一世が自民党、あるいはその特定派閥に専属していなかった場合、二世は自民党に対してかなり強い主体性を相続している。この場合二世が何を選ぶかは、一にその見識の水準に依存する。少なくとも彼らは、より小さな困難さで自民党との宿縁を断ち切ることができよう。

二世新人はこれから、政治家としての運命的な選択を避けることができない。自民党に入党するか、それともそれを拒否するかである。おそらく、この選択は、戦後史の展開過程を規定するすこぶる重要な意義をもつものであろう。それはまた、優れて個人的な決断に依存している。彼らは今、まさしく二者択一の岐路に歩を進めている。おそらく歴史は、この選択のいかんに、容赦のない評価を投げかけるであろう。彼らは臆病な追従者となることによって歴史から徹底した悪罵を受けるか、さもなければ勇敢な先達に踏み切ることによって、浴びるがごとき讃辞を約束されている。思えば二世たちは単に出生のめぐり合わせだけで、かくも過酷な選択を強いられ、その見識の度合を試されているのである。

さてフランス革命は、一部貴族が国民議会へ合流することによって不可逆的な勢いをえた。特に、革命初期におけるミラボーの水ぎわ立った指導性は、歴史家の筆をいやが上にも踊らせる。元貴族で希代の放蕩児ミラボーは、天性の時代感覚と熱情的な祖国愛を持ち、旧体制が崩れゆく抗しがたい運命を、いち早く洞察していた。彼は貴族の合流が、国民議会を第三身分会から突破させる原動力となることを知っていた。彼は、確かに貴族ではあったが、しかし誰れよりも先きに民衆のために立ち上がり、そして民衆の惜涙の中で死んでいった。

われわれは今、ミラボーを必要としている。新しい責任勢力の編成に参画するため、自民党という旧体制から果敢に飛び出すミラボーを緊急に必要としている。この枢要なミラボーの役割を、われわれは自民党の若手議員に期待する。彼らは今、新しい時代の輝やかしい旗手となるか、大学紛争における進歩派の学者たちのように、精神のけいれんに見舞われ、なすところなくなりゆきを見過ごすのであろうか。彼らもまた、二世新人と同質の選択を免れるわけにはいかない。

河野洋平氏に代表される若手良識派に、われわれはこの困難な役割を期待する。自民党を脱党し、外から自民党を解体に追い込み、新しい責任勢力編成のための基礎工事を指揮する役割を期待する。それは、「できないこと」である。しかし、この「できないこと」を、この時代はあえて要求している。若手良識派は今まで、新しい世代の代表者として、また新しい時代の担当者として、われわれの期待をかすかにつないできた。彼らは確かに、若手の中で出色の存在として映え、自民党の絶望的な堕落にそれなりの力で抗してきた。

彼らはまず、入党を拒否する無所属新人に呼応して、党内改革への妥協なきのろしを上げなければならない。さもなければ、自民党から脱け出し、ともに解体の役割を果さなければならない。一体、それ以外に、彼らの果すべきいかなる役割があるというのであろうか。そのためにこそ彼らはその存在をまぶしく照射されていたのではなかったか。

河野一郎氏という自民党きっての領袖を父に持ち、その人格と見識の高さで衆望を一身に集めてきた河野洋平氏——彼はあらゆる面において一点突破の最適格者であろう。

もしもわれわれが、不幸にしてミラボーに恵まれないとしたら、どのような影響を受けるであろうか。何よりもまず、新しい責任勢力の編成という時代の要請に、より多くの時間を費さねばならない。また、単に手間どるばかりではなく、その過程は一層厳しく、一層困難なものになるであろう。その上、もしも若手の進歩派と呼ばれる人々が決断をためらうならば、彼らはその無為を弁明するため最も戦闘的な反発者に転ずるはずである。空は山ぎわにおいて、青さを増す。おのれの存在を誇示するからである。政治もまた、古来、性懲（しょうこり）もなく〝最も近いもの〟との熾烈な抗争に明け暮れてきた。

党改革に意欲的な河野洋平氏。

さてわれわれが、開明貴族の合流を当てにして、いたずらに時を過ごすならば、「危機の時代」になしくずしの全開を許すことになろう。もしも、われわれがそのような展開を黙認するとしたら、それはこの時代にとって最悪の事態であるばかりでなく、数十万年のわれわれの営みを一挙に空虚で無価値なものに突き落さずにおかない。それは疑いなく、近代史の総集に〝失敗〟の結論を与えるもの

図43　解体の構図

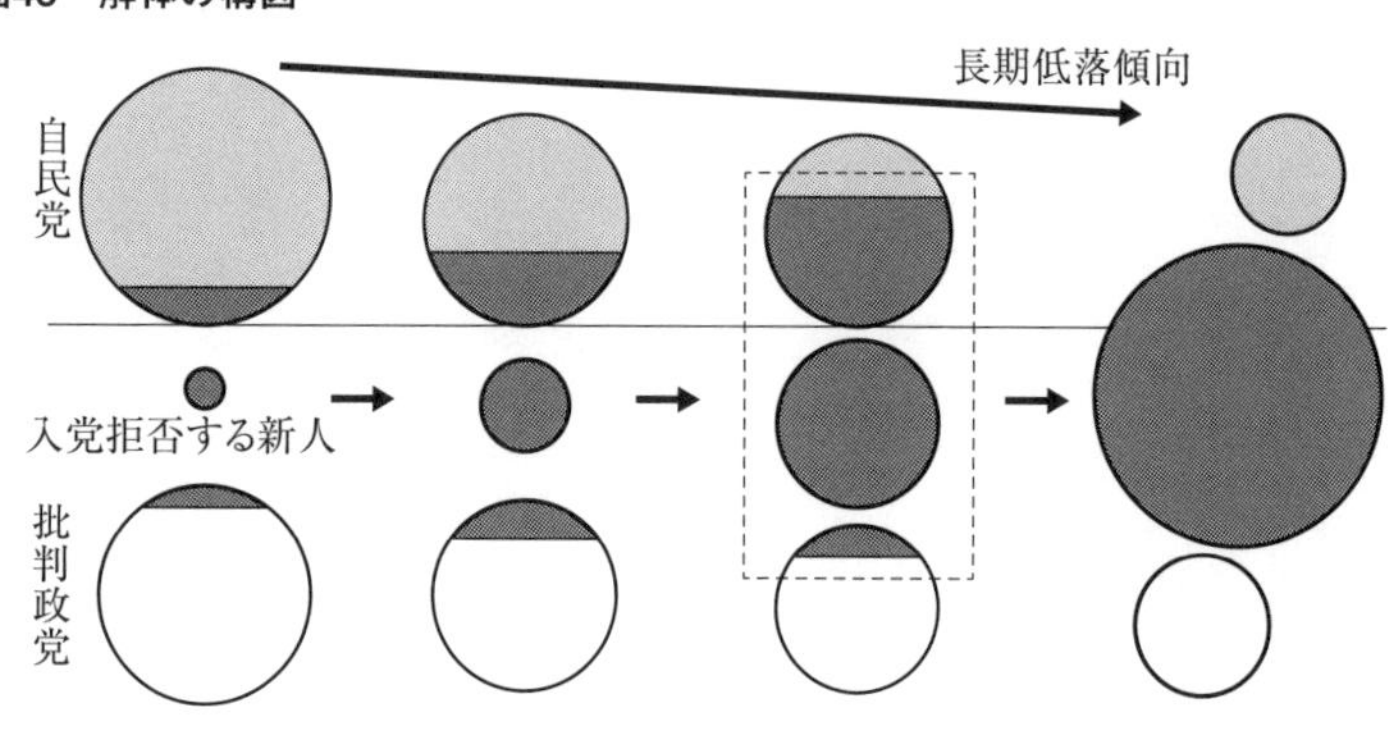

である。

くり返し述べたように、若手良識派にとって〝脱党の道〟は用意されてはいない。みずから道を拓くこと以外に彼らはその道を発見することはできない。その困難さは、彼らが議員を辞職することより、はるかに大きいものである。

彼らが、党や派閥のしめつけから、あまりに大きい危険負担から、あるいはスキャンダルの露呈や虚しい自尊心から脱党をしぶり、そのかわり党内において真実、構造と体質の一新をめざすなら、それはそれで高い評価が与えられる。そのとき、われわれの無所属新人は、あのポピュリストたちのように、何のこだわりもなく彼らの戦列にかけつけるはずである。

しかし、党内改革への決意の確かさを証明する唯一の基準は彼らがその行動のゆえに党を実質的な解体に追いこむことである。すなわち、具体的には自民党の分裂、あるいは脱党者、除名者の続出を招くことである。そうでなければ、沈積したわれわれの不信感を一掃することは決してできない。党内に安住しながらかりそめの良識を語り、堕落の責任からも逃げようとする人々に、われわれはほとほと愛想が尽きている。

われわれがミラボーを待つことは、実は〝奇跡を待つ〟ことと同じである。もとより、われわれの主体的な洞察と行動の基礎条件として予定すべきものではない。われわれはただ、〝遅刻したミラボー〟のために、あるいは〝欠席したミラボー〟のために、常に席を用意しつつ、解体の斧を創る作業に専念すれば良い。呼びかけと説得を最後まで続けながら、一方でそれを必要としない圧倒的な力を蓄積していかなければならない。

3　新人の論理

制度の蔭り

時代が破局に向かい、新人の輩出と責任勢力の再建が待たれながら、なお既成政治が安穏と惰性の軌道を走りうるのはなぜであろうか。それは強靭な選挙構造がじり貧に耐えながら既成政治の岩盤を支えているからである。しかもこの選挙構造は、単に実体的な要素――政治意識、時代風潮、旧世代、利害関係、既成組織、旧人ピラミッド、政治資金、選挙技術など――によって混成されているだけではない。次のような点で制度面からも強力に援護されているのである。すなわち、真性の新人は制度によっても実質的にその進出を阻まれている。

①　まず公職選挙法は、現役優先主義によってみごとに貫徹されている。選挙法は、議員歳費の増額がそうであるように、それが「立法過程」の産物である限り、例外なくお手盛りである。たとえどのような外装をまとうにせよ、きまって現役を優遇し新人を虐待する現実的な意図を秘めている。申しわけに新人

の利益を偽装してもぬかりなくそれ以上の利益を手中にし、断じて現役が不利益を甘受することはない。議員定数の増員を認めてもその減少に踏み切ることはありえないのである。問題なのは、それが現役優先主義を背景としていることより、あえて公正を装うことである。

この結果、現実の選挙管理体制もきめこまかにこの原則を反映している。国会報告に名を借りた現役の事前運動や議員会館、通信手段、国鉄パスなどの拡大利用に目をつぶる反面、人格と考えを明らかにしようとする新人の正当な事前運動を厳しく取り締まる。変わりばえがしないために衰退した立合演説会を減らして新人の舞台を縮小し、果ては泡沫の群立を抑止するという名目で無所属のテレビ出演を禁止する動きすらあった。

一体ほんの二〇日間の運動で、どうして無名の新人の登場が実現するというのだろう。

②　衆議院の解散は、「成長の時代」から次第にその意義を失なってきている。解散権は、国会の持つ内閣不信任決議権に対抗する行政府の切札のはずであった。この解散権も今では〝議会主導型解散〟といわれるように、選挙構造と有機的に連結され日常的な政治日程に組みこまれている。その何よりのあかしは総選挙が参院選の間隙をぬって、三年毎にほぼ定期的に行なわれることである。もはや議員たちにとって解散は思いがけないものではなく予定されたものとなった。もしも首相が解散権を独占して脅迫するのなら、その座を追えばそれでよい。

こうして解散は、現役議員が万全の準備を整えたときにやってくる。もとより「政治」とは無関係である。

③　「政党政治」の理念が「既成政党政治」と混同されている。それは新党の可能性を閉すゆえに「政

党政治」そのものの老化と涸渇をもたらす。

現代の議会政治は「政党政治」をその基調としている。それは一人一党的な原始的議会が、多様な意志をより網羅的に反映するという利点を持つ反面、それに伴なう極度の流動性が社会不安を常態化するという悪弊をもたらすからである。特に議会の多数派が政権を担当するという議院内閣制の下では「政党政治」への信仰はとりわけ絶対的である。

しかし、議会の生命はあくまでも変わることにある。それは政治状況の常設の噴出口であり時代変化ののぞき窓である。変化を拒絶する変わらない議会は動かない振子のように無意味である。

ますます大がかりな政党選挙。

政党政治は議会の過剰な変動を抑制し、そこに安定性と予見可能性を与えるものである。それは変化とともに安定をも求めるわれわれの複雑な政治的本性に根ざしている。

しかし「政党政治」への盲目的信仰はすでに政治常識にとどまらず、国会運営、選挙管理に至るまで制度的に完備され「政党法」の制定すらささやかれている。平常時、選挙時を問わず、政治活動は「政党政治」の名の下に無所属をあからさまに排除する仕組になっている。

政党政治は「政党政治」の名において圧殺されつ

つある。今やそれは流動を抑制するという当初の役割を越えて、流動を阻止するものになり果ててしまった。議会の構造的な老化と陳腐化は、政党のそれの直截な反映である。

④　現在の選挙制度は、参院全国区を唯一の例外としてすべてが地域主義を背景としている。国会、地方議会を問わず、議員はまずもって特定の地域代表であり地域的要求の代弁者である。

地域代表は、当該地域のために、全体の中からより多くの取り分を確保することを最優先の役割とする。相対的に他地域より多い利益を獲得できれば有能な地域代表なのである。荒船元運輸相が自分の選挙区に急行を停車することをゴリ押ししてその不見識を責められたが、これは彼の不見識というより、地域代表が国政を運用するという制度の不見識に由来するものである。

すなわち基本的な問題は、われわれが国家の動向、時代の動向をもこの地域代表たちに委託していることである。大家族主義の民家を考えてみればよい。すべての人が自室の装飾や調度に目の色を変えていれば、門や塀（へい）、玄関や屋根は荒廃するばかりである。個室に特別の責任を負わず、全体としての家の動向に関心を集中する人は不可欠なのである。

議院内閣制は周知のように全体代表——大統領、首相などのマクロ政策担当者——を直接投票によって選出せず、地域代表の中から互選される。首相は、単に自己の選挙区との実体的な責任関係だけで、国家の責任を引き受ける。いわば自室の名誉のために家長の地位に着くのである。

このような制度の下では、地域的な要求が絶えず国家的規模での政治のバランスを狂わせてしまう。しかも近年の要求主義的風潮は地域要求からも歯止めを取り払い過大な地域エゴと化して議員に横車を強要する。

自民党解体、責任勢力の再建という政治目標は、地域を越えたものである。すなわち、本質的に現在の選挙構造となじまない優れて国家的次元の問題である。

また総選挙は、現実には国家的争点ではなく地域的争点をめぐって戦われる。安保、改憲、教育などはもちろん経済政策に至るまで、基本政策はほんの名目的争点として押しのけられてしまう。激戦のさ中では、選挙区が閉鎖的で完結した小世界のようにみなされ、その地域固有の政争や関心事――たとえば、Aの後継者戦争、BとCのトップ争い、Dの善戦というような――がすべてのあつらえの争点を吹き飛ばして浮き彫りにされる。こうして国家的次元の争点は選挙に花を添えるだけで、選挙区の数と同数の実質的争点――あるいは焦点――が登場して人々の目を奪ってしまう。総選挙が地域代表選挙である以上、それは制度上避けられないことである。

おそらく平常時において、地域的争点より国家的争点を優先させて投票行動を起こす人は二割に満たないであろう。安保紛争や黒い霧解散などの並みの異常事態においてもせいぜい三分の一の人がそれを勘案するにすぎない。それほどこの制度化された選挙構造はしたたかである。そしてこの選挙構造こそ、既成政治の構造と体質を温存し強化する橋頭堡なのである。しかもそれは基本政策を優先的に掲げて戦う弱小な批判政党をも許容するまでに弾力性を持っている。

この選挙構造を破砕することなくして新しい時代はありえない。この選挙構造をすんなりと通過する新人に、真性の新人もまたありえない。果してわれわれは、この選挙構造の機能を停止させ、俗流の選挙常識に修正を余儀なくする力を持ちうるであろうか。〝異常事態〟の力を借りることなく、国家と時代に働きかけることができるのであろうか。

平均人の衝撃力

アメリカ政治史に巨大なうねりをもたらしたポピュリストの雄ブライアンは、「平均人に似ていたばかりでなく平均人そのものであった」といわれる。彼は、庶民的でも庶民の味方でもなく、庶民そのものであった。同時代のプロ政治家たちが「民衆の気持」を理解し代弁しようと躍起となっていたのに反し、彼はそれをみずからの内に持っていた。したがって彼は、あるがままに振舞い奔放に自己実現しさえすれば苦もなく民衆を体現し喝采を浴びることができた。彼には民衆を装ったり民衆にこびを売る演技は無用であった。彼にとってそれは、虎が虎の衣を着るのと同じことであった。

時代転換の決定力となった政治家は、申し合わせたように平均的な時代人である。彼らにあえて非凡さを認めるとしたら、それは彼らが平均人の典型であったこと、そして最後まで平均人として貫徹したことに尽きるであろう。さらに加えるとしたら、彼らの内奥（ないおう）において〝政治的決意〟が現実に突発したという事実であろう。これらはいずれも平凡な平均人に無縁な資質かも知れない。なぜなら平凡な平均人は、えてしてその平凡さを忌避（きひ）して非凡さに憧れてしまうからである。

さて彼らの登場が一挙に時代転換の導火線となるのはなぜであろうか。彼らに天才的な力量が秘められているからであろうか。そうではない。それは、平均人の典型である彼らのやむにやまれぬ決意が、そのまま大多数の人々の決意そのものを代表するからである。彼らは、研ぎすまされた平均人であるゆえに平均人——時代の標準的な良識——の意識の正確な指標である。彼らがついに立ち上がった。それは疑いなく圧倒的な多数を背景としている。一ぴきのにしんが海面にはねれば、そこにはおびただしいにしんの大群が潜伏するはずである。

必死の呼びかけにも無表情に通りすぎる人々（昭和 47 年 12 月）。

古来、政治的人格には定型がない。服装、身振り、演説口調あるいは体軀や性格のすべてにわたって、政治的人格にはそれ固有の鋳型はない。ひとつの時代を象徴した政治家たちに共通することは、彼らの人格や風俗が、つねにその時代の〝政治家〟を一変させてきたことである。彼らは、平均人の風俗で政治家の風俗を戯画化し、平均人の常識で政治家の常識を圧倒した。陳腐化した既成のプロを粉砕し、アマチュア精神に新しいプロの座を与えたのである。

〝政治家らしさ〟とは、その時代を築いた特定の政治的個性の残照にすぎない。彼らはその業績とともに風俗をも残して去る。後続する野心家たちは、われ先きにとこの風俗をまねるのである。したがって、もしも政治家の風俗に基本的な変化がないとしたら、それは時代そのものに変更のない有力な資料となるであろう。

平均人の持つ衝撃力は絶大である。それは、既成政治の行きづまりを打開する唯一の原動力である。奇妙な常識に支配され隔絶された特殊な世界と化している既成政治にとっては、ふつうの人の登場は下田に降りた異邦人のような深刻な衝撃を与えるであろう。実際、しかつめらしい政治常識の中には、新人が努めて学ぶに値するものは何ひとつとしてない。それは維新の志士たちにとって、江戸城のしきたりが無用であったのと同じである。

新人はただ、自由で鋭利な感受性をもって時代のゆくえを洞察し、おのれの信ずるところを鮮明な行動の軌跡として表現していけばよい。そして避けがたい非常な境涯にあって、なお平均人の感性を維持する精神の強靱さがあればよい。

位置のエネルギー

新人の人格に定型がないように、新人の道にも案内書はない。けだし〝新人〟とは未踏に道を拓く人をいうからである。そこには定式化された方法もなければ万能の技術もなく、確かな手がかりさえ与えられてはいない。すべてが自前なのである。条件が与えられていないからといって決意をためらうのは、水のありかを知らないのを口実に火事を消そうとしないのと似ている。それは今までわれわれの無為を弁明する体のよい逃げ口上であった。

〝新人〟とは何よりも打開への意志である。既成の技術や選挙構造を矮小化し、それを真実圧倒しうるのは、ただに時代の意向を満身に受け止めた強靱な意志力のみである。それは、状況を変えることはあっても決して状況に変えられることはない。そしてこの意志の一途な直進過程が、自動的に既成政治の構造を破砕しその体質を根底から変えていくのである。したがって新人の衝撃力はその走行距離に比例する。現実政治との距離の大きさが新人の〝位置のエネルギー〟を決定し走力を限界づけるのである。すなわち、新人は無名で無力であればあるほど当選は困難であるが、それゆえに当選の与える構造的破壊力は絶大なのである。水底から浮上する小さなゴム毬を思えばよい。水圧に抗しながらも刻々と勢いをえて、ついには止めがたい力で水面高く突破してしまう。その測り知れない波紋は水面に浮遊する巨木の比ではない。

さて、タレント候補がそれなりの新鮮さをもたらしながらも既成政治に対していかにも無力であるのは、彼らが有名な新人だからである。彼らは、有名であるがゆえに選挙構造のトンネルを経ることがない。それは選挙構造のらち外に置かれた人々を吸引することはできても、実体的に既成政治の基幹部分に働きかけることができない。彼らがもしも衝撃力を持つとしたらそれは参院全国区ではなくその地方区か衆院選に立つ場合だけである。もちろんその政治的立場は無所属に限定されよう。そうでなければタレント候補は、その意に反して既成政治に見せかけの新鮮さを付与するだけである。自民党公認のタレント候補はその不見識さにおいて論外である。

人類史は、その五〇万年のほとんどを選挙なしで営んできた。日本史を通覧しても、普通選挙はたかだか五〇年の歴史しか持たない。科学的選挙、マス選挙、イメージ選挙などの一見して目新しい技術的選挙は「成長の時代」以後のほんの十数年の傾向でしかない。甘言と悪罵を満載したアジビラ選挙に至っては、わずか数年の症状である。それは何ら普遍的なものではなく、終末現象の際立った一面である。

選挙とはあくまでも、われわれの政治的意志表示をより自由に、より網羅的にするための手続き制度にすぎない。それは、より真正な信頼構造の構築法を探求し続けてきたわれわれ人間の到達点に他ならない。もしも選挙がわれわれの手に負えなくなったり、選挙構造が円滑な時代展開の妨げとなるとしたら、それは明らかに選挙の死を意味しよう。しかし実態はまちがいなくそこまで来てしまっている。

腐敗選挙や金権選挙に挑戦する〝清潔選挙〟〝理想選挙〟の意義は大きい。しかしそれも全国区などの大選挙区で展開されるかぎり気休めの域を出ない。清潔選挙は、論理的に腐敗選挙の存在を前提条件とする。害虫がいなければ防虫剤の存在もまたありえないからである。それは実は、行動のひとつの結果であって断じて単独な政治目的にはなりえない。清潔さが政治の至上価値であるとしたら、そもそも議会や政治そのものを無くした方が早い。〝清潔選挙〟のみを掲げて立候補することはちょうど恋愛論をふりかざして求愛するのと同様の何かのまちがいであろう。それは、現実の選挙構造に批判的なもうひとつの選挙構造――弱小で自己満足的な――をつくるだけである。一体、時代の要求に合致した行動に多額な資金がかかるわけがない。財貨で政局を動かした例は数多いが、時代を動かした例はほとんど見当たらない。それは甘い理想主義の要請ではなく、厳しい現実主義の結論である。

〝清潔選挙〟は今では、ひ弱な理想主義者だけではなく、悪質な野心家の唱い文句にさえなった。われわれは、田螺たちが土壌の不毛さをおおげさに嘆くとき返す言葉すら知らない。

ためらいの猶予はない

自民党解体、政界再編成、責任勢力の再建を経て危機の時代の乗り切りをめざすわれわれの行動は、まずこの選挙構造を正面突破するところから始まる。この渡河を前にした新人の最初の行動は、その意志が存在する事実を明示することである。技術も方法も条件もすべてが事後的に副産される。決め手になるのは、その決意が誰によってなされたかという一点にある。野心家の決意は単に他の野心家たちを驚かせるだけに終わる。

さて、新人が結果的に選挙構造の援護を受けて登場することもある。それはむしろ当然であろう。もしも求めることなく、すなわち新人が変ることなく選挙構造が彼を援護したら、それはさしもの選挙構造をも圧迫するまでに新人があなどりがたい力として浮上したことを意味しよう。無名で無力な新人をこの選挙構造が好んで推挙するはずはないからである。もの欲し気にそこへ近づくことは、同化するという自己変節を避けがたい代償とする。最後の援軍として自己申告する選挙構造は、そのときついに実質的な解体に追いこまれ、新しい時代のための胎動を始めるのである。

新人にとって最も重要な課題——新人を新人たらしむる課題——は、ここまでの蓄積を独力でなしうるかどうかに集約されている。この新人のいわば原始的蓄積の実体となるものこそ、散在する高度の良識である。それは、学歴、地位、職業、年齢などと一切無関係に、選挙構造の内外に点在している。彼らはその社会的信頼度によって、選挙構造を組成する人々に対しても大きな人格的影響力を持つのである。

われわれがめざすもの、それはたかだか「納得できる政治」「明快な政治」であって、夢のように完全なユートピアではない。われわれは〝完全なユートピア〟ができればよいと常に願ってはいる。しかしその反面、それへの狂信が絶えず歴史を血に染めてきたことを知り尽している。総花的な政策体系も、変革の全体計画ももはやわれわれの心を動かすことはない。自立した個人に内在する健全な時代精神を政治の首座に晴れて復位させること——われわれの行動目標はそれに尽きよう。身勝手な統計予測や空虚な政策体系に身を委ねるほど歴史は従順ではない。

責任倫理に立った〝新しい多数派〟の編成、それは具体的には新党という形をとるであろう。より常識的には非イデオロギー政党であるゆえに、また自民党の良識派をひとつの支柱とするゆえに〝保守新党〟とみなされるかも知れない。それがどのような規模で既成政党を巻きこむか、関心事ではあっても基本的な問題ではない。新人の役割は、まずもってその突破口を開くことである。外からの容赦なき一撃によって流動の口火を切り新しい責任勢力の編成のために、その原点を画し、原則を示すことである。

念を押さねばならない。この時代のゆくえは真に絶望的である。忍び寄る危機の時代を土壇場で受け止める力は、すでにわれわれ自身の主体的な行動にしか残されてはいない。まさしく唯一の道であり最後の道である。

自民党の単独政権に後続する〝連立の時代〟は、不安定でしかも一層不毛な時代である。それは、危機を問題としながら、危機を相手にできない党利党略の時代である。なりゆきの中の自民党は部分政党になりさがり、俗悪な右翼イデオロギーにのめりこんでいくことになろう。少数党に没落した大都市の自民党は、すでにそのきざしをあらわにしている。

われわれの行動は、不可能なまでに困難をきわめている。もとより承知である。なしくずしの時代展開の中にあって、主体的な行動が首尾よく不連続な屈折を画した例がほとんどないからである。

しかし、われわれの行動が不幸にして既成政治のなりゆきを押しとどめることができなかったにせよ決して徒労には終わらない。少なくともそれは、やがて断崖に宙づりになるであろうこの時代を、かろうじて支える一本のロープにはなるにちがいない。あらゆる可能性の灯が消え尽きたとき、一条の光を発する最後の一灯にはなりうるであろう。

〝新人〟という言葉が今ほど大きな含みをもち、その蜂起がこれほどまで切実に渇望された時代はかつてないだろう。きまって不幸な社会的異変が旧時代を丸ごと葬り去り、自動的に新人の出番を設営してきたからである。この未曽有の時代的要請は決して日本に固有のものではない。戦後史の編年を同時に始めた欧米諸国もまた同様である。顕著な相違点といえば、日本がなおありあまる活力をたぎらせていることであろう。それは衰退過程の諸国家と比べて、危機の惨禍を格段に深刻なものにせずにおらない。
われわれは今や〝廃墟の中からすべてを新装する〟という道を持たない。われわれの主体的な行動――時代のなりゆきを拒否する行動――だけが手持ちの唯一の札である。問われているのは単に自民党のゆくえ、戦後史のゆくえにとどまらない。われわれの生き方と文明史の帰趨までが厳しい検問にさらされている。紛れもなく、われわれの英知の正念場である。

ためらいの猶予はない。それは現実政治の図星の展開過程が逐一立証の労を引き受けてくれよう。新人の蜂起は緊急である。都市から農村から、北から南から一斉に、地を這う野火のように止めがたい勢いでこの冬枯れの列島を覆い尽すのである。

新人よ自民党解体の斧となれ。一撃よく解体の決定力となる強靭な斧――そこに時代の希望が集中している。そのためにこそ時代は爛熟している。

良識、すべての人々の中に眠る責任の意識、義務の心、自制の理性――それがこの斧をふるう指定の力である。

われわれは今それを始める。無責任が世代の負い目にならないように。後悔がわれわれの生涯を曇らせないように。

〈解　題〉

『自民党解体論』復刻について

五明紀春

本書は、田中秀征『自民党解体論─責任勢力の再建のために』（田中秀征出版会、発行者 長田恵輔、昭和四九年刊）の復刻版です。かねて田中秀征氏の新著の出版を計画されていた木内洋育氏（旬報社社長）が、偶々、田中氏の旧著を目に留められ、これの新装復刻を企画され、刊行の運びとなった次第です。

とはいえ、復刻版の刊行に当たっては、既に五〇年の時を経て、時代状況はすっかり変わっていることもあり、最初は田中氏自身、今、敢えて旧著を復刻することの意義があるのかどうか、また、記述の内容にも考慮すべき点もあるところから、躊躇するところ少なくありませんでした。しかし一方、筆者自身、旧著の出版に関わった者の一人として、木内社長のたっての提案を受けて、あらためて熟読、検討した結果、復刻版の刊行は、きわめて時宜を得た企画であるとの確信を持つに至りました。むろん、現下の自民党および我が国の政治をめぐる状況を踏まえてのことでありました。しかし、それにもまして同書の全ページにわたる「政治の本質」にかかわる洞察にあらためて目を開かされる思いでした。その刊行は単なる「過去の復刻」に留まらない今日的意義を秘めたメッセージであると思うに至りました。予期せぬ経緯を辿っての刊行となった次第です。また、私個人にとっても、長い時間を隔てて、こうして復刻版刊行に携わることになったことは、感慨無量というほかありません。

『自民党解体論』刊行の経緯と復刻の意義

この五〇年間、大小さまざまの不祥事が自民党を窮地に陥れ、国民の不信を買うことは少なくありませんでしたが、とりわけ近年の政治資金不正問題等は、この政党を存亡の淵にまで追いつめるに至っています。

先の衆院代表質問（令和六年一月三一日）においては、ついにこんなやり取りが交わされるまでになりました（朝日新聞二月一日朝刊）。

自民党・渡海紀三郎氏　信頼回復をやり抜く覚悟はあるか。
首相　解体的な出直しを図り、信頼回復に向けた取り組みを進めなければならない。国民の信頼回復のために、火の玉となって党の先頭に立って取り組んでいくと言った。その思いは変わらない。

当の自民党総裁の口から「解体」の言葉が飛び出すまでに至ったのには、『自民党解体論』復刻版の準備を進めていた折だけに、正直、大変驚きました。この党は、そこまで朽ちてしまっていたのかと―。そして、これからどこへ向かって漂っていくのだろうかと―。同時に、五〇年前よりもはるかに退化・劣化しているかに見える自民党の想定を超えた惨状に、さらなる大きな衝撃を受けました。旧著『自民党解体論』復刻が急がれるとの思いを募らせた次第です。

原本『自民党解体論』は、そもそも若き日の田中秀征氏にとっての「行動の宣言」であり、「決意の表明」として執筆、刊行されました。当時の事について、関係者として、少し触れさせていただきたく思います。

著者の田中氏は、昭和四七（一九七二）年の総選挙に「新旧交代」を掲げて初出馬（旧長野一区）、三二歳でした。準備期間一年有余、盤石の基盤を持つ現職三人を相手に単騎出陣の突撃となりました。しかし、若い新人候補が選挙区の長年の沈滞を破った衝撃は小さくありませんでした。『自民党解体論』は、その初挑戦の実体験を踏まえて、昭和四九年一月〜三月に集中的に書きおろされ、刊行されました。

文字どおり「手づくりの本」として、著者自ら写真収集、図版作製に当たり、また、同志たちが起ち上げた「田中秀征出版会」が、資金の調達、用紙の確保、印刷・編集・校正・販売のすべてを引き受けました。著者のために特製の原稿用紙まで印刷して用意したほどでした。こういう次第で、同書は、刊行されるや手から手へ、人から人へと選挙区の隅々まで衝撃波となって瞬く間に浸透し、新しい時代を切り開かんとする若者世代を鼓舞し、叱咤激励する「うねり」を巻き起こしたのでした。

当時、田中氏に共鳴して決起した草莽の若者たちも、すでに高齢に達しました。かく言う私自身も田中氏の九回に渡る選挙のすべてに責任ある立場で関わって来ました。当時の同志の皆さんが、今、この復刻版を手にされて、どのような感慨を持たれるだろうかと、また、今の時代の若者たちにどんなメッセージとして受け取られるだろうかと、これも大いに気になるところでもありました。

さて、同書が一面的な『自民党打倒論』『自民党撲滅論』ではなく、あくまでも「責任政党のありかた」を真正面から問うものであり、その意味で『責任政党再建論』とも言うべきものであることを強調しておきたく思います。むろん「政策提言」の類でもありません。およそ政治を志し、それに生涯を賭けようとする者の覚悟と決意と資格を、著者自らにも厳しく問う『政治家責任論』であり、同時に「ともに同じ時代を生きる人たちへの熱い呼びかけ」でもあることが、一読して了解していただけると思います。その著者の姿勢が「政治を自らの責任で引き受けよう」と当時の若者たちを起ち上らせた原動力になったのではないでしょうか。本書が著者自身の「行動の宣言」「決意の表明」である所以です。

さて、復刻版刊行に当たって、私自身にとって一番関心の持たれる点は、本書『自民党解体論』に照らして、五〇年後の「今の自民党」は一体どのように映るだろうか、その「まな板」の上でどのように「解体」されることになるのだろうかということでもありました。

私の理解では、自民党という政党は、戦前のふたつの保守政党「政友会」「民政党」をルーツとして、終戦直後「自由党」として結集、紆余曲折を経ながらも昭和三〇年保守合同によって「自由民主党」として、現在に至っています。終戦後八十年、保守合同から七〇年、この間、ごく短期間の数回の下野を数えるのみで、文字通り世紀を跨いでわが国を統治し、「国のかたち」を作って来ました。かくも長命の政権政党は、世界の民主政体の国では例を見ないのではないかと思われます。

実際、超長期に渡り、わが国民は「自民党の空気」をひたすら呼吸しつづけて来ました。また、それ以外の空気をほとんど知らないままに今日まで至っていると言っても過言ではないでしょう。時に、不祥事にまみれることがあっても、この党に「出直し」「再建」をきびしく求めることはあっても、「退場」に追い込むことはほとんどありませんでした。

しかし、この度、「令和の混迷劇」の帰趨は予断を許さない状況にあるように思われます。とりわけ過去四半世紀においては、我が国には往時の活気と高揚感は見る影もなく、経済産業、学術研究など多くの分野で先進諸外国の後塵を拝するまでになってしまいました。国民の間の経済格差も広がり、生活インフラの劣化も覆い難く、国全体に「衰退感」「凋落感」が蔓延するに至っています。この間、政権政党であり続けた自民党の責任を問う国民の目には、かつてなく険しいものがあります。

国力の低下を目の前に、まさに「政治の出番」の時に当たり、党総裁自ら「解体」を口走り、派閥が次々解散に追い込まれている現状は、五〇年前の自民党と比べても目を覆うばかりというほかありません。責任政党として磐石と見えた自民党の「構造と体質」そのものが、時代の進展の中で、いよいよその弱点と病理を露わにした結果のようにも思われます。もし、そうであるとしたら、『自民党解体論』復刻の今における意義は決して小さくないと言えるのではないでしょうか。

田中秀征の軌跡

田中秀征（たなかしゅうせい）

長野市出身（一九四〇年―）。東京大学文学部西洋史学科で近代ヨーロッパ政治史を専攻。卒業後、北海道大学法学部に学士入学。恩師林健太郎教授（後東大総長）の勧めにより、北大を中退、石田博英衆議院議員の政策担当秘書を務めました。

その後、一九七二年総選挙に旧長野一区（定数三）から無所属で出馬、落選（二万二千余票）。当時の旧長野一区は自由民主党二、社会党一の無風区でした。以後、三回、落選を繰り返し、この間、一時「新自由クラブ」に籍を置いたものの路線の相違から離脱、心機一転、選挙区全域二万軒訪問を敢行します。一九八三年、無所属でトップ当選を果たしました。当選後、自民党より追加公認を受けて宏池会に入会、宮澤喜一氏に師事します。

一九八五年、一年生議員ながら、自民党結党三〇周年を受け「昭和六〇年綱領」の起草を一任されました。しかし「われわれは憲法を尊重する」「時代の変化に応じて絶えず見直しの努力を続けていく」の条項に反対論が出て志し半ばとなりました。

一九八六年総選挙で再び落選、北海道大学に再入学、もっぱら充電に努めました。一九九〇年総選挙で再びトップ当選を果たし、四年ぶりに国政に復帰しました。一九九一年一一月、宮澤内閣誕生で経済企画政務次官に就任、「生活大国構想」の具体化に取り組みます。この間、政治の改革のため、新党宣言をした細川護熙氏と将来の協力関係を約しました。

その後、武村正義氏に責任政党の再建を目指し自民党離党と新党結成を提案。一九九三年六月一八日、宮澤内閣の不信任決議案の採決では反対票を投じて、同日、他の九人の仲間とともに自民党を離党しました。六月二一日、新党さきがけを結党、武村代表の下で党代表代行に就任します。

保守本流の再生を結党の理念（以下五項目）として以下を起草しました。

① 私たちは日本国憲法を尊重する。憲法がわが国の平和と繁栄に寄与してきたことを高く評価するとともに、時代の要請に応じた見直しの努力も傾け、憲法の理念の積極的な展開を図る。

② 私たちは、再び侵略戦争を繰り返さない固い決意を確認し、政治的軍事的大国主義を目指すことなく、世界の平和と繁栄に積極的に貢献する。

③ 地球環境は深刻な危機に直面している。私たちは美しい日本列島、美しい地球を将来世代に継承させるため、内外政策の展開に当たっては、より積極的な役割を果たす。

④ 私たちはわが国の文化と伝統の拠り所である皇室を尊重するとともに、いかなる全体主義の進出も許さず、政治の抜本的改革を実現して健全な議会政治の確立を目指す。

⑤ 私たちは、新しい時代に臨んで、自立と責任を時代精神に捉え、社会的公正が貫かれた質の高い実のある国家、「質実国家」を目指す。

一九九三年総選挙では三度目のトップ当選を果たし、新党さきがけと日本新党の主導の下、自ら「政治改革政権」を発案、提唱し新生党など非自民政党を結集して細川護熙政権を樹立、官邸の要として、総理大臣特別補佐に就任しました。内閣に「経済改革研究会」を立ち上げ、政策策定の中心的役割を担うことになりました。

しかし、一九九四年一月、懸案の政治改革四法の成立の翌日、「特命政権」の任務は終了したとし、首相特別補佐を辞任。なお、選挙制度については、かねて中選挙区連記制を持論とし、小選挙区制には反対の立場を取り、国会代表質問においても小選挙区制の再検証を主張しました。小選挙区制の弊害として、次のような点を挙げていました。

① 小選挙区では、候補者はあらゆる団体の支援を期待し、政策論争に踏み込まなくなる。

② その結果として政策の調整はすべて霞が関官僚に依存するようになる。

③　政党の政策形成・調整力の劣化を招くおそれが強い。
④　小選挙区選出議員は予算や許認可の「中央への運び屋」になるおそれが強い。

一九九四同年四月、細川内閣総辞職に伴い、新党さきがけは政権を離脱。

一九九四年六月、自ら提起した自社さ連立内閣（村山富市総理）が発足。首相ブレーン組織「21の会」を結成、座長に就任、また、超党派で「国連常任理事国入りを考える会」（田中代表幹事）を立ち上げました。

一九九六年一月、自社さ連立政権の第一次橋本内閣で経済企画庁長官に就任、金融など六分野の規制緩和を検討する経済構造改革に取り組みました。一方で、細川護熙と小泉純一郎の三人で「行政改革研究会」を立ち上げ議論を主導しました。

一九九六年一〇月、小選挙区制導入後の最初の選挙で落選、経済企画庁長官を退任。

一九九六年九月、福山大学教授（現客員教授）、学習院大学特任教授、北海道大学大学院特任教授を務める傍ら、「田中秀征の民権塾」を立ち上げました。その後「さきがけ塾」として現在に至っています。

『自民党解体論』断章

『自民党解体論』が五〇年の時を超えて、今を生きる我々への力強いメッセージであり、その洞察のいささかも陳腐化していないことにあらためて大きな驚きを覚えます。とりわけ、日本の政治を少しでも良くしようとの志に燃える若い人たちに向けてのかけがえのない「檄」であるようにも思われます。そのような観点から、『自民党解体論』の精髄とも言うべき章句を筆者なりに抜粋して、以下に掲げさせていただきました。参考に供していただければ幸いです。なお、小見出しは筆者、パーレン内頁数は本文頁数。

政治勢力の信頼性

人々は、何をするかわからない人、何をするかわからない党より、不充分ではあっても危険の少ない政治勢力に信頼を寄せるのである。（八五頁）

二つの登場ルート（相続型と出世型）

擬似新人の横行もまた自民党の末期現象のきわ立った一面なのである。相続型の中で、真性相続型ともいうべきいわゆる二世議員は……一方、県議などの地方議員を経て登場した、いわば〝出世型〟議員は相続型とともに若手新人の二つの登場ルートを形成している。相続型は、議員年齢が若い層ほど多くなっている。（九四頁）

二世議員の限界

相続型議員の輩出は、自民党に年齢的な若返りをもたらし、新しい時代の開幕を思わせるが、実は彼らは、心ならずも政治の老化を巧みに覆い隠す役割を果している。（九五頁）

一世と二世

一世は後援会をつくったが、二世は後援会につくられるのであり、一世は新しい時代を産んだが、二世は古い時代から産れるのである。（九五頁）

行動を許されない二世

彼らは、維持者としての使命を忠実に果すために、何かしているふりをしながら、「何もしない」こと

を厳しく要求されるのである。彼らには、存在は許されても、行動は許されていない。（九六頁）

政治における行動

既成の組織や人間関係との深刻な摩擦や抗争を伴わない「和気あいあいとした行動」などはあり得ないのである。（九六頁）

見せる男たち

「見せる男たち」の競演は、いわば代表民主制の宿命である。われわれが投票手続きによって権力を設営するという制度をとる以上、それは避けがたい付随物である。（一〇二頁）

野心家の役割

彼らは、時代を開くような危険で割りの合わない役割は決して負わないが、そのかわり、旧時代とも冷酷に絶縁する俊敏さを持っている。時代に乗り遅れないように、しかも、乗りまちがえないようについて行くときの彼らの状況判断力は絶妙の冴えを見せるのである。（一〇二頁）

野心家の合流

歴史は、野心家の合流によって雪崩現象を起こす。理想主義者とその少数の共鳴者たちの行動が、歴史の新しい主流となることをいち早く感知した野心家たちは、われ先にと彼のもとに馳せ参じる。そして彼らの後からきまり悪そうについて行くのが、既成のエリートたちである。……そして野心家の合流なしには歴史は断じて動こうとはしない。（一〇三頁）

疑似新人

自民党の若手新人は、こうして相続型と出世型にはっきり二極化していることが明らかになった。彼らはいずれも〝疑似新人〟なのである。自民党構造の致命的な欠陥は、それが疑似新人しか送り出し得ないところにある。（一〇三頁）

林立する旧人ピラミッド

自民党の地域における政治基盤は、ピラミッド状をなして全国、特に農村部にくまなくそびえ立っている。この林立するピラミッドは、すでに時代的役割を終えている故に〝旧人ピラミッド〟と呼ぶことができよう。旧人ピラミッドは復興の時代の遺跡なのである。（一〇四頁）

復興時代の遺跡

このピラミッドは、戦後復興のための、人々の情熱、活力、知恵の供出ルートとして構築されたものであった。……それは草創期においては、それなりに〝信頼の構造〟であり運命共同体であった。（一〇五頁）

ピラミッドの変質

人々は、国家と時代の運命に対して、政治家に、制限的委任ではなく、白紙委任をしたのであった。……しかしこのピラミッドも、……次第にその有用性を失なっていく。……かつての信頼の構造が、一転して〝受益の構造〟となり、果ては〝不信の構造〟になり下がったのである。（一〇六頁）

旧人ピラミッドの荒廃

三〇年代以降、すなわちピラミッドが無用化してからの参加者は、ほとんど欲得をむき出しにした悪人か、あるいは、これを利用して出世しようとする卑小な野心家である。そして、草創期から運命を託してきた善良な底辺の人々は、ピラミッドの荒廃を憂えながらそこにとどまるのである。（一〇六頁）

旧人ピラミッドは「核のカサ」

ちょうど核のカサのようなふしぎな魔力を持っていて、そこに運命を託してさえいれば、安心して日常生活に没頭できるのであった。……旧人ピラミッドは底辺にいけばいくほど、より精神的、心情的な色合を増し、さらには文化的な香りさえかもし出すのである。（一〇七頁）

旧人ピラミッドの相続

ピラミッドの形状と規模に何らの変更をもたらすことなく維持する唯一の方法は〝世襲〟である。……まるで大名の家督相続のように複雑な思惑が交錯する。……息子がいなければ女婿が相続し、それもいなければ未亡人が弔い合戦に立ち、あるいは兄弟がその遺志を継ぐのである。（一〇八頁）

旧人ピラミッドの簒奪

さて、出世型は、旧人ピラミッドを、……一段ずつ根気良くよじ登ってきた人々である。……分離独立の機を虎視眈々とうかがうのである。しかし、彼らは旧人ピラミッドから分離して、それを解体に追いこむものの、実は、その中古の礎石であるミピラミッドを収集再編成して、自分を頂点とするピラミッドを再建するだけである。……旧人ピラミッドの落伍者や追放者を収容するため、いっそう粗悪なものになるのが常である。（一〇九頁）

旧人ピラミッドの買収

ちなみに、資金型すなわち金権候補は、このピラミッドを買い占めにかかるものである。彼は、すなわち、旧人ピラミッドの市場価格をみごとに公開してくれたといえる。（一〇九頁）

自民党の血液

政治資金は、その相当部分が政治家個人の優雅な生活のために計上され、残りが旧人ピラミッドの頂点から放流される。現金がピラミッドの底辺近くまで及ぶのは選挙の時だけで、通常はその上部で、砂漠の中の川のように消えてしまう。（一二九頁）

政治家の口癖

政治家は、口を開けば、「政治に金がかかりすぎる」「選挙に金がかかりすぎる」と慨嘆する。あたかも彼らにとって、それが不本意きわまるという口ぶりで憂えるのである。……そして「運動を始める」ことを「金を使い始める」といってはばからない。（一三〇頁）

責任勢力の意思と力

政治には一瞬の休みとてない。それはわれわれの生命に休みがないからである。この休みなき責任を受けて立つ意志と力を持つ勢力こそ「責任勢力」に他ならない。それは、時代の良識を統合し、国民的な合意を実現していく勢力である。（二一七頁）

責任勢力の三つの感覚

責任勢力は、……三つの厳粛な事実認識に立たなければならない。それはそれぞれ「国家感覚」「時代感覚」そして「責任感覚」という言葉で表わすことができよう。（二一七頁）

責任勢力による統治

責任勢力には、〝許しがたい敵〟は存在しない。それは、選挙技術や治安の強化によってではなく、ただその政治内容によって批判勢力を迎え撃つ。これらを有する政治勢力は、いわゆる統治能力を持つ〝ま

かされる政党〟として信頼をえるのである。（二二〇頁）

まず自分自身を改革すること

今、自民党政治家にとって最も必要なことは、党を改革することではなく、まず自分自身を改革することである。……もう絶えて久しく、われわれは、政治家の責任、道義、勇気のきわ立ったさまを見たことがない。（二六五頁）

政治的個性とは

卓抜した政治的個性にただひとつ共通するものは、彼らがいかなる状況にも呑まれず時代の流れにも流されないことである。彼らは、その力を意志的にではなく、本性的にたずさえている。（二六八頁）

解体する道

なぜわれわれが、自民党を打倒する道ではなく、自民党を解体する道を選ばなければならないか。……新しい責任勢力はほとんど例外なく古い責任勢力と連続性を持つ。それは、時代が変わってもそれを組成する人が変わらないからである。（二七一頁）

非イデオロギー政党

自民党は、唯一の非イデオロギー政党であり、唯一の責任政党であった。それは、イデオロギーの信仰を拒絶し、批判者への定住を嫌う人々にとって、たったひとつの住家であった。（二七二頁）

素朴な願い

われわれがめざすのは、思想の制覇でも国家社会の転覆でもない。この時代を、この日本を、そしてわれわれ自身を〝より良くする〟という素朴な願いが、真実履行されていく政治である。（二七二頁）

自民党解体のめやす

自民党解体の最も現実的で具体的な目やすは……経済団体および特定産業（業界団体）の名における献金を受けない……自民党という衣服は、政治資金という一本の糸だけで縫い合わされている。この糸に異変が起きれば、さしもの巨大な衣服も一挙に解体を余儀なくされてしまう。（二七二頁）

〝全き新党〟の誘惑

無所属新人は、原則的に、自力でこの困難を突破して来なければならない。……決して、政策協定、共通スローガン、あるいは同志的結合に性急であってはならない。……われわれの最も警戒すべきことは、〝全き新党〟への誘惑である。……もしも、われわれの新人に共通の広場が生まれるとしたら、それは「新人連絡会議」ともいうべき連絡機関が好ましい。（二八一頁）

待たれるミラボー

われわれの行動が、思いがけない早さで雪崩現象を呼ぶとしたら、そのきっかけは〝二世新人〟の参加である。（ミラボー：貴族出身の仏革命の立役者）（二八五頁）

二世新人の試練

彼らは臆病な追従者となることによって歴史から徹底した悪罵を受けるか、さもなければ勇敢な先達に踏み切ることによって、浴びるがごとき讃辞を約束されている。思えば二世たちは単に出生のめぐり合わせだけで、かくも過酷な選択を強いられ、その見識の度合を試されているのである。（二八五頁）

議会の生命

議会の生命はあくまでも変わることにある。それは政治状況の常設の噴出口であり時代変化ののぞき窓

である。……政党政治は議会の過剰な変動を抑制し、そこに安定性と予見可能性を与えるものである。（二九一頁）

無所属新人の制度的排除

平常時、選挙時を問わず、政治活動は「政党政治」の名の下に無所属をあからさまに排除する仕組になっている。（二九一頁）

平均人の衝撃力

時代転換の決定力となった政治家は、申し合わせたように平均的な時代人である。彼らにあえて非凡さを認めるとしたら、それは彼らが平均人の典型であったこと、そして最後まで平均人として貫徹したことに尽きるであろう。（二九四頁）

時代転換の導火線

彼らの登場が一挙に時代転換の導火線となるのはなぜであろうか。……それは、平均人の典型である彼らのやむにやまれぬ決意が、そのまま大多数の人々の決意そのものを代表するからである。（二九四頁）

政治的人格には定型がない

古来、服装、身振り、演説口調あるいは体軀や性格のすべてにわたって、政治的人格にはそれ固有の鋳型（いがた）はない。（二九五頁）

平均人の風俗・常識

彼らは、平均人の風俗で政治家の風俗を戯画化し、平均人の常識で政治家の常識を圧倒した。陳腐化した既成のプロを粉砕し、アマチュア精神に新しいプロの座を与えたのである。（二九五頁）

政治家らしさ

〝政治家らしさ〟とは、その時代を築いた特定の政治的個性の残照にすぎない。彼らはその業績とともに風俗をも残して去る。（二九五頁）

新人の条件

新人はただ、自由で鋭利な感受性をもって時代のゆくえを洞察し、おのれの信ずるところを鮮明な行動の軌跡として表現していけばよい。そして避けがたい非常な境涯にあって、なお平均人の感性を維持する精神の強靱さがあればよい。（二九六頁）

打開への意思

〝新人〟とは何よりも打開への意志である。……それは、状況を変えることはあっても決して状況に変えられることはない。そしてこの意志の一途な直進過程が、自動的に既成政治の構造を破砕しその体質を根底から変えていくのである。（二九六頁）

位置のエネルギー

したがって新人の衝撃力はその走行距離に比例する。現実政治との距離の大きさが新人の〝位置のエネルギー〟を決定し走力を限界づけるのである。（二九六頁）

水底から浮上する小さなゴム毬

新人は無名で無力であればあるほど当選は困難であるが、それゆえに当選の与える構造的破壊力は絶大なのである。水底から浮上する小さなゴム毬を思えばよい。水圧に抗しながらも刻々と勢いをえて、ついには止めがたい力で水面高く突破してしまう。（二九六頁）

資金の力

一体、時代の要求に合致した行動に多額な資金がかかるわけがない。財貨で政局を動かした例は数多いが、時代を動かした例はほとんど見当たらない。（二九八頁）

新人たらしむる課題

新人にとって最も重要な課題——新人を新人たらしむる課題——は、ここまでの蓄積を独力でなしうるかどうかに集約されている。（二九九頁）

われわれがめざすもの

われわれがめざすもの、それはたかだか「納得できる政治」「明快な政治」であって、夢のように完全なユートピアではない。……自立した個人に内在する健全な時代精神を政治の首座に晴れて復位させること——われわれの行動目標はそれに尽きよう。（二九九頁）

残された一本のロープ

しかし、われわれの行動が不幸にして既成政治のなりゆきを押しとどめることができなかったにせよ決して徒労には終わらない。少なくともそれは、やがて断崖に宙づりになるであろうこの時代を、かろうじて支える一本のロープにはなるにちがいない。（三〇〇頁）

新人よ自民党解体の斧となれ

一撃よく解体の決定力となる強靱な斧——そこに時代の希望が集中している。そのためにこそ時代は爛熟している。良識、すべての人々の中に眠る責任の意識、義務の心、自制の理性——それがこの斧をふるう指定の力である。（三〇一頁）

[著者]

田中 秀征（たなか・しゅうせい）

1940年長野県生まれ。福山大学経済学部教授を経て、現在、客員教授、石橋湛山記念財団理事、「さきがけ塾」塾長。東京大学文学部西洋史学科、北海道大学法学部卒業。83年に衆議院議員初当選。93年6月に新党さきがけを結成し代表代行。細川護熙政権の首相特別補佐。第1次橋本龍太郎内閣で国務大臣・経済企画庁長官などを歴任。主な著書に、『平成史への証言――政治はなぜ劣化したか』（朝日選書）、『自民党本流と保守本流――保守二党ふたたび』（講談社）、『保守再生の好機』（ロッキング・オン）、『判断力と決断力――リーダーの資質を問う』（ダイヤモンド社）、『日本リベラルと石橋湛山――いま政治が必要としていること』（講談社メチエ）、『舵を切れ――質実国家への展望』（朝日文庫）、『梅の花咲く――決断の人・高杉晋作』（講談社文庫）など。

[解題]

五明紀春（ごみょう・としはる）

1942年長野県生まれ。東京大学農学部農芸化学科卒業、同大学院農学系研究科博士課程修了、農学博士。女子栄養大学教授、副学長を歴任。「さきがけ塾」副塾長。

新装復刻

自民党解体論――責任勢力の再建のために

2024年4月25日　初版第1刷発行

著者……………田中秀征

装幀……………佐藤篤司

発行者…………木内洋育

発行所…………株式会社 旬報社

〒162-0041　東京都新宿区早稲田鶴巻町544

TEL 03-5579-8973　FAX 03-5579-8975

ホームページ https://www.junposha.com/

印刷・製本………中央精版印刷株式会社

ISBN978-4-8451-1889-2